经济理论创新与欠发达地区发展研究

黄志亮 马红梅 主编
王秀峰 石虹 朱德东 副主编

Southwestern University of Finance & Economics Press
西南财经大学出版社

图书在版编目(CIP)数据

经济理论创新与欠发达地区发展研究/黄志亮,马红梅主编. —成都:西南财经大学出版社,2017. 11
ISBN 978 – 7 – 5504 – 3189 – 8

Ⅰ. ①经…　Ⅱ. ①黄…②马…　Ⅲ. ①不发达地区—经济发展—理论研究—中国　Ⅳ. ①F127

中国版本图书馆 CIP 数据核字(2017)第 203048 号

经济理论创新与欠发达地区发展研究

黄志亮　马红梅　主编
王秀峰　石　虹　朱德东　副主编

责任编辑:李特军
助理编辑:杨婧颖
封面设计:穆志坚
责任印制:封俊川

出版发行	西南财经大学出版社(四川省成都市光华村街55号)
网　　址	http://www.bookcj.com
电子邮件	bookcj@ foxmail.com
邮政编码	610074
电　　话	028 – 87353785　87352368
照　　排	四川胜翔数码印务设计有限公司
印　　刷	郫县犀浦印刷厂
成品尺寸	170mm × 240mm
印　　张	16. 5
字　　数	290 千字
版　　次	2017 年 11 月第 1 版
印　　次	2017 年 11 月第 1 次印刷
书　　号	ISBN 978 – 7 – 5504 – 3189 – 8
定　　价	78. 00 元

前　言

　　2016 年 7 月 7-8 日，西南马克思主义经济学论坛（第八届）2016 年学术研讨会在贵州省贵阳市召开。该届年会暨学术研讨会由贵州大学马克思主义经济学发展与应用研究中心承办，《西部论坛》协办。来自西南地区 20 余所高校和部分国内的 42 位特邀专家和 40 余位研究生参加此次盛会。本次研讨会的主题是：马克思主义经济学的中国化与西南地区经济发展实践研究。论坛分为两个阶段。第一阶段，余斌研究员，贵州大学哲学社会科学研究院常务副院长洪名勇教授，黄志亮教授分别做了专题的学术报告。第二阶段，胡世祯教授、四川大学马克思主义学院院长蒋永穆教授、广西大学商学院李欣广教授、重庆市委党校何关银教授、贵州大学经济学院院长王秀峰教授等分别做了学术报告。此外，10 余位与会代表进行了自由发言。本届年会是在党中央倡导加强马克思主义政治经济学建设的背景下召开的，更具有特殊的意义。我们从本届年会提交的论文中选择了22 篇在本书结集出版。

　　本书的出版工作得到了多方的帮助。特别感谢重庆工商大学与贵州省教育厅人文社科基地：马克思主义经济学发展与应用研究中心对本书的出版提供了人力和财力的支持；感谢西南财经大学出版社领导、编辑细致认真的工作；感谢西南马克思主义经济学论坛成员们的无私奉献；感谢贵州大学经济学院王秀峰教授、石虹老师，重庆工商大学雷菁老师、朱德东老

师等人为本书出版做出的辛勤工作；感谢长期以来关心西南马克思主义经
济学论坛的专家学者们。

主编：黄志亮　马红梅

2017 年 10 月

目　录
MULU

◇ 下篇　欠发达地区经济发展研究

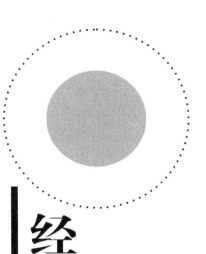

【上篇】

经济理论创新探讨

JINGJI LILUN CHUANGXIN TANTAO

论公共收入的意义与征集

余斌

[**摘要**]　公共收入是公共经济主体所获得的用于满足公共支出需要的收入。它的意义与原则在西方公共经济学中也有涉及。但是，按照习近平总书记关于"不断开拓当代中国马克思主义政治经济学新境界"的要求，我们有必要从马克思主义政治经济学的角度对相关问题进行进一步的分析和阐述。除了满足公共支出的需要外，公共收入还可以通过选择不同的公共收入形式来实现对不同当事人施加影响的目的。在谈到公共收入的原则时，我们考察的是现实中的公共收入实际遵循和在现阶段应当遵循的原则。为了更好地征集公共收入，我们还要按照相关原则进行公共收入的设计。

[**关键词**]　公共经济学　公共收入　政治经济学　马克思主义

[**基金**]　中国社会科学院 2015 年创新项目"当代中国特色社会主义与市场经济研究"

公共收入是公共经济主体所获得的用于满足公共支出需要的收入。它包括税收、公共收费、公共企业收入、公共资源和资产出让的溢价收入、公共性基金收入、公共租金、公共债权收入、捐赠收入、纸币发行收入、彩票盈余、特别收入等形式。

公共收入的意义与原则在西方公共经济学中也有涉及。但是，按照习近平总书记关于"不断开拓当代中国马克思主义政治经济学新境界"① 的要求，我们有必要从马克思主义政治经济学的角度对它进行进一步的分析和阐述。

一、公共收入的意义

从公共收入的定义中，我们可以看出，公共收入是为了满足公共支出

---

① 习近平. 发展当代中国马克思主义政治经济学 [EB/OL]. [2016-01-05]. http://www. ce. cn/xwzx/gnsz/szyw/201511/24/t20151124_ 7112615. shtml.

的需要。这是公共收入的首要意义。皮凯蒂指出，西欧国家的政府收入似乎稳定在国民收入 40%～45% 的水平，而美国和日本则徘徊在 30%～35% 的水平。所有发达国家的经验表明，构建现代财政和社会国家是现代化和经济发展进程的核心组成部分。历史数据表明，如果某国家只有 10%～15% 的国民收入作为税收上缴，那么该国政府很难履行除传统"王权"职能之外的社会化职能：在供养警察和司法队伍后，留给教育和医疗的就所剩无几了。另外一种选择就是吃"大锅饭"，把有限的资金尽可能均分给警察、法官、教师和医生，这样做的结果就是可能所有部门都无法有效运转。这会导致恶性循环：公共服务水平低下导致对政府信心不足，这又反过来使得增税难度加大。现代财税体系和社会国家的建设与国家发展进程息息相关。我们今天在贫穷国家和新兴国家看到了各种各样的趋势。例如中国等国家在税制方面其实已经相当发达：中国的所得税制可以覆盖广大人群并借此实现了大量的财政收入。而像印度等国家要想在低税基的基础上达到均衡水平则要困难许多。[①]

　　然而，除了实现保证公共部门有效运转等公共支出的目的外，公共收入还可以实现其他目的。这是因为，满足同一笔公共支出的需要，公共收入可以采取不同的形式，而不同的公共收入形式对于社会经济生活中的当事人具有不同的影响，从而可以通过选择不同的公共收入形式来达到实现对不同当事人施加影响的目的。例如，将公路养路费等有关道路使用方面各项收费合并改征燃油税，可以实现同样的公共收入。但是，它对不同人群的影响是不同的。比如，农业机械用的主要是柴油，农用柴油占柴油总消耗量的 50% 以上，超过汽车用柴油，主要用于耕作、排灌、收割、粮食加工等。[②] 如果养路费改燃油税，使用农业机械就要额外交税，提高了农业部门的负担，尽管也可以促进农业部门节约用油。再例如，可以采用征税的方式强行获得修建高速公路所必要的公共收入，从而高速公路可以免费使用。但也可以采用经营方式，通过抵押收费权来获得修建高速公路所必要的公共收入，从而高速公路要收费使用。这两种方式对不同人群如有车一族与无车一族的影响也是不同的。

　　正是因为，公共收入在获得的过程中可以采取不同的方式，从而对不同的人群产生不同的影响，因而具有很强的调节和管理经济活动的作用，并且会对社会收入分配产生较大的影响。例如，有媒体认为，我国高收入

---

① 托马斯·皮凯蒂. 21 世纪资本论 [J]. 巴曙松，等，译. 北京：中信出版社，2014：505-506.

② 张同青，包晓艳. 养路费改征燃油税的难点及对策 [J]. 税务研究，2006（2）.

群体税收监管存在盲区，许多富人是靠偷税漏税迅速发家的，由此造成的贫富阶层实际税负不公，某种程度上加大了贫富差距。[①]

在资本主义社会里，公共收入尤其是税收的最重要的意义在于，"税收恰恰为资产阶级保持统治地位提供了手段"[②]。在资本主义社会早期或前期，例如"在中世纪社会中，赋税是新生的资产阶级社会和占统治地位的封建国家之间的唯一联系。由于这一联系，国家不得不对资产阶级社会做出让步，估计到它的成长，适应它的需要。在现代国家中，这种同意纳税的权利和拒绝纳税的权利已经成为资产阶级社会对管理其公共事务的委员会即政府的一种监督。因此，部分的拒绝纳税是每一个立宪机构的不可分割的部分。每当否决预算的时候，都要发生这种拒绝纳税的事件"[③]。进而，"资产者议员可以运用拒绝纳税的权利，选出资产者政府"[④]。事实上，资本主义国家强调为纳税人服务，也就是要求国家机器为资本家效劳。

相反地，在社会主义制度下，公共收入，尤其是公有制企业的收入，不仅是公有制经济健康成长的标志，而且是广大劳动群众争得自己的权利和作为一切财富的生产者所应有的权力的物质基础，是社会主义力量最终战胜资本主义势力的物质保证。

二、公共收入的原则

西方公共经济学认为，税收的社会正义原则分为普遍和平等两个具体原则：①普遍，是指税收负担应遍及社会各成员，每个公民都有纳税义务。②平等，是指应根据纳税能力大小征税，使纳税人的税收负担与其纳税能力相称。[⑤] 但是，阶级分析表明，税收是为统治阶级服务的，当统治阶级是由剥削阶级组成时，从社会正义的角度来看，被统治阶级没有任何义务纳税，反而应当抗税。从受益原则即谁受益谁负担的原则上讲，也应当由统治阶级来交税，即便穷人能够从政府那里得到一点好处，那也是统治阶级被迫做出的让步。另外，用劳动所得纳税与用资本所得纳税，看起来都同样是用收入纳税，但它们之间是不平等的。用资本所得纳税要轻松得多，不必付出汗流浃背的辛劳。

在谈到公共收入的原则时，我们考察的是现实中的公共收入实际遵循

① 新华网. 税收监管逆调节加剧收入分配不公 加大贫富差距［EB/OL］.［2015-02-01］. http://news. xinhuanet. com/fortune/2010-05/17/c_12107849. htm.
② 马克思，恩格斯. 马克思恩格斯文集：1 卷［M］. 北京：人民出版社，2009：637.
③ 马克思，恩格斯. 马克思恩格斯全集：6 卷［M］. 北京：人民出版社，1961：303.
④ 马克思，恩格斯. 马克思恩格斯文集：1 卷［M］. 北京：人民出版社，2009：681.
⑤ 高培勇. 公共经济学［M］. 北京：中国社会科学出版社，2007：204.

和在现阶段应当遵循的原则。它们分别是：

1. 充足原则

公共收入是为了满足公共支出的需要，因此，公共收入的数额必须充足到能够满足公共支出的需要。为了保证公共收入的充足，公共收入的一个最主要的特征就是，相当一部分公共收入是政府部门凭借政治权力强行获得的。

2006年9月12日，时任香港特区行政长官曾荫权在谈到开征商品及服务税时表示，香港是个外向型经济体系，难免受到如国际油价、美国经济波动等外围因素的影响；而在全球化的急促发展下，经济难免起伏，故必须为下个金融风暴或下个经济低潮作好充分准备。部分社会人士对商品及服务税有保留，但目前经济环境好转，是为香港长远发展未雨绸缪的最佳时刻。① 这其实就是在运用公权力确保公共收入的充足原则。

而在公共收入的数额不足以实现充足原则时，政府部门有时还会杀鸡取卵地变卖公共资源或公共资产来获得可支配资金；也会凭借国家信用来举债，以满足公共支出的需要，并担保用以后的公共收入来偿还债务，并支付利息。由于需要支付利息，因此举借公债就对以后的公共收入提出了更高的充足性要求。

充足原则还要求在一定程度上要量出为入，以保障公共支出的需要。但是，这种对公共支出的保障，是以公共支出的必要性为前提的。对于一些用于政府官员奢侈浪费和形象工程的公共支出，充足原则就不适用了。因此，充足原则本身也包含适度的原则。

此外，充足原则还要求在公共收入征收时，要根据法律法规实行足额征收，不要有遗漏，不要轻易减免税，尤其是不能在减免税上有偏袒一部分人的不公平的行为。

2. 共产原则

恩格斯在一次演说中指出，"纳税原则本质上是纯共产主义的原则，因为一切国家的征税的权利都是从所谓国家所有制来的。的确，或者是私有制神圣不可侵犯，这样就没有什么国家所有制，而国家也就无权征税；或者是国家有这种权利，这样私有制就不是神圣不可侵犯的，国家所有制就高于私有制，而国家也就成了真正的主人。后面这个原则是大家公认的。好吧，诸位先生，我们现在就只要求大家遵守这个原则，要求国家宣布自己是全国的主人，从而用社会财产来为全社会谋福利；我们要求国家

① 曾荫权. 商品及服务税是稳定未来公共收入最可行方法 [EB/OL]. [2015-02-01]. http://news.xinhuanet.com/tai_gang_ao/2006-09/12/content_5083035.htm.

实行一种只考虑每一个人的纳税能力和全社会的真正福利的征税办法，作为达到这个目的的第一步。"①

共产原则首先要求每一个纳税人遵守税法，缴纳税款，并对逃税和偷漏税的行为进行惩处。同时，这一原则还要求完善税法，制止避税行为。据调查，在中国，甚至有不少年收入 100 万元的富人，按月薪 3 000 元来缴纳个人所得税。② 这说明，我国的税法还需要大力完善。可以考虑在私有企业缴纳完企业所得税后，如果企业的分红比例达不到 50%，也要按 50%的分红计算个人所得，征缴相应的个人所得税。

其次，共产原则必然意味着累进税制，也就是要按照每一个人的纳税能力即其收入和财产的高低来进行公共收入的征集。但是，很显然，这一点必然会遭到拥有巨额财富的大资本家们的排斥，于是，资产阶级经济学家自然也要反对这一点。他首先指出，如果按相同的税率支付收入税，富人所付的税就已经比穷人付出的多了。然而，他所信奉的西方经济学理论却早已指出，随着收入的增加，每一美元的边际收益下降，为达到纵向公平，富人应该比收入低的人支付更高比例的所得税。对此，他又指出，你可能认为 1 美元对年收入 100 000 美元的人的价值比对年收入 25 000 美元的人的价值的一半还要少，但你又如何知道的呢？收入高的人可能生病了，而且由于失去了工作能力而使未来的预期收入急剧减少，因此他非常珍惜当前的收入。③ 如果真是这样，那么首先就应当抛弃他所信奉的西方经济学理论。但这样一来，他就无法在其他场合替资本家进行辩护了。其次，要知道穷人由于饮食较差、衣着单薄、工作劳累和工作现场环境差等原因，更容易生病和失去工作能力，而且即便没有失去工作能力也容易因为经济波动而失去工作，同时穷人平时没有储蓄或储蓄较少，从而 1 美元对穷人的价值仍然会比富人的更高。如果非要说 1 美元对富人的价值更大，那只能归咎于我们在前面已经指出的富人的贪婪，以及资本主义制度使得对穷人来说只是用来买东西的金钱，在富人手里却可以用来剥削穷人。

3. 阶级原则

在阶级社会里，与公共支出一样，公共收入也要体现阶级利益，这决

---

① 马克思，恩格斯. 马克思恩格斯全集：2 卷 [M]. 北京：人民出版社，1957：615.

② 21 世纪经济报道. 富人避税调查：年入 100 万按月薪 3 000 缴个税 [EB/OL]. [2011-05-16]. http：//finance. sina. com. cn/g/20110513/23509840800. shtml.

③ 大卫·N. 海曼. 公共财政：现代理论在政策中的应用 [M]. 章彤，译. 北京：中国财政经济出版社，2001：360.

定了要从哪个阶级那里去征集公共收入。例如，马克思和恩格斯在一篇书评中指出，"捐税能使一些阶级处于特权地位，使另一些阶级负担特别沉重，例如我们在金融贵族统治时期看到的情形就是这样。捐税只会使处于资产阶级和无产阶级之间的社会中间阶层遭到破产，因为他们的地位使他们不能把捐税的重担转嫁到另一个阶级的身上"①。马克思在评价当年英国政府的预算时还指出，"以提高英国人民的日常消费品茶叶税和食糖税来弥补所得税的减少，这就是公然以增加对穷人的课税，来减轻对富人的课税"②。这表明，在资本主义社会里，征税是不可能根据个人的支付能力或纳税能力来进行的，也是不可能根据个人从公共支出的受益状况（无疑越是巨富，受益越多）来进行的。中下层人士承担的税负要比上层人士更重，从而公平原则在这里是根本谈不上的。

相反地，斯大林在谈到"不要在应该打击富农的时候打到中农身上"时指出："拿个别税的问题来说吧。我们的政治局的决议和有关的法律规定，个别税的征收面不得超过农户总数的百分之二至百分之三，就是说，只向最富裕的一部分富农征收。但实际上是怎样做的呢？有许多地区征收面扩大到百分之十或十二，甚至更多，因此触犯了中农。现在还不到结束这种罪行的时候吗？"③ 这说明，在社会主义制度下，公共收入征收的阶级原则要求，对大多数收入在平均线以下的人，都不应当征收个人所得税。与资本主义社会扩大税基的行为相反，我们应当缩小个人所得税的覆盖面，提高高收入者的个人所得税税率。

4. 适度原则

前面已经提到，充足的原则中已经包含适度的原则。这里补充一下西方公共经济学的观点。西方经济学家认为，公共收入规模过大，会影响经济增长，所以，有必要将公共收入规模确定在一个合理的水平上。对此，他们还提出了一个"拉弗曲线"，来说明宏观税率水平要控制在一个合理的限度之内。

如图1所示，纵轴表示税收收入，横轴表示税率。税率提高的最大限度是E点，因为如果超过E点，投资或生产的积极性受到影响，政府的税收收入就会减少。当税率提高到100%时，没有人愿意投资或生产，因此，E点以上是税收的"禁区"。适度的低税率从当前看可能会减少政府税收

① 马克思，恩格斯. 马克思恩格斯全集：10卷 [M]. 北京：人民出版社，1998：348.
② 马克思，恩格斯. 马克思恩格斯全集：16卷 [M]. 北京：人民出版社，2007：57.
③ 斯大林. 斯大林选集：下卷 [M]. 北京：人民出版社，1979：89-90.

收入，但从长远看可以刺激生产，扩大税基，最终有助于税收的增长。①由此可见，拉弗曲线旨在强调税收的适度性，并以税收的长远增长为其理由。然而，税收只是公共收入的一个部分。尽管公共收入也存在适度的问题，但这不是拉弗曲线可以说明的。

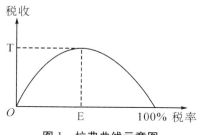

图 1　拉弗曲线示意图

我们在前面提到，公共收入包括公共企业的收入，对于这部分收入，当然是多多益善。因此，撇开税收不谈，随着公共企业尤其是公有制企业的发展壮大，公共收入也自然随之增长。在这里，公共收入与公共企业的投资或生产是相辅相成的，不存在公共收入多了会导致没有人愿意投资或生产的问题。因此，公共收入的适度性，只是从狭义上即从公共财政的角度来讲的，从广义上来讲，我们强调的则是公共收入的可持续性增长。

5. 清楚原则

清楚原则是指，每个阶级或每个人承担了多少公共收入负担应当是清楚的。就税收而言，这取决于税种的设定。由于"直接税不容许进行任何欺骗，每个阶级都精确地知道它负担着多大一份公共开支。因此，在英国，再没有什么比所得税、财产税和房屋税等直接税更不受人欢迎的了"②。

据了解，目前国内大部分私营企业主的个人所得税都通过各种操作规避掉了。有的私营老板年入 100 万元只按月薪 3 000 元缴个税。某税务师事务所总经理表示，这种情况和现在分税征收机制也有关系，由于企业所得税的征收很多是在国税，而个人所得税的征收都是在地税，企业即可以准备两本账：高工资版本的账交给国税来降低企业利润以少交企业所得税，低工资版本的账则用来哄骗地税。③ 因此，要落实公共收入的清楚原

①　朱柏铭. 公共经济学［M］. 杭州：浙江大学出版社，2002：224.

②　马克思，恩格斯. 马克思恩格斯全集：11 卷［M］. 北京：人民出版社，1995：579.

③　21 世纪经济报道. 富人避税调查：年入 100 万按月薪 3 000 缴个税［EB/OL］.［2011-05-16］. http：//finance. sina. com. cn/g/20110513/23509840800. shtml.

则，就应当规定企业向工商部门报送一本账，然后国地两税部门根据工商部门的这同一本账进行查账和征税。与此同时，银行对于企业的征信在采用企业提交的账目时也只能使用企业提交给工商部门的同一本账。

就查账而言，1987年，美国税收组织只对1.1%的收入进行了审查，进入90年代以后，查账率持续下降。① 这实际上是模糊公共收入的清楚原则，放纵富人逃税，而穷人则没有多少税可逃。

清楚原则还意味着，公共收入本身也要像公共支出一样公开透明。但是，据报道，在国家发改委水价成本公开座谈会上，所有发言的自来水公司都表示赞成水价成本透明公开，这样能够尽快理顺价格机制，解决自来水公司长期亏损的问题。相反地，多数物价部门发言中都对水价成本公开进行批评，表示公开条件不成熟。而物价部门认为的条件不成熟，是因为水价中有很大比例成本为不宜公开的成本。例如本应该政府承担的管网投资，转嫁到了水价中；又如政府的一些不合理的行政性收费，附加在水价中。② 这其实就是造成了公共收入的不清楚，而这笔不清楚的公共收入在支出时也不会做到透明，从而成为腐败的温床。

6. 效率原则

效率原则是指公共收入在征集过程中对经济活动的负面影响要尽可能地小，同时，本身的征集成本要尽可能地低。例如，马克思曾经提到，"在估计捐税负担时，应该主要考虑的不是它的名义上的数额，而是捐税的征收方法和使用方法。印度的征税方法极为可恶，譬如就土地税来说，在现行的方法下，大概糟蹋的产品要比收获的为多"③。马克思和恩格斯还指出："资本税作为单一税，有其优越性；所有的经济学家，尤其是李嘉图，都证明单一税有好处。资本税作为单一税，可以一举撤掉现今的数量庞大耗费巨大的税务机构人员，对生产、流通和消费的正常进程产生最小的影响，并且和其他一切捐税不同，征收的范围也包括投入奢侈品方面的资本。"④

相反地，现代西方经济学则认为，站在效率的角度，对那些在生产和

① 大卫·N.海曼.公共财政：现代理论在政策中的应用［M］.章彤，译.北京：中国财政经济出版社，2001：365.
② 地方物价部门反对水价公开 含不合理行政性收费［EB/OL］.［2010-06-02］.http://news.sohu.com/20100602/n272504150.shtml.
③ 马克思，恩格斯.马克思恩格斯全集：12卷［M］.北京：人民出版社，1962：551.
④ 马克思，恩格斯.马克思恩格斯全集：10卷［M］.北京：人民出版社，1998：352.

消费时几乎无替代品的商品征税是最好的。① 这实际上是鼓吹征收间接税。对此，马克思指出，无论怎样改变征税的形式，都不能使劳资关系发生任何重大的变化。但是，如果需要在两种征税制度间进行选择，则我们主张完全废除间接税而普遍代之以直接税；因为征收直接税比较便宜而且不干扰生产；因为间接税提高商品的价格，这是由于商人不仅把间接税的数额，而且把为交纳间接税所预先垫支的资本的利息和利润也加在商品价格上了；因为间接税使每一个人都不知道他向国家究竟交纳了多少钱，而直接税则毫无掩饰、简单明了，连最笨的人也不会弄错。所以，直接税使每一个人都能制约政府权力，而间接税则使任何自治的希望都归于破灭。②

效率原则还要求减轻公共收入提供者的缴纳成本。据了解，有些学术性的学会作为法人单位，每个月都要跑到税务部门报一次税，而这些学会的总经费也许只有十几万元或几十万元，每年也许只有寥寥几笔收支，报税成为一个不小的负担。既然我们可以区分小额纳税人和一般纳税人，那么我们也同样可以在报税方面区别对待。

实行家庭联产承包后，在农村征收农业税时，由于一些农民不按纳税通知书规定的时间主动到财政所纳税。乡镇干部和农税干部不得不挨家挨户登门征收，还往往被纳税人躲税，导致征税成本很高，还影响了村镇其他方面的工作，而农业税税额又不大，最后只好免除了农业税。这也是效率原则的一个体现。但是，免除农业税后，乡镇财政收入减少，一些乡镇政府难以维持正常运转，有违充足原则。其实，如果能够有效地把农村的村集体经济发展起来，就可以直接向村集体征收农业税，就能同时保证效率原则和充足原则。

7. 民主法定原则

民主法定原则，是指公共收入的征集需要经过集体协商确定（在法治社会时代，特别是政府对于公共收入的征集，需要通过法定程序，由立法机构予以审议和批准），不能随意地征收或增收，也不能随意地减收或不收，如减免税等。

当前，中国国有企业的产权是属于新中国成立以来各届政府都要对其负责和效忠的国家的，是属于全体人民及其子孙后代的，不是属于哪一届政府的。但是，在国有企业的改革中，一些政府部门负责人却在其短暂的任期内，任意处置数十年积累起来的国有企业的产权，连人民代表大会的

① 大卫·N. 海曼. 公共财政：现代理论在政策中的应用［M］. 章彤，译. 北京：中国财政经济出版社，2001：388.

② 马克思，恩格斯. 马克思恩格斯全集：21 卷［M］. 北京：人民出版社，2003：274.

表决也不经过，就直接地化公为私，把国有企业私有化，造成国有资产的流失，并使公共企业收入这一部分公共收入失去可持续性，是严重违反民主法定原则的。

8. 道德原则

在存在阶级的社会里，道德自然脱离不了阶级属性。但在维护统治阶级利益的根本前提下，道德也有一定的弹性，可以更多或更少地照顾到其他阶级的利益，从而讲不讲道德还是有较大差别的。例如，马克思就曾经提到，中国最有名的政治家之一许乃济，曾提议使鸦片贸易合法化而从中取利；但是经过帝国全体高级官吏一年多的全面审议，中国政府决定："此种万恶贸易毒害人民，不得开禁。"早在 1830 年，如果征收 25% 的鸦片贸易关税，就会带来 385 万美元的财政收入，到 1837 年，就会双倍于此。可是，当时清政府拒绝征收一项随着人民堕落的程度而必定会增大的税收。1853 年，当时的咸丰皇帝虽然处境更加困难，并且明知为制止日益增多的鸦片输入而作的一切努力不会有任何结果，但仍然恪守自己先人的既定政策。① 相比之下，如今的烟草税也应当以限制吸烟直至几乎消除吸烟和烟草产业为主要目的，而不是以获取巨额税收为主要目的，否则就违背了道德原则。

列宁还曾经指出，间接税是最不公道的税，因为穷人付的间接税要比富人重得多。富人的收入相当于农民或者工人的十倍，甚至百倍。可是，难道富人需要的白糖也多百倍吗？难道他们需要的烧酒、火柴或者煤油也多十倍吗？当然不会的。富人家买的煤油、烧酒、白糖，比穷人家不过多一倍，至多也不过多上两倍。这就是说，富人交纳的间接税在他收入中所占的份额比穷人少。② 因此，多收直接税，少收间接税，不仅符合清楚原则、效率原则，也符合道德原则。如果要收间接税，也就是要按消费来纳税，那么也只应当对奢侈消费品收间接税，避免收入越少的人负担越重。

此外，纸币的发行收入也要以维护币值稳定为前提，如果导致通货膨胀，也是不道德的。而且皮凯蒂也认为，只要把钱投资于房地产或者股票等，那么富人立刻就能逃过这种"通胀税"。甚至可以想象，通货膨胀在某种程度上更有利于富人而不是穷人③。

道德原则还包含公共收入的负担要公平或者相对公平。2010 年 2 月 18 日，美国德克萨斯州奥斯汀市的联邦税务局遭自杀性袭击：一名 52 岁的软

① 马克思，恩格斯. 马克思恩格斯文集：2 卷 [M]. 北京：人民出版社，2009：634.
② 列宁. 列宁全集：7 卷 [M]. 北京：人民出版社，1986：149.
③ 托马斯·皮凯蒂. 21 世纪资本论 [M]. 巴曙松，等，译. 北京：中信出版社，2014：469.

件工程师因为对税务局感到"强烈不满"，先纵火烧毁自家房屋，然后驾驶轻型飞机撞入一座有 200 多名雇员的税务局大楼。调查人员事后发现，这个名叫斯塔克的中年飞行员生前曾在网上宣称，联邦政府和税务局"太坏了"，他们抢走了普通人的钱，让普通人失业，却允许大公司的高管们心安理得地拿着数百万年底分红一走了之。

如今有人主张，公共企业如国有企业要把税后利润的一部分用于公共财政，如用于保障和改善民生的公共财政支出上。这其实是要公共企业补贴私人资本和境内的外国资本。这是因为，公共财政本来就应当由国有资本和私人资本及境内的外国资本共同通过纳税来负担。如果国有资本在纳过税之后还要用税后利润额外负担一部分，那么私人资本和境内的外国资本自然就相应的少负担了一部分，从而对国有资本及其所有人——全体民众是很不公平的。

三、公共收入的设计

公共收入的设计是指，根据公共收入的原则来设计公共收入的征集方案，降低公共收入征集的负面效应，提高公共收入征集的效率，促进社会经济的发展。

（1）税收的设计

税收应当以直接税即所得税和财产税为主，间接税为辅，并实行累进税制。个人所得税的起征点不得低于日常生活开支的必要数额。这一数额由统计部门计算，并接受社会监督。可以考虑，以北京、上海和广州三地日常生活开支必要数额的平均值作为全国性个人所得税的起征点。地方政府可以根据当地的生活水平降低这一起征点，多出来这部分个人所得税，归入地方财政收入。在人均 30-40 平方米的起征点之上开征个人不动产税，按不动产的市场价格计征，其税率参照美国的情况定为 1.5%，这样还可以有效抑制房价。再以 5% 的收益率能够获得超过年平均工资收益的金额为起征点开征个人金融资产税，同时开征海外资产税，税率均按1.5% 计算，也有助于减少资本外流。

鉴于存在私有企业主以少分红的方式回避个人所得税的情况，可以考虑在私有企业缴纳完企业所得税后，如果企业的分红比例达不到 50%，也要按 50% 的分红计算个人所得，征缴相应的个人所得税。若以后企业对以前分红不足部分进行相应的分红时，可以出具相关凭据抵免相应的税款。

就间接税而言，要减少或避免对生活必需品的征税，更多地对奢侈消费品征税。一方面，对企业来说，这有利于降低劳动力成本；另一方面，对贫困家庭来说，这有助于减轻生活必需品价格的上涨，减轻他们的生活困难。

为了保护本国资源，促进对国外资源的利用，可以考虑对国内资源（包括国外从我国进口的一些加工过的资源如焦炭）征收资源消耗税。这样当该资源出口时，就可以提高别国企业的生产成本，降低他国企业的国际竞争力。而本国企业使用国内资源时，则可以用资源消耗税凭证，抵扣企业所得税或增值税，从而不影响本国企业的国际竞争力，并且有助于国内企业提高资源的利用效率。这是因为，一旦国内企业效率低下，其所得税或增值税额低于资源消耗税，会面临更重的税负。从而资源消耗税的开通，有助于促进国内资源的利用效率，尤其是限制外国企业对国内资源如稀土资源等的滥用，并且不对进口资源的使用产生限制，反而有助于优先利用境外资源，保护国内资源。资源消耗税超过企业抵扣部分还可以专项用于公共资源的勘探和储备，以及用于发展从事公共资源开发和利用的公有制经济部门。

随着中国经济对外开放的程度加深，还可以开征"智利型资本流入税"，对流入的外汇短期资金课以重税，以防流入的速度过快和数量过大而对国内的市场和秩序造成冲击。其方法是，当资本流入时先对其课以10%的源泉税，如果该资本一年后仍留在该国国内则退还这部分税。①

此外，税制要简化，取消减免税环节，做到明白纳税。对于需要扶持的企业和个人，可以另列财政支出予以扶持，而不要直接减免税，不要使税制复杂化。同时，要利用互联网技术和计算机技术，汇总财务和纳税数据，自动计算应纳税额，方便网上纳税，减轻纳税者纳税过程的负担。要从严从重打击偷漏税行为，降低避税者的信用等级，大大增加避税企业的税务抽检次数，以防止避税。

（2）公共收费的设计

公共收费应当独立，也就是不得与征税或其他方面的公共服务捆绑在一起。同时，公共收费只应当针对那些不同收入人群会进行差别消费的公共服务项目按照公共服务的定价进行收费，以体现公共服务的公平性。例如，马克思在批判《哥达纲领》A项第五条所要求的"实行免费诉讼"时指出，"刑事诉讼到处都是免费的；而民事诉讼几乎只涉及财产纠纷，因而几乎只同有产阶级有关。难道他们应当用人民的金钱来打官司吗？"② 对那些由于自己的冒险行为或自利行为而引起公共服务方面的支出，如救援

① 钟乃仪. 试析货币危机的教训和启示 [J]. 新金融，2004（1）.
② 马克思，恩格斯. 马克思恩格斯文集：3 卷 [M]. 北京：人民出版社，2009：447.

支出等，也要按实际支出情况进行公共收费。

前面提到，将城市中由于经济发展和公共设施改进导致的房地产交易中升值的溢价部分纳入公共收入，对此可以用公共收费的方式收取这一部分的80%。同时，对于公共设施建设导致房地产交易贬值（如在附近修建垃圾处理场、变电所等）的部分由公共收入全额补偿。另外，城市里房屋拆迁补偿高出合理所得部分，也应以公共收费的方式收取这一部分的80%，要知道索取高额补偿所倚仗的土地所有权也是国家的。

总之，与公共事务有关的归属个人的超额得利都要进行公共收费。

（3）公共企业收入的设计

公共企业收入的设计主要在于公共企业尤其是国有企业的税后利润是否要继续上缴财政以实现所谓的全民共享。但是，公共财政支出应当来源于税收，国企与私企、外企同样纳了税，而且纳得更多，如果国企再额外上缴一部分利润用于公共财政支出，而私企、外企却不同样上缴利润，这就直接减轻了私企和外企的纳税负担，从而直接形成了对于私企和外企的补贴，不仅做不到全民共享，而且会加剧贫富分化。

国有企业的好处由全民共享的最根本的办法，就是让人人都能够到国有企业中去享有加班时间不长、工资奖金和福利较好、社会保障水平较高的待遇。也就是说，国有企业的这些来之不易的税后利润首先要用于扩大再生产，如果其所在行业的国有产能已经过剩，就应当跨行业创办新的国有企业，提供更多的就业机会，吸纳更多的人到国有企业中去就业。一旦所有需要就业的国民都能够到国有企业找到一份工作岗位，那么这些国有企业就可以将更多的税后利润用于国有企业职工的工资和福利的分配上，共同富裕就能够最终实现。

此外，国有企业的税后利润可以也应当用于农田水利设施的改造，以扶持和发展农村集体经济。从这个方面来说，上缴的国有企业税后利润应当另立账户，专款专用，不能与税收混同使用。同时，国有企业税后利润用于农田水利设施的改造，并不排斥国家和地方税收用于农村公共产品领域。

当然，最根本的一条是，无论如何处置国有企业的税后利润，都要保护和增强国有企业的国际竞争力，这是中国成为世界强国的根本。

（4）罚没款收入的设计

罚没款除了体现惩罚外，还要体现纠正。如果做不到纠正，要么提高处罚力度直至达成纠正的效果，要么将罚没款收入形式改成特别税收形式。

（5）公共租金收入的设计

当前公共租金收入特别是体现在土地出让金中的地租收入大量流失。对此，在房地产开发的招标中，应当规定开发商的利润水平，超出部分全部收归公共收入。同时采取措施限制开发商故意定向低价售房转移利润。

（6）纸币发行收入的设计

由于通货膨胀具有劫贫济富、扩大两极分化的作用，必须严格限制纸币发行数量。为此，要限制外汇储备数量，多余的外汇要转化为黄金、石油、铜等重要基本商品和资源组合，以稳定纸币的币值。仅在国家实力强大、对外资本输出规模较大、人民币成为其他国家的储备货币的情况下，可以扩大纸币发行，以便从其他国家获取纸币发行收入的利益。

（7）公共资源收入的设计

对于国内的不可再生资源，要掌握在公有制经济部门手中，限制开发利用并形成垄断性高价，以鼓励优先利用国外不可再生资源。

（8）公共债权收入的设计

要调整我国对外的债权债务结构，在存在大量外汇储备的情况下，禁止公共部门和公有制经济部门借外债或为借外债提供担保，确保中国不仅是名义上的债权国而且是事实上的债权国。

（9）其他公共收入的设计

公共性基金收入、捐赠收入和彩票盈余，要严格加强管理，接受社会监督，增强人们对这些收入有效运转的信心，促进这些收入的增加。另外，根据道德原则，除用于扩大大众体育设施的体育彩票可以适当发行外，一般性福利彩票要减少发行，中奖金额要降低，以减少低收入人群中指望投机而不是通过劳动和创造来改善生活的问题彩民数量。

四、结束语

当前，我们要全面深化改革，包括财税制度改革在内的公共收入体系改革也是应有之义。要顺利地完成这些改革，就必须以科学的理论为指导。对此，习近平总书记强调，"学习马克思主义政治经济学基本原理和方法论，有利于我们掌握科学的经济分析方法，认识经济运动过程，把握社会经济发展规律，提高驾驭社会主义市场经济能力，更好回答我国经济发展的理论和实践问题，提高领导我国经济发展能力和水平"[①]。上面参照马克思主义政治经济学基本原理所探讨的公共收入的原则和进行的公共收

---

① 习近平. 发展当代中国马克思主义政治经济学［EB/OL］.［2016-01-05］. http：//www. ce. cn/xwzx/gnsz/szyw/201511/24/t20151124_ 7112615. shtml.

入的设计，应当作为公共收入体系改革的重要参考。

参考文献

［1］马克思，恩格斯. 马克思恩格斯文集［M］. 北京：人民出版社，2009：637.

［2］列宁. 列宁全集：7卷［M］. 北京：人民出版社，1986.

［3］斯大林. 斯大林选集：下卷［M］. 北京：人民出版社，1979.

［4］大卫·N. 海曼. 公共财政：现代理论在政策中的应用［M］. 章彤，译. 北京：中国财政经济出版社，2001.

［5］托马斯·皮凯蒂. 21世纪资本论［M］. 巴曙松，译. 北京：中信出版社，2014.

［6］高培勇. 公共经济学［M］. 北京：中国社会科学出版社，2007.

［7］朱柏铭. 公共经济学［M］. 杭州：浙江大学出版社，2002.

［8］张同青，包晓艳. 养路费改征燃油税的难点及对策［J］. 北京：税务研究，2006（2）.

［9］钟乃仪. 试析货币危机的教训和启示［J］. 新金融，2004（1）.

对"中国发展经济学"架构的
西部实践探索

——"西部地区经济发展新实践研究"
项目的启示

黄志亮[①]

序言：项目来源、研究对象和主体框架

项目来源：

2011 年，我们获得国家社科基金项目"西部地区经济发展新实践研究"，项目批准号 11BJL072，该项目由重庆工商大学黄志亮教授主持，最终成果形式为研究报告，课题成员有段小梅、陈纪平、许小苍、徐慧、易小光、杨文举、王鑫等。课题成果于 2015 年 4 月完成，2015 年 12 月鉴定为良好。2016 年上半年，课题组在最终成果基础上修改形成了现在的专著稿。该稿已由科学出版社出版。

研究对象：

西部大开发战略，是党中央、国务院在世纪之交做出的重大决策。16 年来，西部大开发取得巨大成就，不仅改变了西部贫穷落后的面貌，而且增加了中国经济发展的战略回旋空间。当前，西部地区正处于转型升级的关键阶段，传统的人口优势、资源优势、储蓄优势等对经济增长的推动作用逐渐消减，增添新的发展动能刻不容缓。同时，随着改革进入深水区和攻坚期，改革面对的阻力和困难日渐增大。西部的经济应如何发展，既能顺应时代发展要求，又能解决自身突出问题。对此，西部地区结合多年探

[①] 黄志亮，二级教授，现任重庆工商大学长江上游经济研究中心博士生导师，重庆工商大学《西部论坛》杂志主编，重庆市学术技术带头人，重庆市《资本论》与社会主义市场经济研究会会长。

索积累了宝贵经验，并在新的时代背景下进行了全新实践，本课题重点就是对西部大开发 16 年来西部经济发展新实践的主要方面和主要过程进行初步的学术分析，对实践的新举措和积累的新经验进行初步的归纳整理，对遇到的新难题进行初步分析，对未来经济发展实践的新目标和新路径进行初步探讨，并根据西部发展的走势从全局视野提出西部未来经济发展的实践指南，包括目标转向、路径转型、要素升级的理论观点、实践愿景、发展方略、宏观举措和政策主张等。

主体框架：

课题研究的主线是前提——目标——路径——要素。共分 4 篇 12 章展开。第一篇为总论篇，也是前提篇，分两章，主要阐明西部经济发展新实践的初始前提和理论前提。第二篇为目标篇，仅一章，主要探讨基于西部经济发展新实践的初始前提以及实践的理论基础，西部经济发展新实践的目标怎么转向。第三篇为路径篇，分六章，主要阐述要实现西部发展实践目标转向，西部现实的经济发展路径怎么转型。第四篇为要素篇，分为三章，主要阐述为实现西部经济发展实践目标转向，促进经济发展路径转型，西部经济发展的重大要素怎么升级。

一、前提：西部经济发展新实践的现实背景和理论基础

第一篇为总论篇，也是前提篇，分两章，前一章为西部经济发展的历史基础、现状及趋势，回溯新实践的历史前提、现实崭新发展状态，以及对未来发展新趋势进行研判；后一章是西部经济发展新实践的理论基础：提出从传统地区生产总值主导发展转向国民持续幸福主导发展，主要探讨影响西部 30 多年的发展实践历程的主要理论和决策主张，以及未来实践的理论基础。

（一）西部经济发展趋势的总体判断

总体看来，始于 2000 年的西部大开发启动了西部的大变革，16 年的大开发使西部发生了百年未有之巨变，这 16 年进步巨大但仍是二元经济，整体依然处于从欠发达经济向发达经济转变的发展阶段。未来 20 年，西部的发展是机遇大于挑战，西部的发展从总体上仍处于上升态势，国家的东、中、西三大区域将更加协调，西部人民将在民族复兴的征程中超越小康。具体说来，有以下七大趋势日益凸显：第一，持续深化西部大开发依然是 21 世纪国家协调发展的重要战略方向；第二，西部建成全面小康是国家难题和西部目标，必须依托中央政府和东、中部地区给予更多实质性支持；第三，可持续发展、建设美好家园、构建国家生态安全屏障是国家责

任和西部经济发展的新契机；第四，增强自我发展能力是西部未来经济发展的主线；第五，走新型工业化、新型城镇化、现代特色产业发展之路，绿色发展、创新发展、幸福发展是西部经济未来发展的新路径。第六，国家正在实施的"一带一路"对外开放新战略已把西部由对外开放的后方推向前沿，昭示了西部发展开放型经济的新方向。第七，探索市场配置资源的决定作用和政府强势引导的两手并用战略是西部经济成功转型的关键。

（二）"六维一体"的国民持续幸福论

从理论上论证了以传统地区生产总值为主导的发展实践目标的合理性和局限性，提出了"六维一体"的国民持续幸福论。这种国民幸福论包括：国民的基本物质生活水平持续改善；国民的物质生活质量稳定提高；国民生产生活的环境和生态系统的持续维系；国民文化生活水平的持续提高；国民的社会生活持久和谐；国民生产生活依托的区际关系持久和睦。我们全力主张，将"六维一体"的国民持续幸福确定为未来人类世代共生的发展方向。但在今天的具体条件下，西部地区转向国民持续幸福主导实践将经历三个阶段：第一阶段，绿色生产总值主导阶段；第二阶段，幸福生产总值主导局部突破阶段；第三阶段，幸福生产总值主导普及阶段。

二、目标：西部经济发展目标转向

第二篇为目标篇，仅一章，即西部经济发展目标转向：从传统地区生产总值主导实践到绿色地区生产总值主导实践，主要是基于西部经济发展新实践的初始前提，以及实践的理论基础，剖析西部经济发展新实践的主导目标，探讨未来发展实践的目标转向。

纵观改革开放后的西部经济发展实践，总体上是以追求地区生产总值为主导的发展目标实践。经济发展实践的主体是人，人的实践活动最大的特点是有目的的实践，经济发展实践更是目标指向明确的实践。始于2000年的西部大开发的战略目标是："到21世纪中叶，要将西部地区建成一个经济繁荣、社会进步、生活安定、民族团结、山川秀美的新西部。"[①] 但在具体的实践层面，仍然是沿袭前20年形成的目标指向——追求高速度的地区生产总值，换句话说，西部经济发展实践的目标在2000年后仍然是传统地区生产总值高速增长。然而，这个目标追求还是有一些微妙的变化，尤其是在科学发展观提出之后。具体说，在中央提出科学发展观之后，西部各省市在实践科学发展观过程中，出现了一系列的目标转向苗头，主要是

---

① 详见《国务院关于实施西部大开发若干政策措施的通知》，国发〔2000〕33号，国务院官方网站。http：//www. gov. cn/gongbao/content/2001/content_ 60854. htm 2016-05-16

有的省（市、区）、地（州、县）在发展目标中增加了绿色发展和提高居民幸福感的元素。我们认为，尽管西部地区现实中的发展目标实践是以追求地区生产总值为主导，但在今后15~20年的目标是转向绿色发展和幸福发展，即首先转向以绿色地区生产总值为主导的发展实践，更远的发展目标大方向才是追求国民持续幸福主导的发展实践。

在第二篇，提出了未来15~20年西部全面转向绿色发展目标的实践导向。纵观改革开放后的西部经济发展实践，总体上是以追求GNP或GDP为主导的发展目标实践。西部地区现实中的发展实践目标仍然是以追求GDP为主导，但这种目标主导导致了一系列的短期行为、结构失衡和发展不可持续等问题，因此，目标必须转向。未来15~20年西部首先必须全面转向绿色发展目标，主要是：第一，确立阶段性民生导向目标：建立十二年义务教育体系和终身培训体系；构建全覆盖的医疗保障体系和大病治疗补助体系。第二，坚定地稳步促进共富目标实现：把增加就业、稳定就业、提高就业质量和劳动收入、维护劳动权益作为当前产业发展和经济改革的基本方向；同时，开拓多种渠道增加劳动者的财产收益。第三，持之以恒追求可持续发展目标：让企业、单位和家庭承担破坏环境和生态的损失；并对企业、单位和家庭引进、利用先进环保生态技术进行绿色生产及绿色消费予以财政补贴或减税鼓励。第四，在以绿色发展为中心目标的过程中，适度增加国民持续幸福目标元素。近期内可以找到的突破点是：增加劳动者个人的闲暇时光；提高全体居民的文化生活品味；经常开展增强家庭、集体亲和力的多样化活动等等，从而稳步提高全体居民的幸福感。第五，围绕新的发展目标确定可持续的中高发展速度。在此阶段，始终不能忘记，西部地区发展最终要确立追求"六维一体"的国民持续幸福的长远目标。

三、路径：西部经济发展路径转型实践

对经济发展路径的探索，也是西部经济发展新实践的主体内容。始于2000年的西部大开发实践基本上循的是传统的工业化和城市化路径，主要表现为绝大多数地区被迫选择的是高耗资源、破坏环境的传统工业化；小散弱、粗放经营的、效益差的传统服务业依然占统治地位；依托传统技术、传统要素的组织程度低的传统农业、半传统农业依然在农村、农业处于支配地位；经济发展总体格局呈现资源驱动型、城乡分割型、内陆相对封闭型。随着西部大开发的深入，这种经济发展实践在2010年前后出现了一系列新变化，主要是由传统工业化、传统城市化向新型工业化、新型城

市化转型，由此带来经济结构、经济发展方式的一系列变革。尽管变革是缓慢的、渐进的，但始于 2000 年、在 2010 年后开始的新一轮西部大开发新实践毕竟极大地改变了西部的总体面貌。

本篇共分六章阐述，包括从传统工业化向新型工业化转型，从传统服务业向新型服务业转型，从多种经营农业向现代特色农业转型，从资源驱动型经济向创新驱动型经济转型，从城乡分割到城乡发展一体化转型，从内陆相对封闭向内陆开放型经济转型。前三章主要论述三大产业的发展实践转型，包括工业、服务业、农业自身的发展转型及它们的融合发展转型；后三章主要论述三大经济关系的重大调整转型实践，包括要素组合关系、城乡关系、内外经济关系的重大调整转型实践。这一篇就是研究西部大开发以来，西部现实的经济发展实践路径的现状，尤其是在上述六个方面转型的新经验、新难题，并提出转向、转型的新理论、新方略和新举措，等等。

（一）从传统工业化向新型工业化转型

提出了西部由传统工业化道路转向新型工业化道路的"四转向论"和七点宏观举措。西部大开发以来西部地区的工业化取得巨大进步，但西部地区工业发展中长期积累的深层次矛盾日益突出，粗放增长模式已难以为继，已进入到必须以新型工业化促进工业又好又快发展的新阶段。我们提出了西部地区必须由传统工业化道路转向新型工业化道路的"四转向论"：转向绿色制造、转向创新制造、转向融合制造、转向幸福制造。据此，提出七点宏观举措：第一，加快自主创新步伐，针对西部特色产业发展所需的关键技术组织开发攻关；第二，鼓励制造业向服务化转型升级，借助现代信息技术实现制造业与农业、服务业深度融合，延伸制造业产业链；第三，优化生产力的微观、中观、宏观布局，引导制造业向工业园区集中，推动产业集聚发展；第四，长期致力于人力资源的开发，并在本土化专业人才、企业家人才和职业技能人才方面率先突破；第五，以绿色低碳为主攻方向，在优先保护西部青山绿水中发展循环工业；第六，积极进行体制创新，进一步发挥西部军工科技优势，着力推动军民产业深度融合发展；第七，围绕居民幸福的目标推进工业化，在西部大中小城市工业区有步骤地推行产城融合。

（二）从传统服务业向新型服务业转型

提出了西部从传统服务业向现代服务业转型的七个方略。近十年来西部地区从传统服务业向现代服务业转型升级的实践中取得了较大成就，但还存在一系列难题和问题，如服务业技术创新缓慢，管理创新不够，高水平人才短缺，与农业、制造业融合度不高，地域特色不鲜明，服务产品品牌稀缺、区域发展不平衡及服务业产业集聚效果还不够显著，等等。因此，未来必须从根本上实现传统服务业的升级改造和服务业与农业、制造业深度融合的转型。基本的方略有以下七点：第一，把改造传统服务业、发展现代服务业作为提高西部居民幸福指数的根本方向；第二，将因地制宜发展"四精"特色服务业，促比较优势转化为竞争优势为主攻目标，包括"精准"市场定位、"精新"品牌战略、"精细"服务、"精专"个性品质；第三，促使现代服务业与农业深度融合发展，推动自给型传统农业向服务型现代农业转型；第四，促使现代服务业与制造业深度融合，推动自我循环型制造业向服务型现代制造业转型；第五，加快传统服务业的绿色改造，促使传统服务业与现代服务业融合发展；第六，大力发展健康医疗、终身教育、休闲旅游事业及相关产业，有效培育能够提升西部居民幸福感的现代服务业；第七，政府与市场携手合作，充分动员各种资源参与西部服务业转型升级，重点促进西部欠发达地区及村镇服务业发展。

（三）从多种经营农业向现代特色农业转型

提出未来西部农业转型的方向和五点战略取向。西部大开发以来，西部农业获得了巨大的发展，今天整体上处于多种经营农业阶段。今天，在向现代特色农业转变过程中遇到了一系列的观念障碍、制度机制障碍、技术障碍、人才障碍、市场障碍等。对于自然气候条件、要素禀赋差异极大的西部地区，未来农业转型的方向就是农业与制造业服务业的融合发展、集成发展、特色发展，因时因地制宜发展制造农业、设施农业、观光农业、生态农业、高科技农业、人本农业、休闲农业、体验农业、旅游农业、集群农业、节水农业、文化农业、创意农业、都市农业等现代特色农业。主要战略取向有五点：第一，长远谋划，科学规划，因地制宜推动西部现代特色农业在不同地区按不同组合集成发展。第二，根据西部各地区的农业要素禀赋和农业发展阶段，走天人合一、规模适度、要素合理搭配的东方特色农业之路。第三，着眼可持续为西部农业发展提供立法保障，创造西部现代特色农业发展的系列再生产条件。第四，发展现代特色农业要遵循自然规律和经济规律，既尊重市场，又科学引导，政府与市场"两手"并用。第五，突出现代特色农业发展在"培育"期的特殊扶持，重点攻克现代特色农业在发展过程中的系列障碍。

（四）从资源驱动型经济向创新驱动型经济转型

提出西部实现创新型经济转型从战略方向上进行整体谋划的五点思路。西部经济发展具有资源依赖的路径和特征，形成了资源依赖型经济。

课题以陕西省实践为例,对西部资源型经济向创新型经济转型的经验和问题进行实证分析。认为向创新型经济转型是一个复杂的系统工程,需要从战略方向上进行整体谋划:第一,确立以绿色生产、绿色消费、绿色服务和居民的持续幸福为创新驱动型经济发展的方向;第二,向创新驱动型经济转型的基本原则:规划先行、立足现实、体制变革、环境配套;第三,将绿色发展、居民幸福列为政府的考核目标,将科技创新、管理创新、体制创新、人力素质提升作为重大抓手;第四,产业转变的战略方向:由"中国制造"经由"中国精造",再到"中国创造";第五,率先在具备一定发展基础的陕西、重庆、四川和甘肃等地取得"中国精造"上的突破;第六,借助区域合作和协同创新等方式,创造条件在西安、成都、重庆、绵阳等城市的重要产业领域进行攻关,先行达到局部领域的"中国创造"。

(五)从城乡分割到城乡发展一体化转型

提出了西部未来推进城乡一体化的九点战略取向和重大举措。城乡发展差距大是西部大开发中面临的突出问题。西部经济发展实践最重大的经济关系调整和最主要的空间载体是城乡发展一体化。课题选择成渝城乡统筹综合配套改革实验区的新实践为样本,具体总结了八年改革实践的新经验及教训,提出了西部未来推进城乡一体化的战略取向和重大举措:第一,深化户籍制度改革,走以人为本的新型城镇化之路,建立劳动力、人口在城乡之间自由迁徙的体制机制;第二,建立城乡产业的有机联系,推动城乡产业链双向延伸、融合发展;第三,在法律上明确界定农民对农地的长久承包经营权、流转权、收益权和继承权,建立要素在城乡之间自由流动的长效机制;第四,将农村的基本公共产品供给和公共服务纳入国家战略保障体系,将粮食和农业发展分阶段纳入国家战略保障体系;第五,深化改革,提升集体经济统分结合中"统"的层次和功能,开拓农村公共产品和公共服务的新源泉;第六,提高中小城市和乡村的空间集中度,着力建设幸福和谐、宜业宜居的产城融合特色小城镇和产乡融合新农村;第七,一届接力一届创建学习型社会,长期致力于提高城乡居民的综合素质和职业技能;第八,走人与自然共生之路,实施城乡一体化的绿色发展战略,将生态功能区定位细分到每一寸国土;第九,在工业化、城镇化、信息化的新常态中稳步推进城乡发展一体化,防止运动式方法搞冒进城乡一体化。

(六)从内陆相对封闭向内陆开放型经济转型

提出西部地区实现向开放型经济转型的两大战略方向和九点宏观谋划。课题重点分析了重庆、新疆的对外开放样本,发现:尽管西部地区过去十多年在对外开放方面取得较大进步，但相对于东部，西部地区总体上仍然是一种封闭、半封闭经济。西部地区有必要实现向开放型经济的转型，主要有两大战略方向：一是全力支持国家"一带一路"新战略，成为国家向欧亚大陆腹地开放的前沿；二是全力支持国家东中西部协调发展、长江经济带发展两大战略，成为向国内东、中部广大腹地开放与合作的重大方面军。为此，提九点宏观谋划：第一，将追求居民持续幸福作为西部地区向开放型经济转型的根本目标；第二，将共建陆上、海上两大丝绸之路作为西部地区对外开放的新方向；第三，创新内陆开放模式，将四川、贵州、陕西、宁夏、青海、重庆等省市打造成各具特色的内陆开放高地；第四，积极探索沿边开放新路，将新疆、广西、云南、西藏、甘肃、内蒙古建成各有侧重的向南、东南、西、北的沿边开放桥头堡；第五，将西部现有的五个国家新区和新增新区建成西部对外开放新引擎；第六，统筹协调西部已有的国家级、区域级博览会，使他们成为西部对外对内开放重要桥梁；第七，统筹策划各类国际合作论坛，为西部提高对内对外开放水平增加学术支持；第八，完善国际大通道和西部交通网络，进一步降低西部对外开放的物流成本；第九，深化外贸体制改革，适时在重庆、新疆设立自由贸易区，推动内陆同沿海、沿边通关协作。

四、要素：西部经济发展要素升级实践

对经济发展要素的基础性建设，一开始就列入了西部大开发的重点实践任务。2000 年，国家在做出实施西部大开发的重大决定时，制定的西部大开发的四项重点任务中就包括了加快基础设施建设、加强生态环境保护和建设、发展科技教育和文化卫生行业等三项重点任务。可见，经济发展要素的基础性建设实践亦是西部大开发的主题内容。2004 年，国务院做出了《关于进一步推进西部大开发的若干意见》中，进一步提出了十项重点任务，这十项任务中，除了继续覆盖上述三项重点任务外，还增加了进一步加强农业和农村基础设施建设、加强西部地区人才队伍建设等新内容。2010 年，中央、国务院在《关于深入实施西部大开发战略的若干意见》中，进一步强调：加快基础设施建设，提升发展保障能力；加快生态建设和环境保护，构筑国家生态安全屏障；强化科技创新，加强人才开发；优先发展教育产业，等等。由此可见，新一轮西部大开发，不是简单重复经济发展要素的基础性建设，而是开拓了经济发展要素的升级新实践，其中尤其是科技创新和人力资源开发。

第四篇为要素篇，主要阐述为实现西部经济发展实践目标转向，促进

经济发展路径转型，西部经济发展的要素怎么升级。分为三章，包括从经济型基础设施建设向"五元"集成基础设施建设升级、从生态修复到生态积累升级、从人力资源大区向人力资源强区升级。本来还应包括从资源依赖向创新驱动升级，但因此问题涉及经济结构及体制等转型问题，已放在上一篇中论述，这一篇就未重复。本篇就是研究近16年来支撑西部经济发展目标转向、路径转型的重大要素升级的新变化，以及这些实践变化的新特点、新经验、新问题等，并根据目标转向和路径转型，提出上述重大要素升级的新思路、新举措。

（一）从经济型基础设施建设向"五元"集成基础设施建设升级

提出了"五元集成"的基础设施建设论和向"五元集成"基础设施建设升级的七点宏观举措。传统的基础设施建设就是交通、城市建设等经济性的基础设施建设，始于2000年的西部大开发实践仍然在依循这一传统理论及路径，但出现了一系列新变化，有了一定的社会、文化、生态、政治基础设施建设。同时问题仍在：经济性基础设施建设突飞猛进，社会、文化、生态、政治基础设施建设严重不足。课题提出了"五元集成"的基础设施建设新论：持续的经济基础设施建设；持续的社会基础设施建设；持续的文化基础设施建设；持续的生态基础设施建设；持续的政治基础设施建设。基础设施建设就是这五元基础设施的集成发展和有机统一。

据此，提出了从一般基础设施建设向"五元集成"基础设施建设升级的七点宏观举措：第一，把"五元集成"的基础设施建设作为实现西部居民持续幸福的长久基础；第二，转变观念：确立新的"五元集成"基础设施建设观，着眼于追求长期劳动生产率的提高；第三，有重点地加强经济型基础设施建设，全面规划布局西部文化、社会、生态、政治基础设施建设总框架；第四，全面谋划，分阶段推进城乡一体化基础设施建设工程；第五，政府、市场协同联手，合理分工，共同出演西部"五元集成"基础设施建设大戏；第六，启动、深化、推进"五元集成"基础设施建设的理论研究、央地立法、规划供给、体制改革、特色打造等要务的落实；第七，以立体交通、生态基础设施建设为突破口，有效开展"五元集成"基础设施建设的区域协作。

（二）从生态修复到生态积累升级

提出了西部从生态修复到生态积累升级的六点宏观举措。课题重点分析了青海、宁夏、重庆的生态建设实践，三省市均因地制宜制定了不同的生态修复和生态建设的措施，取得初步成绩，为西部其他地区生态修复和生态积累提供了丰富的经验。但时至今日，西部地区的生态环境尚存水资源短缺、植被稀少、土地退化、缺少生态屏障、生物多样性减少等等问题，各种自然灾害经常发生。总体上，西部仍然处于生态修复过程中，生态积累仍是星星之火。为了实现从生态修复到生态积累的升级，我们提出六点宏观举措：第一，在西部率先尝试建立持久的生态补偿制度；第二，率先试点并推动建立国家性质的生态积累制度；第三，从提高西部居民持续幸福的根本目标，持续开展生态修复、生态积累的全民行动；第四，持之以恒并有效开展生态保护、生态修复、生态积累的东、中、西部协作；第五，务实开展城乡生态一体化，建立城乡生态协作的体制机制；第六，支持、协助中央政府开展生态保护、生态修复、生态积累的国际合作。

（三）从人力资源大区向人力资源强区升级

提出了提高人力资源水平的"三维论"和西部地区向人力资源强区升级的九点战略举措。尽管西部大开发以来西部在改善人力资源方面做了很多努力，西部总体上已经是一个人力资源大区，但西部地区人力资源大而不强，远远不能适应经济社会发展的需要。为解决难题，我们提出了提高人力资源水平的"三维论"：提高人力资源水平是个人及家庭告别贫困和愚昧的核心法宝；是增进国民幸福最坚实的物质基础和文化基础；是西部地区永远摆脱贫困和落后的最有效武器，是地区由弱变强的核心要素。并据此提出，建设西部人力资源强区是西部经济发展战略目标转向、战略路径转型、战略要素升级的现实需要和长远保障。进而提出未来20年西部地区由人力资源大区向人力资源强区升级的九点战略举措：第一，以小城镇和中心村为突破口、提升基础教育水平，缩小基教城乡差距；第二，以职业技术教育为突破口，建成现代职业教育体系；第三，深化教育改革，发展高水平的各具特色的高等教育；第四，以新市民、新农民培训为主要突破口、构建体现中华文化元素有西部特色的学习型社会；第五，以提高民族教育水平为突破口，构建具有西部地区少数民族特色的现代民族教育体系；第六，以城乡微型、分散的体育设施建设为突破口，长期培养大众化、娱乐性的体育文化；第七，以举办多样化的民族体育竞技为突破口，构建具有西部少数民族特色又融入现代元素的民族强身体系；第八，以建设家乡、圆梦西部为突破口，实施在西部建功立业奖励计划；第九，激励民间、社会资本大力投资西部各级教育及终身教育和体育健康事业，加大对西部人力资源升级的政府转移支付。

五、总结：中国（西部）发展经济学的逻辑架构

通观4篇12章，我们看到，前提——目标——路径——要素是一个逻辑整体，这个整体体现了西部经济发展新实践的主要矛盾、主要方面及主要过程。

西部经济发展新实践的初始前提是，16 年前，西部总体处于不发达的传统工业化阶段，传统农业、传统工业、传统服务业在大多数地区占主要地位，经济总体属于资源主导型、城乡分割型、内陆封闭型，要素依赖主要是经济类基础设施、自然状态的生态环境、一般人力资源等。在此条件下，经济发展实践追求的目标只能是市场 GDP 量的扩张。

对西部经济发展新实践的研究表明：西部大开发的 16 年，就是西部从传统工业化向新型工业化、从传统服务业向新型服务业、从多种经营农业向现代特色农业、从资源驱动型经济向创新驱动型经济、从城乡分割到城乡发展一体化、从内陆相对封闭向内陆开放型经济的转型过程；就是从经济型基础设施建设向"五元"集成基础设施建设、从生态修复到生态积累、从人力资源大区向人力资源强区的升级过程。在此过程中，经济发展实践追求的目标仍然是市场 GDP 量的扩张，但有了一系列新变化。时至今日，西部地区是传统与现代并存，整体依然处于从欠发达经济向发达经济转变的发展阶段，虽然 16 年来进步巨大但仍是二元经济体制，然而此期间积累了空前未有的新动能、新经验，蕴涵了巨大的变革要素。这就是西部经济发展的最新实践。

未来的西部经济发展实践的新目标就是转向绿色 GDP 主导的发展实践，进而转向国民持续幸福目标主导的发展实践。未来实现西部经济发展实践新目标的新路径就是整个经济转向绿色发展、创新发展、融合发展、开放发展、幸福发展，包括三大产业转向新型工业化、新型服务业、现代特色农业，经济类型转向创新驱动型经济、城乡融合型经济、内陆开放型经济。而实现西部经济发展实践新目标转向和路径转型，必须同步进行战略要素升级，主要是向"五元"集成基础设施建设、生态积累、人力资源强区升级。据此，我们提出了一系列西部经济发展实践持续健康的新理论、新思路、新方略、新举措等等。这里不一一赘述。

对这样的西部经济发展新实践的主要矛盾、主要方面及主要过程的探讨，将实践经验层面上升到理论层面，从前提——目标——路径——要素是一个逻辑整体来把握，我们无疑可以看到"中国发展经济学"的影子；研究这种在世界大格局和中国发展实践大变革背景下的西部大区域经济发展的新变化、新经验、新难题，以及转型升级的最新具体实践探索，不仅对"中国发展经济学"的建立和发展具有启发意义，而且对区域经济学的丰富和完善亦具有学术价值。

习近平协调发展经济理论的特征研究

——兼谈经济协调发展与人和社会协调发展

黄少琴[①]　孙鹏[②]

[摘要] 十八大以来，习近平总书记提出的"五大发展理念"，经济发展要"以人民为中心"等一系列经济发展思想，是对中国特色社会主义实践的新概括，是中国特色社会主义政治经济学的创新。"以人民为中心"是经济协调发展的出发点和归宿点，经济协调发展是"以人民为中心"，是人和社会协调发展的基础和具体实现。正如习近平总书记在纪念中国共产党 95 周年大会上所讲，带领人民创造幸福生活，是我们党始终不渝的奋斗目标。

[关键词] 习近平协调发展理论　新特征　协调发展辩证关系

十八大以来，习近平总书记继往开来，不断开拓创新，提出了一系列治国理政的新思想、新观念，涉及内政外交国防、治党治国治军的各个方面，成为指引我们实现民族伟大复兴的根本指针。习近平在十八届五中全会上提出了五大发展理念，它将引领发展方式的转变，是对传统发展理念深刻变革，是五中全会的一大亮点。十八届五中全会指出："实现'十三五'时期发展目标，破解发展难题，厚植发展优势，必须牢固树立并切实贯彻创新、协调、绿色、开放、共享的发展理念。"[1] 其中，创新是核心，是发展的第一动力。当前面临的矛盾叠加，只有创新才能激发活力。开放是中国经济深度融合世界经济，参与全球经济治理的必然要求。绿色是基

---

①　黄少琴，女，广西师范学院教授、原副校长，硕士研究生导师，研究方向：马克思主义政治经济学、马克思主义中国化、马克思主义与当代中国经济问题、少数民族区域经济问题。

②　孙鹏，男，广西师范学院马克思主义学院马克思主义中国化专业 2015 级硕士研究生，研究方向：马克思主义与当代中国经济问题。

础，我们绝不能再走寅吃卯粮，先污染后治理的粗放型老路。共享是根本，是社会主义的本质要求，我们的改革是否成功要看人民群众是否享受到了发展的成果。协调则是关键，实现全面建成小康社会关键在全面，不能有短板。协调发展理念就是要推动城乡协调发展，区域协调发展，推动物质文明和精神文明协调发展，推动经济建设和国防建设融合发展。

一、习近平经济协调发展理论的特征

（一）人民主体性

习近平总书记从政伊始，就非常注重关注人民群众的冷暖，在福建工作时，他冒酷暑走访贫困乡，在正定工作时大街上摆桌子听取群众意见。十八大以来，习近平总书记多次指出，"让老百姓过上好日子是我们一切工作的出发点和落脚点"，这种民本情怀也渗透在他的经济协调发展理论中。习近平总书记指出："协调既是发展手段又是发展目标，同时还是评价发展的标准和尺度。"它内在地包含了，经济发展要坚持以人民为中心，人民群众既是物质财富、精神财富的创造者，同时也是发展成果的享受者。习近平在河北正定工作时多次强调要念好人才经，重视人才，求贤若渴。人才是实现中国梦必须依赖的智力支柱。在建党 95 周年大会上，习近平指出："广开进贤之路，把党内和党外、国内和国外等各方面优秀人才吸引过来，凝聚起来，努力形成人人渴望成才、人人努力成才、人人皆可成才、人人尽展其才的良好局面。"主体和客体的内在统一性要求，我们必须动员全体人民积极参与到社会主义的建设中来，同时也必须保障改善民生，进而促进经济持续发展。习近平指出："全面建成小康社会，实现社会主义现代化，实现中华民族伟大复兴，最根本最紧迫的任务还是进一步解放和发展社会生产力。"发展生产力的根本目的就在于实现共同富裕，这是社会主义的根本原则，经济协调发展是实现社会主义根本目的的必然要求。习近平在贵州参加座谈会时指出，"消除贫困、改善民生、实现共同富裕，是社会主义的本质要求"。全面建成小康社会要解决我国发展不平衡、不协调的问题，补足社会的短板，"小康不小康，关键看老乡"，尤其是贫困地区群众要尽快脱贫，缩小收入差距。习近平总书记在主持中央政治局第 28 次集体学习时强调指出："要坚持把增进人民福祉、促进人的全面发展、朝着共同富裕方向稳步前进作为经济发展的出发点和落脚点。"其次，人与自然的协调即绿色的发展理念也贯穿着协调理念，注重经济发展的同时保护人类赖以生存的家园。我们既要金山银山，又要绿水青山，既要实现经济发展，又要实现人与自然和谐共存。为了实现人的发展，这既是协调发展理论的重大贡献，也是马克思主义政治经济学的根本立场。

（二）协调包容性

习近平的经济发展协调理论展现了强大的包容性。经济发展的协调不仅包括原来我们认识的区域协调、城乡协调等，还囊括了生态协调发展、社会协调发展、人的自由全面发展。协调理论既是五大发展理念之一，又渗透在其他理念之中，充分证明了五大理念的辩证统一密不可分。作为核心动力的创新理念来说，实施创新驱动发展战略，既需要企业创新有活力，又需要政府引导有政策。同时，更加注重一、二、三产业的融合。绿色发展理念实质上也是一种协调理念，我们搞经济建设不是不要资源环境，而是追求一种生态自然与人类社会的协调，保护好我们共有的地球家园。共建共享在体现人民为中心的同时，也包含于协调理念之中，这种协调是人的自由全面发展与人类社会进步协调，换言之即人民日益增长的物质文化需求同社会生产之间矛盾的解决。习近平协调发展理论是极其丰富的，在各个方面都展现了兼收并蓄、包容多样的特点。

（三）发展辩证法

习近平总书记指出，协调是发展两点论和重点论的统一，是发展平衡和不平衡的统一，是发展短板和潜力的统一。这一理念蕴含了统筹兼顾的辩证关系，任何事物都是对立统一的矛盾体，关键在于寻找一种平衡。不谋全局者，不足以谋一域。如果只顾眼前，就会贻误发展的最好的时机，对未来的发展百害无一利。只有从整体出发，从大局出发，用系统分析的观点才能做到统筹兼顾。十三五协调发展理念既要加强顶层设计，从整体推进；又要摸着石头过河，从局部突破。我们要站在全面建成小康社会的制高点上，审视薄弱环节，仔细检查短板，做到心中有数。对于这些凸显的问题，要依照两点论与重点论仔细分析，然后各个击破，才能使得全面建成小康社会梦想成真。

二、经济协调发展的若干重大问题和关系

（一）正确认识和把握经济协调发展的重大问题

1. 区域协调发展问题

毛泽东同志在《论十大关系》中指出，"处理好沿海和内地的关系，要好好地利用和发展沿海的工业老底子，可以使我们更有力量来发展和支持内地工业"[2]。正是毛泽东看到了地区区域经济发展的不平衡，所以他提出"必须更多地利用和发展沿海工业，特别是轻工业"[3]。这是毛泽东区域经济思想形成的标志，蕴含的是平衡、协调的发展理念。以邓小平为

核心的第二代领导集体在对外开放的大背景下，提出了"两个大局"的思想。邓小平指出："沿海地区要对外开放，使这个拥有两亿人口的广大地带较快地先发展起来，从而带动内地更好地发展，这是一个事关大局的问题。内地要顾全这个大局。反过来，发展到一定的时候，又要求沿海拿出更多力量来帮助内地发展，这也是个大局。"东部地区经济基础较好，地理位置优越，应该率先发展起来。从经济特区到沿海开放城市再到沿海经济开放区，东部地区在政策的支持下富裕起来。在全国普遍生产力水平不高的情况下，打开了一个缺口，引领了中国经济发展。以江泽民为核心的党的第三代领导集体，继续推进对外开放，针对东部西部差距日渐加大，江泽民不失时机地把沿海服从内地发展的大局提上日程，实行西部大开发战略应运而生。来自东部的资金为西部创造了大量财富，极大促进了西部的发展。西部丰富的自然资源输送到东部，缓解了东部能源紧缺的矛盾。东西互补，既缩小了区域发展差距，又盘活了西部经济发展。以胡锦涛为核心的党中央领导集体，以科学发展观为指导，进一步统筹区域协调发展。支持东部率先发展，实施西部大开发，振兴东北老工业基地，使区域发展更加协调，发展理念更加科学。十八大以来，以习近平为核心的党中央领导集体，以崭新的治国理念，以广阔的视野角度，把区域协调发展进一步推向前进。从京津冀到长三角，从陆上丝绸经济带到海上丝绸之路，我们以更加精准的思维，加强联动协作，形成了很多经济圈。我们凭借更加长远的眼光，打破了行政区域的障碍。从路上到海上，从沿海到内地再到沿边，我们驾驭区域协调发展的能力更加娴熟，也使得区域协调发展理念渐趋成熟。十八届五中全会提出的协调发展理念，正是针对十三五规划中建成小康社会目标的全面性。习近平总书记在主政浙江期间就曾指出，"宏观调控始终都要从大局着眼[4]"，"从全局和长远来考虑问题"[4]。全面建成小康社会关键在于全面，全国任何一个地区都不能掉队。不仅东部要发展得更好，西部也要达到全面建成小康社会的目标。

区域协调发展，要形成均衡化、网格化的布局。《论十大关系》从国内国际大局出发，站在整个中国的生产力布局上，对沿海内地关系作了富有开创性的论述。"会当凌绝顶，一览众山小"，只有做好统筹规划，才能盘活区域协调发展这盘棋。《中共中央关于制定国民经济和社会发展第十三个五年规划的建议》（以下简称《建议》）指出"以区域发展总体战略为基础，以"一带一路"建设，京津冀协同发展，长江经济带建设为引领，形成沿海沿江沿线经济带为主的纵向横向经济轴带[5]"。这就要求我们在未来五年的区域协调发展方面做到，加强顶层设计，树立宏观视野，实现资源要素自由流动和公共服务均等。

首先，积极推动"一带一路"建设。对外开放的结构和层次在逐步提升，中国开放的大门永远不会关上。其次，城市群城市圈是区域联动发展的重要方向。要加快推动京津冀城市群建设，发挥各自的优势，实现要素的调整和优化。京津冀城市圈的发展必然带动北京周围城市经济发展的新跨越，必然能够优化首都的城市功能。其次，坚决依托黄金水道打造长江经济带，继续发挥利用沿江城市的交通优势和经济基础，把沿江对外开放推展开来。

再次，要继续推进东中西部和东北老工业基地四大板块区域发展。东部地区率先发展得益于沿海对开放的政策支持，同时也要把陆地和海上兼顾起来。既要发挥沿海作为"商店"销售的作用，又要带动陆地以更多的产品和资源走出去，实现陆海协调，纵深推进。中部地区要发挥承东启西的优势。相比与东部来说，中部就是两者中的"西部"；相对于西部来说，中部就是两者中的"东部"。因此，中部地区要继续推进中原经济带建设，依靠城市群经济带增强区域经济整体竞争力。毗邻东部，要努力做好东部的生产大后方，依靠创新驱动，提高原始创新、集成创新和引进消化吸收再创新的能力，才能生产更多拥有知识产权的产品。面向西部，中部要加强与西部能源资源合作联系，鼓励中部企业走出去，到西部投资建厂。西部地区要继续深入实施西部大开发战略，利用好一带一路政策的大好机遇，把西部对外开放事业做大做强。充分抓住优质农产品资源和油气能源丰富的优势，让西部特色不仅惠及东中部，而且走出国门走向世界。作为大有可为的西部地区，西部应当掌握发展的主动权。密切与东中部的联系，密切同沿边国家的贸易往来，为摆脱落后局面创造条件，建设一个充满活力的新西部。培育新的经济增长极，打造一批有潜力、有前景的中小型城市，加大对西部贫困地区的扶持力度。东北地区要在振兴东北老工业基地的基础上，进一步加快经济转型，调整产业结构，转变发展方式。从供给端发力，既要凤凰涅槃，淘汰落后产能，又要腾笼换鸟，发展新兴产业。攻坚克难，迎头而上，突破东北转型升级瓶颈。最后，城市集群化发展是未来城市发展的必然趋势。《建议》指出"发挥城市群辐射带动作用，优化发展京津冀、长三角、珠三角三大城市群，形成东北地区、中原地区、长江中游地区、成渝地区、关中平原等城市群"[6]，以建设世界级城市群为目标，使这些城市群走在全国前列，成为区域经济发展的新引擎。要注重中心城市和重点经济区的培育。既要发展一批中心城市，以提升他们的辐射和带动作用；又要因地制宜，形成支撑和带动区域经济发展的重点经济区。

2. 城乡协调发展问题

十八届五中全会提出"十三五"期间，注重统筹城乡协调发展，更要关注农村的发展。《建议》提出"要开辟农村广阔的发展空间，加强城乡在公共服务、基础设施方面的要素流动，进一步落实工业反哺农业，城市支持农村的具体措施"。我们要努力实现公共设施和公共服务向农村倾斜，加快城乡产业链的对接。建设美丽乡村，加强农村环境的综合治理。这并不是简单地乡村城市化，而是因地制宜提高农村基础设施水平，让新型城镇化自然和谐。城市要提高规划建设水平，完善户籍制度改革，让一部分农民能够放心顺心的到城里安家落户，让他们拥有和城市居民同等权利。保护农民的土地财产权，合理引导他们自愿流转土地。

目前，贫困地区大多是偏远地区的农村山区，打赢扶贫攻坚战事关全面建成小康社会的目标。统筹城乡发展内在的包含着如何使贫困县全部摘帽，实现脱贫。"而这也是我们实现全面小康、实现现代化的必由之路"[7]，习总书记主政浙江时讲道，"不解决这个问题，怎么能叫全面小康，怎么能叫现代化呢?"[7]扶贫工作是我党历来重视的民生问题，虽然取得了很大的进步，但是仍有很多人民群众生活还比较贫困。这关系着全面建成小康社会的大局，如果全面建成小康社会的贫困短板不补足，就影响我们实现全面建成小康社会奋斗目标的进程。习近平总书记多次提到，全面小康是全体中国人民的小康，不能出现有人掉队。当前，对于贫困地区、革命老区，要加大支持力度，在财政支出上向这些薄弱地区倾斜。同时，习近平在山东菏泽考察时指出："要紧紧扭住教育这个脱贫致富的根本之策，再穷不能穷教育，再穷不能穷孩子。"[8]我们要加强对贫困地区孩子的教育扶持工作，让这些孩子们不要输在起跑线上，用知识武装头脑，让知识改变命运。只有这样，才能防止一代又一代青年重走老一代的贫困路。现在已经是全面建成小康社会的关键阶段，必须时不我待地落实好精准扶贫政策。扶贫如果做不到精准，就会像有些地方越扶越贫。扶贫工作只有扶准扶精，才能扶到根上。正如习近平总书记所说，我们要"深入调查摸底，了解民之所盼。深入细致地了解民心、民意、民情，摸清群众最急、最盼、最缺的事情。使国家综合扶贫的各类资金、政策，用准用足，用在贫困群众身上，用在正确的方向上，扶到最需要扶持的群众、扶到群众最需要扶持的地方。"此外，脱贫根本上要变输血为造血，依靠发展贫困地区产业脱贫。正如习总书记在担任福建宁德地委书记期间指出的，"要使弱鸟先飞，飞得快、飞得高，必须探讨一条因地制宜发展经济的路子"[9]，"贫困地区完全可能依靠自身的努力、政策、长处、优势在特定领域'先飞'，以弥补贫困带来的劣势"[10]。

3. 产业协调发展与经济建设协调发展问题

产业协调发展关系到经济全局发展，任何一个产业的落后都无法使资本的循环周转产生困难，不仅要夯实农业的基础地位，还要使二、三产业向高精尖的方向发展。当下，农业要强，更加需要二、三产业要助力农业。习总书记在《摆脱贫困》一书中指出，"大农业的思路是离不开以工补农和以工促农的。首先，没有一定的工业基础，就没有一定的财政实力，农业的更多投入就成为一个问题。其次，农业内部结构的合理调整，农副产品消费市场的形成都需要工业作为催化剂"[11]。发展现代农业既要注重农业的综合开发，实事求是因地制宜发展多种经营；又要加快土地流转，壮大集体经济，发展现代农业。既要深入挖掘本地优势，培育有特色的农产品产业。又要创新农产品精深加工技术，增加农产品附加值，促进农产品出口创汇。

4. 国防建设与经济建设问题

毛泽东同志在《论十大关系》一文中指出："军政费用要降到一个适当的比例，增加经济建设费用。只有经济建设发展得更快了，国防建设才能够有更大的进步。"[12]处理好经济建设和国防建设的关系同样对当前具有重要的意义。习近平总书记在继承发展这一思想基础上，进一步推动了经济建设和国防建设深度融合发展。十三五规划《建议》指出"推动经济建设和国防建设融合发展。坚持发展和安全兼顾、富国和强军统一，实施军民融合发展战略，形成全要素、多领域、高效益的军民深度融合发展格局。"[13]协调经济建设和国防建设，要求我们必须明确经济建设和国防建设的辩证关系。经济建设是国防建设的基础，没有经济的发展，就不能为国防建设提供资金和产品。国防建设是经济建设的保障，富国需要强军为其提供和平安定的发展环境。落后就要挨打，我们在努力全面建成小康社会的同时，绝对不能忽视国防建设的重要性。在 11 月 24 日到 26 日的中央军委改革工作会议上，习近平强调全面实施改革强军战略，坚定不移走中国特色强军之路。坚持依法治军、从严治军，深化权力制约和监督体系改革，肃清军队权力腐败的根源。优化军种结构，提升军队质量，真正建设一支听党指挥，能打胜仗，作风优良的新型人民军队。发展国防科技，加快人才培养，提高部队的信息化、机械化，适应国防建设未来的需要。构建国家主导、需求牵引、市场运作、军民深度融合的运行体系，是实现军民深度融合的必然要求，有利于激发国防建设的活力，有利于促进民营企业的发展。既要打造一批军民融合创新示范区，又要增强军民融合企业技术产品的协调性。

（二）正确认识和处理经济协调发展的辩证关系

1. 正确认识和处理经济协调发展与供给侧结构性改革的关系

供给侧结构性改革是大势所趋，形势使然。目前，我们的需求增长乏力，是因为供给的质量需要提高。一要加快结构调整，着力从供给端优化产业结构，生产适销对路的产品。二要注重补足短板，一些企业产能过剩反而没有市场，一些企业市场需求大然而供给不足。无论是强调供给的量还是注重供给的质，都是为了与需求端匹配协调。供给侧结构性改革要求去产能，去库存，去杠杆，降成本，补短板。产能的剩与否要看与市场需求的协调，短板的补与否则要看产业需求的协调。实施创新驱动发展战略，加快技术创新，集成创新，为消费者提供优质服务。供给侧结构性改革在供给与需求上也是相互协调，辩证统一的。从更深一层来看，人民群众对物质文化的需求决定了其供给要适配，我们做好这种协调就是为了人民群众的根本利益，体现了经济上的协调是为了人民群众的协调，是为了让人民群众享受发展的红利。同时，供给侧结构性改革的实行也离不开广大人民群众。我们千方百计地提高供给端的质量，符合人民大众的口味需求，最终点是长远的拉动消费增长，这离不开人的参与。所以，市场的活力深深根植于人民群众之中，它是生产力最活跃的要素。而人的自由全面发展、社会协调发展归根到底要靠经济协调发展。

2. 正确认识和处理经济协调发展与人和社会协调发展的关系

全面建成小康社会关键在于"全面"二字，社会发展的协调是经济发展与人民群众的物质文化需求相适应的必然要求。习近平总书记多次强调，让老百姓过上好日子是我们一切工作的出发点和落脚点。以人民群众为中心，贯穿在协调发展的理念之中。无论是精神文明上，还是物质文明上，小康社会要树立全局观念，使每个人民群众都能过上小康生活，实现自己的梦想。如果经济发展起来，人民群众没有幸福起来，小康就是不协调的，不全面的。在这一点上来说，协调的深层内涵还是要以人民群众为中心。改革发展的成果要让广大人民群众共享，让贫困地区群众跟上来，富起来，也为经济新发展积蓄动能。人民群众是历史的主体，是历史的创造者。物质财富的创造离不开人民群众的劳动，从新民主主义革命时期到社会主义建设时期，从一穷二白的艰难发展到如今跻身全球经济前列，人民群众所发挥出的巨大力量始终是我们经济发展前进的源泉动力。

我们清醒地认识到，区域经济协调发展、产业的协调发展、人和社会的协调发展是辩证统一体。习近平总书记指出，"要学会运用辩证法，善于'弹钢琴'，处理好局部和全局、当前和长远、重点和非重点的关系，着力推动区域协调发展、城乡协调发展、物质文明和精神文明协调发展，推动经济建设和国防建设融合发展"。在实践中体现为全局观念上盘活经济一盘棋，实现经济持续健康发展，而且要把协调发展理念落脚到人民群众这个中心上来，让人民群众共建共享，经济的协调是社会与人协调发展的基础，人的发展是经济发展的中心方向，二者紧密相连，相互促进。

解放发展生产力，实现共同富裕，离不开全面的协调的发展。习近平坚持"以人民为中心"发展经济的理论，坚持协调发展理念，把协调发展推进到社会发展和人的发展领域，极大地丰富了马克思主义人的自由和全面发展的思想，是中国特色社会主义政治经济学理论与实践的最新成果。人民群众对美好生活的向往就是我们的奋斗目标，协调发展理念的全面推进，是习近平总书记协调发展理论的新贡献，是中国化马克思主义政治经济学以人民为中心思想的时代标志。我们要与时俱进，开拓创新，把人民为中心的协调发展理念贯穿到各个方面，不断把中国化的马克思主义理论推向前进。我们坚信，在"十三五"协调发展理念的指引下，夺取全面建成小康社会的胜利必将实现，伟大复兴的中国梦必定能够"直挂云帆济沧海"！

参考文献

［1］中国共产党第十八届中央委员会第五次全体会议公报［N］. 人民日报，2015-10-30（01）.

［2］毛泽东. 毛泽东选集：五卷［M］. 北京：人民出版社，1977：270.

［3］毛泽东. 毛泽东选集：五卷［M］. 北京：人民出版社，1977：271.

［4］习近平. 走在前列干在实处［M］. 北京：中共中央党校出版社，2013：25.

［5］中共中央关于制定国民经济和社会发展第十三个五年规划的建议［EB/OL］.［2015-11-3］. http：//house. people. com. cn/n/2015/1103/c164220-27772642. html.

［6］中共中央关于制定国民经济和社会发展第十三个五年规划的建议［EB/OL］.［2015-11-3］. http：//house. people. com. cn/n/2015/1103/c164220-27772642. html.

［7］习近平. 走在前列干在实处［M］. 北京：中共中央党校出版社，2013：27.

［8］习近平. 做焦裕禄式的县委书记［M］. 北京：中央文献出版社，2015：30.

［9］习近平. 摆脱贫困［M］. 福建：福建人民出版社，2014：6.

［10］习近平. 摆脱贫困［M］. 福建：福建人民出版社，2014：3.

［11］习近平. 摆脱贫困［M］. 福建：福建人民出版社，2014：72.

［12］毛泽东. 毛泽东选集第五卷［M］. 北京：人民出版社，1977：271.

［13］《中共中央关于制定国民经济和社会发展第十三个五年规划的建议》［EB/OL］. ［2015-11-3］. http：//house. people. com. cn/n/2015/1103/c164220-27772642. html.

党的全国代表大会视阈下的当代中国马克思主义政治经济学的发展与创新①

蒋盛云　汪世珍

【第三军医大学　四川外国语大学　重庆400038】

[内容摘要] 党的十一届三中全会以来，当代中国马克思主义政治经济学取得了许多重要的理论成果。党的全国代表大会是认识把握当代中国马克思主义政治经济学的重要视角。党的全国代表大会对当代中国马克思主义政治经济学发展与创新做出了重要的贡献。党的全国代表大会对当代中国马克思主义政治经济学发展与创新具有独特的特点。

[关键词] 党的全国代表大会　当代中国马克思主义　政治经济学

党的十一届三中全会以来，我们党把马克思主义政治经济学基本原理同改革开放新的实践结合起来，不断丰富和发展马克思主义政治经济学，形成了当代中国马克思主义政治经济学的许多重要理论成果。党的全国代表大会对当代中国马克思主义政治经济学的发展与创新做出了重要的贡献。

一、党的全国代表大会是认识和把握当代中国马克思主义政治经济学的重要视角

中国共产党党章规定，党的最高领导机关，是党的全国代表大会和它所产生的中央委员会。当代中国马克思主义政治经济学发展与创新的主体

① 本文为国家社科基金后期资助项目"党的全国代表大会对当代中国马克思主义发展与创新的重要贡献研究"（编号：15FKS003）的部分阶段性成果。

是中国共产党,通过党的全国代表大会来实现。党的领袖的重要思想、广大人民群众的实践经验、理论工作者的重要研究成果,都要通过党的全国代表大会以民主集中的形式吸取、确认、完善,形成为全党共同的指导思想。党的全国代表大会和它所产生的中央委员会是当代中国马克思主义政治经济学发展与创新的纽带、枢纽,它对推进当代中国马克思主义政治经济学发展与创新具有权威的作用。

当代中国马克思主义政治经济学发展与创新的成果在党的全国代表大会有集中体现。改革开放以来,党的历次全国代表大会记录了改革开放以来党的理论发展与创新的轨迹。怎样坚持马克思主义政治经济学推进改革开放,怎样确立当代中国马克思主义政治经济学的地位、用当代中国马克思主义政治经济学武装全党、指导实践等在党的全国代表大会政治报告中都有不同的阶段性体现,既有整体性又有历史的延续性,体现了中国共产党对当代中国马克思主义政治经济学认识的深化、丰富过程。

改革开放以来,党的历次全国代表大会都如期召开,按照党章的规定,其职能得到了充分的发挥。党的全国代表大会政治报告,是大会精神的集中体现,是马克思主义与中国具体实际、时代特征相结合的纲领性文献。在党的历史上,每一次党的全国代表大会的政治报告,都是党内民主政治的产物,反映了中国共产党在探索中走向成熟与伟大的光辉历程,反映了对马克思主义的坚持、发展与创新。党的全国代表大会制度的完善和如期召开,保障了当代中国马克思主义政治经济学发展与创新的可持续性。

二、党的全国代表大会对当代中国马克思主义政治经济学发展与创新的主要内容

（一）以马克思主义科学原理和科学精神引领当代中国马克思主义政治经济学发展与创新

当代中国马克思主义政治经济学绝不是对马克思主义基本原理的否定,而是对马克思主义科学原理和科学精神的内化传承,对经典马克思主义与时俱进的发展与创新。改革开放后历次党的全国代表大会对马克思主义政治经济学科学原理和科学精神的坚持与发展集中表现以下几个方面。

始终坚持生产力是社会发展最终决定力量的唯物史观原理。在生产力和生产关系两者中,更重要更根本的是生产力,生产力决定了生产关系,而生产关系作为经济基础必然决定一个社会的政治制度和意识形态等上层建筑。在改革开放后历次党的全国代表大会政治报告中始终坚持和集中体

现了这一唯物史观的基本原理。坚持发展是硬道理，紧紧扭住经济建设这个中心，不断解放和发展生产力，尤其是科学技术这个第一生产力。在党的十二大报告中强调，"不断满足人民日益增长的物质文化需要是社会主义生产和建设的根本目的"①。党的十三大报告也非常强调生产力的发展，明确发展生产力是社会主义社会的根本任务。党的十四大报告明确概括了"一个中心、两个基本点"的基本路线，并强调了邓小平的思想"基本路线要管一百年，动摇不得"②。党的十五大报告再次重申"社会主义的根本任务是发展社会生产力"③。经济建设是全党的工作中心，各方面工作要服从或服务于这个首要任务或工作中心。这是解决中国所有问题的基础和关键。其后的十六大、十七大和十八大报告也都始终如一的坚持和反复强调这一点，这说明生产力是社会发展最终决定力量原理始终贯彻渗透于改革开放后历次党的全国代表大会的基本精神之中。

始终坚持社会基本矛盾是社会发展根本动力的唯物史观原理。从改革开放后历次党的全国代表大会看，强调改革、坚持改革、推进改革是历次党的全国代表大会报告的鲜明特点和精神。党的十四大在系统总结"建设有中国特色社会主义理论"时指出，改革也是一场革命，它既是社会主义的发展动力，也是解放生产力，实现中国现代化的必由之路。党的十五大政治报告对通过改革来推动中国特色社会主义事业的各项工作又有了更加全面深入的认识。我们进行的改革，是系统而全面的改革，但不是放弃社会主义原则，而是自觉地完善社会主义的生产关系与上层建筑，更好地满足和推动社会主义初级阶段生产力发展，实现社会主义现代化。

始终坚持人民群众创造历史的唯物史观基本原理。最广大的人民群众创造了社会的物质财富、精神财富并推动社会历史进步，是历史的创造者和真正的主人。党的十二大报告明确指出"党之所以能取得上述许多方面的胜利，归根到底，是……坚持了马克思主义的人民创造历史的科学原理"④。党的十四大报告指出，"加快改革开放和经济发展，目的都是为了满足人民日益增长的物质文化需要"⑤。党的十七大报告非常强调人民的主

---

① 中共中央文献研究室. 十二大以来重要文献选编［G］. 北京：人民出版社，1986：19.
② 中共中央文献研究室. 十四大以来重要文献选编：上［G］. 北京：人民出版社，1996：9.
③ 中共中央文献研究室. 十五大以来重要文献选编：上［G］. 北京：人民出版社，2000：16.
④ 中共中央文献研究室. 十二大以来重要文献选编：上［G］. 北京：人民出版社，1986：11.
⑤ 中共中央文献研究室. 十四大以来重要文献选编：上［G］. 北京：人民出版社，1996：32.

体地位。中国共产党的根本宗旨是全心全意为人民服务，党的一切努力工作和艰苦奋斗甚至流血牺牲，都是为了广大人民的根本利益。怎样调动和保护广大人民群众的积极性，发挥人民的首创精神；怎样保障广大人民群众的根本权益，走共同富裕的道路等，都是围绕广大人民群众的根本利益来思考、决策和行动的。党的十八大报告强调要牢牢坚持人民的主体地位。

始终坚持科学社会主义基本原理。在《共产党宣言》中，马克思、恩格斯就明确表示："现代的资产阶级私有制是建立在阶级对立上面、建立在一些人对另一些人的剥削上面的产品生产和占有的最后而又最完备的表现，从这个意义上说，共产党人可以把自己的理论概括为一句话：消灭私有制。"① 我国处于社会主义初级阶段的现实国情要求我们一方面必须坚持公有制，另一方面又必须在现有条件下寻找其具体实现形式。从改革开放后历次党的全国代表大会上，可以看到我们党既坚持科学社会主义基本原理，毫不动摇地坚持和发展社会主义公有制，又根据国情和时代发展，不断探索公有制的具体实现形式。党的十八大强调，"要毫不动摇巩固和发展公有制经济，推行公有制多种实现形式"②。

（二）积极推动当代中国马克思主义政治经济学发展与创新的主要内容

推进当代中国马克思主义的发展与创新，不能从对马克思主义著作中个别论断的教条式理解和附加到马克思主义名下的某些错误论点出发。党的全国代表大会着眼于以马克思主义理论在中国的创造性运用，推动当代中国马克思主义政治经济学的发展与创新。

高度重视人民群众的历史主体地位。党的十七大报告谈到贯彻落实科学发展观时，指出要"尊重人民主体地位，发挥人民首创精神，保障人民各项权益，走共同富裕道路，促进人的全面发展，做到发展为了人民、发展依靠人民、发展成果由人民共享"③。党的十八大报告总结发展中国特色社会主义的经验时，也强调："必须坚持人民主体地位。"④ 党的全国代表大会始终以尊重人民群众作为实践主体的首创精神为核心理念。党的十六大报告强调："必须尊重劳动、尊重知识、尊重人才、尊重创造，这要作

---

① 马克思，恩格斯. 共产党宣言［M］. 北京：人民出版社，1997：41.

② 本书编写组. 中国共产党第十八次全国代表大会文件汇编［G］. 北京：中央文献出版社，2012（19）.

③ 中共中央文献研究室. 十七大以来重要文献选编：上［G］. 北京：中央文献出版社，2009（12）.

④ 本书编写组. 中国共产党第十八次全国代表大会文件汇编［G］. 北京：人民出版社，2012（13）.

为党和国家的一项重大方针在全社会认真贯彻"。① 党的十八大报告也要求
"发挥人民主人翁精神"②，更好地动员和组织人民参加中国特色社会主义
建设事业。尊重人民群众作为实践主体，当代中国马克思主义政治经济学
发展与创新就获得了取之不竭的源泉。党的全国代表大会同样积极鼓励、
及时肯定人民群众的创造性实践。党的十三大报告在讲到对待改革的态度
时强调，"要爱护和支持在改革中勇于探索、创新的干部，允许他们犯错
误，帮助他们不断总结经验，增长才干，在实践中学习和成长"。③ 党的全
国代表大会非常重视及时总结推广人民群众的创造性实践经验。改革开放
以来，党的全国代表大会在概述发展成就、剖析形势任务的同时，总是不
忘坚持把马克思主义基本原理同中国具体实际相结合，及时总结和推广人
民群众在实践中创造出来的鲜活经验。以发展各种非公有制经济的实践经
验为例。党的十一届三中全会后，以城乡群众的积极实践为基础，我们就
不断对非公有制经济的地位作用进行总结提炼，使其大致经历了一个从
"资本主义的尾巴"到"必要的有益的补充"，到社会主义市场经济的
"重要组成部分"，再到平等享受"国民待遇"的市场主体等不断发展和深
化的过程。

　　围绕"什么是社会主义、怎样建设社会主义"这一重大主题进行当代
中国马克思主义政治经济学发展与创新。改革开放以来，党的全国代表大
会集中全党智慧，对"什么是社会主义、怎样建设社会主义"这个根本问
题做出了持续深入的探索和回答。党的十二届四中全会通过的《中共中央
关于经济体制改革的决定》的文件，进一步明确了这次改革的基本任务，
是要把马克思主义基本理论与中国实际紧密结合，学习国外的正确经验，
不断解放思想，建立有活力、有特色、有生机的社会主义经济体制，推动
生产力的发展。对这个文件，邓小平曾指出："这次经济体制改革的文件
好，就是解释了什么是社会主义，有些是我们老祖宗没有说过的话，有些
新话。……这是个好的文件。"④ 党的十四大第一次明确提出我国经济体制
改革的目标是建立社会主义市场经济体制，为我国经济体制改革指明了前
进方向；第一次正式阐释了社会主义的本质是"解放生产力，发展生产

---

　　① 中共中央文献研究室. 十六大以来重要文献选编：上［G］. 北京：中央文献出版社，2005
（12）.
　　② 本书编写组. 中国共产党第十八次全国代表大会文件汇编［G］. 北京：人民出版社，2012
（13）.
　　③ 中共中央文献研究室. 十三大以来重要文献选编：上［G］. 北京：人民出版社，1992：
50.
　　④ 邓小平. 邓小平文选：三卷［M］. 北京：人民出版社，1993：91.

力，消灭剥削，消除两极分化，最终达到共同富裕"①。党的十五大指出，我们讲要搞清楚"什么是社会主义、怎样建设社会主义"，就必须搞清楚什么是初级阶段的社会主义，在初级阶段怎样建设社会主义。大会围绕建设社会主义现代化国家的奋斗目标，从经济、政治、文化等层面，阐述了党在社会主义初级阶段的基本纲领，对什么是初级阶段的社会主义，在初级阶段应该怎样建设社会主义的问题做出了进一步的探索和回答。

坚持对马克思主义经济理论的创造性运用。十二届三中全会创造性地提出了"有计划的商品经济"这一新概念，突破了过去长期盛行的将计划经济和商品经济视为对立物的陈旧观念，为经济体制改革的全面展开提供了重要的理论支撑。党的十三大进一步提出了"以公有制为主体，大力发展有计划的商品经济"的改革思想，为社会主义市场经济体制目标的正式提出做好了必要的铺垫。在前期探索特别是邓小平同志南方谈话的基础上，党的十四大明确提出我国经济体制改革的目标是建立社会主义市场经济体制，实现了新的历史性突破。党的十五大确立了我国社会主义初级阶段的基本经济制度是"公有制为主体、多种所有制经济共同发展"②，从根本上解放和发展了生产力。强调"公有制经济不仅包括国有经济和集体经济，还包括混合所有制经济中的国有成分和集体成分"③。由此，公有制经济获得了进一步发展的新空间。公有制的主体地位主要体现在公有资产在社会总资产中占优势，国有经济控制国民经济命脉，对经济发展起主导作用，这种主导作用又主要体现在控制力上。要保证国有经济的控制力，国有经济必须对关系国民经济命脉的重要行业和关键领域占支配地位。公有制实现形式可以而且应当多样化。这是对传统的社会主义经济的重大突破。这一崭新论断，促进了以国有企业为代表的公有制企业的改革发展。

党的十六大首次提出"两个毫不动摇"的思想，为中国特色社会主义所有制理论建设增添了一个标志性成果，也为形成各种所有制经济平等竞争、相互促进新格局提供了有力的理论保障。党的十七大提出的"两个平等"新思想，既是我们党在所有制理论上的重大突破和创新，也是我们平等保护物权、促进各种所有制经济共同发展的实践号角。党的十八大提出的"保证各种所有制经济依法平等使用生产要素、公平参与市场竞争、同

---

① 中共中央文献研究室. 十四大以来重要文献选编：上［M］. 北京：人民出版社，1996：11.

② 中共中央文献研究室. 十五大以来重要文献选编：上［G］. 北京：人民出版社，2002：20.

③ 中共中央文献研究室. 十五大以来重要文献选编：上［G］. 北京：人民出版社，2000：21.

等受到法律保护"① 等思想，则在不断深化我们对马克思主义经典理论的认识和理解的同时，也日益在促进各种所有制经济共同繁荣发展中发挥出更加显著的理论引领和实践指导作用。

在社会主义基本经济制度上我们确立了按劳分配为主、多种分配方式并存的个人消费品分配制度，实行了按劳分配与按生产要素分配的相互结合。这样的分配制度是符合社会主义初级阶段的社会主义分配制度，体现了效率与公平的统一，在初次分配中坚持公平与效率的统一，在再次分配中重在公平优先、兼顾效率。

三、党的全国代表大会对当代中国马克思主义政治经济学发展与创新的主要特点

（一）坚持发挥领袖的重要作用与集中全党智慧的统一

党的领袖是按照党章规定的程序选举产生的，承担着集中全党智慧，领导全党制定并贯彻执行党的路线、方针、政策的重要职责，同党的伟大事业和党的威信紧密相连。

党的全国代表大会推进当代中国马克思主义政治经济学发展与创新，凸显了领袖的作用和全党集体智慧的统一。在党的十三大报告起草之初，邓小平就指出："我们党的十三大要阐述中国社会主义是处在一个什么阶段，就是处在初级阶段，是初级阶段的社会主义；社会主义本身是共产主义的初级阶段，而我们中国又处在社会主义初级阶段，就是不发达阶段，一切要从这个实际出发，根据这个实际来制定规划。"② 正是有了邓小平这样高瞻远瞩的洞察与指导，这次党的全国代表大会不辱使命，勇于理论发展与创新，系统地阐述了社会主义初级阶段的理论，论述了中国共产党在社会主义初级阶段的基本路线和改革、建设的基本纲领，提出了"三步走"的经济发展战略。

党的十四大政治报告指出："今年三月中央政治局召开全体会议，完全赞同邓小平同志的重要谈话，认为谈话不仅对当前的改革和建设，对开好党的十四大，具有十分重要的指导作用，而且对整个社会主义现代化建设事业具有重大而深远的意义。"③ 建设有中国特色社会主义理论的主要内容是在提炼邓小平认识基础上，汲取全党的智慧进行概括的。

① 本书编写组. 中国共产党第十八次全国代表大会文件汇编［G］. 北京：人民出版社，2012：19.
② 邓小平. 邓小平文选：三卷［M］. 北京：人民出版社，1993：252.
③ 中共中央文献研究室. 十四大以来重要文献汇编［G］. 北京：人民出版社，1996：9.

十六大政治报告全篇贯穿了"三个代表"重要思想，是报告的主线和灵魂，充分体现了领袖与全党对推进当代中国马克思主义发展与创新的重要作用。2002 年江泽民同志在中央党校省部级干部进修班毕业典礼上发表的"5·31"讲话，全面阐述了贯彻"三个代表"重要思想要求的一系列重大理论和实际问题，为党的十六大召开作了重要的政治、思想和理论准备。关于"三个代表"重要思想的时代背景和历史方位，关于"三个代表"重要思想的精神实质和指导意义，在党的十六大政治报告中有全面的科学的论述。

党的十七大、党的十八大政治报告突出了对科学发展观的丰富和贯彻，也体现了领袖与全党对推进当代中国马克思主义政治经济学发展与创新的重要作用。

党的十七大政治报告在过去对科学发展观认识基础上又提出了许多新的思想，是科学发展观理论的进一步发展。党的十七大政治报告首次提出"建设生态文明，基本形成节约能源资源和保护生态环境的产业结构、增长方式、消费模式"①。

党的十八大站在历史和时代的高度，把科学发展观确立为党长期的指导思想。对科学发展的内涵进行了进一步的新阐述，对贯彻落实科学发展观提出了新要求。还提出了许多新的思想、新的观点、新的论断。如，"五位一体"新布局，必须牢牢把握夺取中国特色社会主义新胜利的八项基本要求等。要把科学发展观贯彻到社会主义现代化建设的整个过程之中，体现在中国共产党建设的各个方面，不断开拓中国特色社会主义更加光明美好的发展前景。

（二）总结实践经验、回答重大理论和实践问题，引领时代发展。

每次党的全国代表大会都要总结前五年甚至更长时间的实践经验与教训，思考回答中国特色社会主义发展的重大理论与实践问题。党的十二大总结了我国社会主义和国际共产主义运动的历史经验，提出了建设有中国特色社会主义的崭新课题。党的十三大高度总结了历史经验以及处于国际国内复杂情况下社会主义改革开放事业的经验，提出了我国处于社会主义初级阶段的科学论断，制定了党在社会主义初级阶段的基本路线。党的第十四次全国代表大会总结了改革开放十四年的经验教训，对邓小平建设有中国特色社会主义的理论作了新的概括、系统阐述和科学评价。

党的第十七次全国代表大会总结了改革开放 29 年的"十个结合起来"

---

① 本书编写组. 中国共产党第十七次全国代表大会文件汇编［G］. 北京：人民出版社，2012：20.

宝贵经验教训，第一次明确提出了科学发展观的重大战略思想，第一次提出了中国特色社会主义理论体系的重大命题，在新的历史条件下为党和国家全面建设小康社会、推进社会主义现代化建设指明了前进方向。

党的十八大回顾总结了过去五年的工作和十年的历程，得出了重要的历史性结论和经验。中国特色社会主义离不开亿万人民的参与，要牢牢坚持人民的主体地位。中国特色社会主义的根本任务是解放和发展社会生产力，要牢牢坚持解放和发展社会生产力。中国特色社会主义的必由之路是改革开放，要牢牢坚持推进改革开放。中国特色社会主义的内在要求离不开公平正义，要牢牢坚持维护社会公平正义。中国特色社会主义的根本原则离不开共同富裕，要牢牢坚持走共同富裕道路。中国特色社会主义的本质属性离不开社会和谐，要牢牢坚持促进社会和谐。中国特色社会主义离不开和平发展，要牢牢坚持走和平发展道路。中国特色社会主义事业的领导核心是中国共产党，要牢牢坚持党的领导。

（三）实践证明了的当代中国马克思主义政治经济学发展与创新成果及时进入党章

在十二大通过的党章总纲中，摒弃了十一大党章中在"以阶级斗争为纲"错误思想指导下突出阶级斗争的一系列表述和阐述，对党的性质和党的指导思想，对现阶段我国社会的主要矛盾和党的总任务，都做了符合马克思主义、反映中国实际情况的规定。我国建立了社会主义，阶级斗争已经不是主要矛盾。人民的物质文化需要日益增长是主要趋势，而落后的社会生产无法满足这一需要。这样的需要与供给的矛盾构成了我国社会的主要矛盾。这个主要矛盾的解决是靠"社会主义充分发挥人民的积极性、创造性，有计划、按比例、高速度地发展社会生产力，满足社会成员日益增长的物质文化生活的需要。"①

党的十三大通过的《关于〈中国共产党党章部分条文修正案〉的决议》，突出了改革和制度建设。1987年召开的党的十三大，系统地阐明了关于社会主义初级阶段的理论，完整地提出了党在社会主义初级阶段的基本路线，确定了经济社会"三步走"的发展战略部署，对改革开放和现代化建设实践中形成和发展的一系列科学理论观点作了归纳总结，使建设有中国特色社会主义理论有了比较清晰的轮廓。

党的十四大通过的《中国共产党章程（修正案）》，建设有中国特色的社会主义理论更加突出。邓小平"建设有中国特色社会主义的理论"的

---

① 中共中央文献研究室.十二大以来重要文献选编：上［G］.北京：人民出版社，1986：64.

概念第一次被郑重提出来，科学阐述了这一理论的科学内涵、重要内容及其历史意义，针对建立社会主义市场经济体制目标的需要，提出了党的思想建设、党的组织建设、党的作风建设的新内容、新要求。

党的十五大讨论通过的《中国共产党章程（修正案）》，把建设有中国特色社会主义的理论定义为邓小平理论，并把邓小平理论确立为中国共产党长期的指导思想。

党的十六大通过的《中国共产党章程（修正案）》，与十六大政治报告内容紧密联系，突出了"三个代表"重要思想的历史地位。党章对党的性质作了新的科学界定："中国共产党是中国工人阶级的先锋队，同时是中国人民和中华民族的先锋队，是中国特色社会主义事业的领导核心，代表中国先进生产力的发展要求，代表中国先进文化的前进方向，代表中国最广大人民的根本利益。"[①]

党的十七大通过的《中国共产党章程（修正案）》，把当代中国马克思主义的最新理论成果，及时地写入了党章，"改革开放以来我们取得一切成绩和进步的根本原因，归纳起来就是：开辟了中国特色社会主义道路，形成了中国特色社会主义理论体系"[②]。

党的十八大讨论通过的《中国共产党章程（修正案）》，对中国特色社会主义事业总体布局也做了进一步的充实和完善。过去强调"四位一体"的总体布局即经济建设、政治建设、文化建设、社会建设，这次增加了生态文明建设，变为了"五位一体"的总体布局。把生态文明建设纳入中国特色社会主义事业总体布局。

综上，改革开放以来党的全国代表大会政治报告、党的全国代表大会通过的党章，是当代中国马克思主义发展与创新的纲领性文件。

通讯：蒋盛云 重庆市沙坪坝区第三军医大学政治理论与人文社会科学系 邮编：400038
电话：13635435195 邮箱：jiang6341@163.com

---

① 本书编写组. 中国共产党第十六次全国代表大会文件汇编［G］. 北京：人民出版社，2002：57.

② 本书编写组. 中国共产党第十七次全国代表大会文件汇编［G］. 北京：人民出版社，2007：59-60.

商业银行理财非标准化
债权交易结构研究

程青 周珊珊

[摘要] 近年来，伴随着银行理财资金规模的较快增长，理财资金投资非标准化债权的余额不断增加。但银行理财非标准化债权快速发展的同时，随之产生的系统性风险和链式风险不容忽视。央行、银监会等金融监管部门陆续出台了有针对性的监管政策，试图规范同业业务的发展，特别是非标准化债权业务健康发展，防范金融行业系统性风险的爆发。在此背景下，银行理财非标准化债权业务和监管之间呈现出一种序贯博弈的局面，非标准化债权业务陷入了"增长——被打压——再增长"的循环。本文分析了银行理财非标准化债权的五种交易结构，并分析其中存在的问题，之后对银行理财非标准化的标准化进行了探索：①银行理财非标准化债权交易平台的构建；②银行理财非标准化债权资产证券化；③银行理财非标准化债权资产证券化；④理财事业部制改革；⑤监管放松、理财直投化。

[关键词] 银行理财 非标准化债权 交易结构

2009年，我国商业银行在"扩大内需，刺激经济"的4万亿元经济刺激以及2010年央行开始实行的紧缩性信贷政策下，项目融资期限错配问题导致信贷需求旺盛而各行业普遍信贷紧张，制约了我国实体经济的发展。

同时，在利率市场化的背景下，我国商业银行主要依靠公司信贷，通过赚取利差来获得盈利的经营模式过于简单，难以在市场化竞争中保持长期的竞争优势。而银监会对银行75%的存贷比监管指标也限制了商业银行的信贷资产规模，对银行信贷资产的投资领域上也有所限制。银行存贷比较高，信贷额度不足，于是银行通过非标准化债权绕开信贷控制，实现信贷资产"出表"的吸引力强烈。基于多方面的原因，银行通过非标债权业务的方式绕过监管，解决期限错配，降低资本占用，释放信贷规模。

然而，在过去几年，商业银行理财非标准化债权（以下简称非标债权）实现了快速发展时，银行理财非标债权业务和监管之间呈现出一种序贯博弈的局面，非标准化债权业务陷入了"增长——被打压——再增长"的循环。在此局面下，要想发展更为均衡、更稳定的金融体系，实现金融更好地满足实体经济融资需求，就有必要对银行理财非标准化债券业务的交易模式和结构进行分析，以实现非标准化债权的阳光化、标准化，完善我国多层次资本市场。

一、关于"非标准化债权"概念的理论探讨

2013 年 3 月底银监会下发的《中国银监会关于规范商业银行理财业务投资运作有关问题的通知》（银监发〔2013〕8 号），简称 8 号文，明确的从监管层面对非标资产进行了定义：非标准化债权是指未在银行间市场及证券交易所市场交易的债权性资产，包括但不限于信贷资产、信托贷款、委托债权、承兑汇票、信用证、应收账款、各类受（收）益权、带回购条款的股权性融资。

而从不同的角度，不同的学者对其的界定有不同的看法。刘丹（2014）从其内容来看，认为非金融机构之间通过互联网金融开展 P2P、P2B 融资业务也属于非标债权业务。李刚、麻建林（2014）从会计角度进行分析，认为非标债权业务属于同业融资业务。但从风险角度和资金运作角度来看，商业银行非标债权业务本质上属于贷款业务。梁松（2016）从交易类型角度来看，认为非标债权是一种同业业务方式。张轶（2016）从资产负债表角度分析，认为非标准化债权是一种信贷资产出表方式。杨勇平（2014）从驱动因素来看，认为非标准化债权业务是一种基于利率市场化的市场内生行为，为了突破银行基准利率上限管制的金融抑制。

关于非标准化债权业务国外研究主要是关于它与影子银行的关系。Valerio Lemma（2016）从影子银行的内涵和功能出发，认为非标业务是影子银行的重要组成部分。Adrain and Shin（2010）从动机出发，认为银行理财非标债权归为影子银行是恰当的。Metrick（2010）从影子银行的特征来看，认为非标准化债权业务具有影子银行的特点。而张帆（2014）认为非标债权业务本身不属于影子银行但由于非标准化债权业务是具有债权性会计处理的基础资产的一种，于是很大程度上非标准化债权融资业务是我国影子银行体系中一员。

二、关于非标准化债权对社会经济发展的影响研究

从非标债权的划分的对经济发展影响来看，彭江波、郭琪（2016）认

为非标资产与标准资产边界不合理划分，会诱发金融资产断层和资产供给的偏态分布，影响央行流动性调控并加剧社会融资困境。

从非标债权对现有产品和业务的影响来看，黄斌辉（2014）从数据和逻辑两个层面对比了15家上市银行，认为非标准化债权与债券需求之间的不存在显著的替代关系。熊鹏、王飞（2005）基于范围经济的视角，采取超越对数模型，认为银行理财非标准化债权业务的开展有助于促进银行传统存贷业务的发展，实现经营多元化，产品多样化。吴军、黄丹（2015）通过实证研究指出银行各项指标的变化与非标准化债权业务存在较为显著的相关关系。

三、关于非标准化债权交易结构的研究

综观国内现有的非标债权的交易模式，大多学者在交易结构环节的核心观点比较趋同：银行通过理财产品或其他银行表外资产吸收个人/企业/金融和非金融机构的资金形成银行的负债端，通过所谓的"中间通道"将资金传递给资金使用端，大多是融资实体或个人。作为非标准化债权的核心和整个交易结构关键，"中间通道"具有特殊的模式。

具体而言，理论界的探讨大致有以下几种倾向：

（1）从产品角度分类的现有研究：

票据类资产。李诗怡（2016）、梁松（2016）认为银行理财直接投资于票据类资产以及信贷资产，变相将信贷资产转化为同业资产。通过买断票据，在获取较高收益同时，还能实现票据资产出表，腾挪信贷额度空间。但银监会2009年第111号文规定，商业银行不得投资与理财产品发行银行自身的信贷资产或票据资产，之后银行通过第三方通道购买未贴息票据资产。

信贷资产转让。梁松（2016）提出银行通过各种方式受让理财信贷资产的模式。交易双方的银行依据新旧会计准则的差异，在金融资产确认方式不同上进行套利。

信托受益权。陈培（2014）、梁松（2016）、李诗怡（2016）认为信托受益权同时具备物权和债权的性质，是一种典型的非标资产。具体介绍了持有的信托收益权即买入信托受益权，并在此基础上介绍了买入后不持有至到期而是在未来某一时点将其卖断的可供出售的信托收益权，以及证券资产管理模式下的信托收益权，同业业务模式下的信托收益权以及信托受益权的买入返售模式。

应收账款类投资。李诗怡（2016）提出为规避监管，受让融资企业持有的应收账款，从而通过债权转让的形式达到向融资人发放资金的目的。

张轶（2015）进一步指出应收账款类投资主要有两种模式：一种是以形成信贷资产后转出资产负债表，另一种是期初不形成信贷资产，直接通过信托机构完成放款。通过替代信贷科目实现信贷资产出表。

TRS 总收益互换衍生品。张轶（2015）提出民生银行为规避 8 号文而产生的一种的互换产品。通过理财资金作为保证金的收益与自营非标资产投资收益互换。但推出半年左右，被监管部门以监管套利叫停终止。

（2）从会计角度分类的现有研究：

买入返售非标资产。陈培（2014）、李刚、麻建林（2014）、李诗怡（2016）提出指商业银行通过回购交易，将选定或已形成贷款的融资项目转化为短期同业资金。主要有买入返售信托受益权和买入返售票据。

同业业务模式。朱燚、汪静（2015）认为同业业务最初表现为商业银行同业拆借，用于解决短期流动性不足，而 2010 年开始逐渐变种。并介绍了该渠道的同业代付和买入返售两种模式。而郭晨（2016）认为非标业务的直接购买和买入返售两种模式，直接购买即用同业资金购买其他金融机构发行的附有受益权的金融资产，从而达到间接发放贷款的目的。张轶（2015）定义这种模式为同业委托投资模式，通过这种方式，双方均不体现在资产负债表上。

四、关于非标准化债权标准化的研究

关于非标准化债权的标准化的研究主要从两方面展开：

一部分学者建议资产证券化。李利等（2014）提出美国信贷资产出表主要依靠资产证券化，而中国的信贷资产出表主要依靠"非标"投资。张轶（2015）认为从长期看，在政策和监管的引导下，非标准化债权将会往资产证券化方向发展。而刘丹（2016）认为资产证券化业务是替代非标业务的一个很好的途径。杨勇平（2014）从资产证券化的优点出发，认为非标准化资产证券化能更有利于基础资产发挥市场竞争力，更有利于其市场价格发现和风险分散。

而另一部分学者认为需要构建非标债权交易平台实现非标债权的标准化，李诗怡（2016）通过分析银行理财非标资产交易的趋势时指出，非标资产交易平台的构建是必要的以及可行的。在这之后，贾景鹏（2016）以非标资产交易平台为依托，提出了"交易型金融生态"的概念。以满足非标资产交易的系统化、生态金融服务体系需要。

五、综合评述

笔者通过文献的梳理发现，对于很大程度上基于我国现有经济体制产生的非标债权业务，国外的相关研究较少，而国内学者对非标债权研究焦点主要集中在我国非标资产快速发展背后蕴含的风险、非标准化债权的法律与监管等方面。专门对非标准化债权业务的交易结构和交易各方的角色进行详细的研究尚处于空白，并且对标准化及搭建银行非标债权交易平台的研究少之又少。

因此未来的研究方向需在已有的有关非标资产研究的基础上，对非标准化债权交易的交易结构、存在的问题进行研究，并对银行理财非标准化债权的未来发展方向提出非标准化债权标准化、理财直投化、理财事业部制等建议。这有利于客观、全面而科学地对我国非标债权业务做出评价，有利于为实现非标准化债权业务的阳光化、标准化打下坚实基础，与此同时这也将丰富和完善非标准化债权的研究方法和研究视角。

参考文献

［1］刘丹. 关于规范商业银行创新型非标准债权业务发展的思考［J］. 银行经营，2014.

［2］梁松. 我国同业业务套利模式及监管研究［D］. 南京：南京大学，2016.

［3］李刚，麻建林. 商业银行非标业务发展现状、趋势及应对策略［J］. 农村金融研究，2014.

［4］张轶. 资产证券化与我国商业银行信贷资产出表的研究［D］. 北京：对外经贸大学，2015.

［5］杨勇平. 资产证券化推进非标金融产品规范发展的思路与方法探论［D］. 上海：上海交通大学，2014.

［6］彭江波，郭琪，王营. 非标资产、差序格局与流动管理［J］. 东岳丛论，2016.

［7］张帆. 信贷资产证券化发展对策［J］. 中国金融，2014.

［8］黄斌辉. 非标与债券需求关系分析及其发展展望［J］. 债券，2014.

［9］熊鹏，王飞. 我国国有商业银行表外业务发展的新思考——基于范围经济的分析框架［J］. 南京大学学报，2005.

［10］吴军，黄丹. 商业银行同业业务超长扩张对金融稳定的影响——基于15家商业银行的实证分析［J］. 金融论坛，2015.

［11］陈培. 从银行角度看非标金融产品的形成、发展、风险及监管建议［D］. 上海：上海交通大学，2014.

［12］李诗怡. 银行理财非标资产交易解读与案例［M］. 北京：中信出版集团，2016.

［13］朱燚，汪静. 金融机构"非标"资产业务发展对宏观审慎管理的影响机理研究［J］. 金融发展研究，2015.

［14］郭晨. 商业银行非标准化债权资产业务模式及监管研究——基于银行间市场的分析［J］. 海南金融，2016.

［15］贾景鹏. 探索以非标资产交易为基础，创新构建"交易型金融生态"：上［J］. 产权导刊，2016.

［16］贾景鹏. 探索以非标资产交易为基础，创新构建"交易型金融生态"：下［J］. 产权导刊，2016.

［17］Adrain，Tobias and Hyun Song Shin，"The Changing Nature of Financial Intermediation and the Financial Crisis of 2007—2009"［J］. Annual Review of Economics，2009.

［18］Valerio Lemma. Non‐Standard Operations in the Shadow Banking System［M］. Banking and Financial Instituitions，2016.

［19］Metrick. The Regulation of Shadow Banking［J］. Journal Banking Regulation，2017.

【作者简介】
作者：程青
单位：贵州大学经济学院 2015 级金融学专业硕士研究生
地址：贵州省贵阳市花溪区贵州大学北校区
邮编：550025
联系方式：18207158029
邮箱：229789319@ qq. com

通讯作者：周珊珊
单位：贵州大学经济学院副教授
地址：贵州省贵阳市花溪区贵州大学北校区
邮编：550025
联系方式：13618585333
邮箱：378340957@ qq. com

试谈供给侧改革的内洽性机制

——重庆渝新欧铁路运输的经济学初探

刘卫华　　何关银[①]

【 重庆人文科技学院工商学院　重庆合川　402514 】

[摘要] 重庆渝新欧铁路运输的开通，是中国西部经济、特别是对外开放的大事件。重庆渝新欧铁路运输的经济实践意义是打破了开放对区位的对应性认识的思维定势，开辟出了内陆地区实现对国际开放的创新实践；关于重庆渝新欧铁路运输的经济学理论价值探讨的文章至今还不多。供给侧改革的内洽性机制，是对重庆渝新欧铁路运输的经济学理论价值探讨的一个视角的一家之言。

[关键词] 渝新欧铁路运输　供给侧改革　内洽性　时间效率

2014年3月29日，习近平总书记在访问德国期间，来到位于德国西部北威州的杜伊斯堡港，在德国副总理加布里尔陪同下，在杜伊斯堡港口码头迎接一列来自重庆的货运列车。这列由重庆始发、耗时16天抵达的货列长约700米、满载50个集装箱的笔记本电脑和其他电子产品将通过这里，分散至德国和西欧大片地区。习近平同志"亲迎渝新欧货列"的意义是重大的，这代表党和国家对重庆渝新欧货列成功的肯定，从而也肯定了重庆作为铁路的起点，也是丝绸之路经济带的桥头堡。重庆因其区位具有通江达海的优势，国家将以重庆为关键棋子，推动内陆与沿海、沿边地区联动发展，构建横贯中东西、连接南北的经济走廊。因此，我们不能仅仅

---

① 作者简介：刘卫华，女，江西赣州人，硕士学历，重庆人文科技学院工商学院副教授、副院长，研究方向经济信息与区域经济；何关银，男，四川省三台县人，本科学历，重庆人文科技学院工商学院教授、享受国务院特殊津贴专家，研究方向经济哲学与物流经济。联系电话1366800293，邮箱：he293@126.com

将渝新欧货列或渝新欧铁路运输看成是一种交通工具的选择。重庆市市长黄奇帆说，渝新欧货列或渝新欧铁路运输是一种体制。没有渝新欧货列新体制，就不可能有渝新欧货列或渝新欧铁路运输。根据马歇尔在《经济学》中对市场经济的解释，市场不是单笔交易，而是一个区域交易规则制度化的总和[1]。而体制是运态化的制度。因此，从经济学理论与实践的角度与高度，研究渝新欧货列或渝新欧铁路运输很有必要，也依据充分。如何从经济学理论与实践来研究渝新欧货列或渝新欧铁路运输？我们认为，供给侧改革的内洽性机制可以提供一个研究范式或理论视角。现将一些观点陈述如下，以求教于广大同仁。

（1）关于内洽性机制的研究。内洽性机制的概念最先在地质学研究中被提出来。殷辉安在分析岩石体平衡中提出并用内洽性机制概念，分析了岩石的热力学内洽性线性关系，并得出了矿物热力学数据与矿物岩石体系 p-Tx、μ-x 等类相图[2]。后来，内洽性机制概念被运用到建筑学、逻辑学、村民自治研究中。什么是社会科学意义上的内洽性机制概念？有人从哲学上探讨内洽含义时认为，内洽是系统内外、要素间的一种环环相扣的关系。正是这种系统内外、要素间的内洽性关系及其机制，世界才有可能性。简而言之，内洽是一种关系，是形成推动可能性向现实性转化的条件、原因、内在或内生力量。

（2）关于内洽性机制引入经济研究中的问题。从一定意义上可以认为，内洽是认识研究世界关系、可能性向现实性转化的方法论。根据库恩现代社会科学从"体系构建"向"范式创新"转换的观点，范式创新成败在于新的研究方法的开辟与新范式概念的获得，新的研究方法也即是新的世界观，任何新的世界观也必然及必须具有新的研究方法论意义。无论是马克思主义经济学或西方经济学，都是研究现代市场经济这个动态环境下的经济理论与实际问题。所以，内洽性机制也日益引起了经济学界的权威专家的重视。当今中国供给侧改革的重要经济学者贾康认为，马克思的生产力与生产关系基本矛盾关系的唯物史观，亚当·斯密关于人际分工与市场"看不见的手"使物的要素配置达于合意，都蕴藏着内洽性的原理。中国社科院李子明认为，社会科学研究中"网络化"与"内洽性"的缺失，是形成各学科与学派隔阂、甚至对立的原因之一。他认为，演化经济学运用与包含着内洽性的原理[3]。林毅夫在与师生讨论"新结构主义经济学"时也谈到，"新结构主义经济学"就是解决特定时空下各种禀赋的依归，这种依归又受经济问题的动态性、制度条件的匹配性、经济结构的内生性、政策的可复制性、宏观绩效之间的逻辑联系性等因素影响，因此，从内生到内洽的思维方式与研究方法就显得必要了。

（3）关于供给侧改革中内洽性研究应用的必要性。中国经济已经进入从要素驱动向创新驱动的阶段。有人指出，要素驱动阶段主要是投资、消费、进出口的"需求管理问题"，创新驱动的阶段主要是劳动、资本、土地、创新的"供给侧管理"。因此，供给侧改革问题成了最近中国从官方到学界及其舆论的热门话题。尽管国际经济学界在20世纪70年代早已经在美国存在以孟德尔、拉弗等人为代表、以萨伊"供给创造需求"为理论基础的"供应学派"，德国、日本、韩国已经有供给侧改革的成功先例。但是，在中国特殊的国际背景、国情及发展阶段下如何进行供给侧改革？目前仍然在热议中。但是，目前值得关注的是经济学界日益形成了关于供给侧改革的三个共识：①结构调整、提高经济增长质量，是中国供给侧改革的实质与核心。贾康在接受中国经济网记者采访时认为，供给侧结构性改革是强调在供给角度实施结构优化、增加有效供给的中长期视野的宏观调控；海通证券首席经济学家李迅雷则指出，"供给侧改革"只是历年来有关"结构调整"的各种表达方式中的一种而已，其内容和逻辑并没有逃脱历年来一直提倡的"稳增长、调结构、促改革"的架构；国务院发展研究中心原副主任刘世锦在接受中国经济网记者采访时说，供给侧结构性改革的推进，关键是提高经济增长质量和效益，全面提升中国各方面的要素生产力[4]。②供给侧结构性改革同时不能放松需求侧。《光明日报》2016年1月7日，一篇题目为《从"新供给"研究的视角看供给侧改革》的文章认为，传统的需求管理框架下所强调的消费、投资和出口需求，蕴含的是需求侧，是供给侧"原动力"引发的响应、适应机制，对于供给侧改革仍有意义。③供给侧结构性改革需要从纵向路径加强研究。《光明日报》2016年1月7日的文章同时认为，市场、政府、非营利组织应各有作为并力求合作，这是供给侧改革中的"立"。新加坡学者郑永年甚至认为，正如斯蒂格利茨认为的那样，片面强调供给侧的政策是幼稚的，需要加强纵向研究来洞察改革路径，而不是一味地横向研究来扩大概念范围。我们认为，供给侧结构性改革的纵向路径研究，理论上讲就是一个供给侧从企业到行业、区域、国家、世界的环环相扣、从可能到现实的内洽性机制问题。没有内洽性机制的自觉构建，无论是从企业或行业、从区域到国家的单打独斗或孤军苦战，供给侧改革的成功都是值得怀疑的。以供应侧与需求侧的内洽为主线的、从企业到行业、区域、国家、世界的环环相扣、从可能到现实的内洽性机制，将实现中国经济在供给侧改革中调整结构、提高发展质量。以供应侧与需求侧的内洽为主线的内洽性机制，其内部的关系可以概括为"供应侧与需求侧的内洽→区域或行业到企业创新中的内洽→经济结构调整与发展质量的提高"。

（4）内洽性机制的经济实证分析。内洽性能否成为经济学的研究视域与方法论，按照经济学当下的"实证"规范，是需要加以证明的。从经济学的"实证"角度看，中国经济产业从内部到外部、从中国到世界、从供应到需求，环环相扣的内洽性中断，恰好是催生供给侧改革的现实原因。这种因果关系，集中反映为产能过剩。从产能过剩与所有制关联看，国有企业的产能过剩问题尤为突出。《北京青年报》在 2015 年 12 月 7 日的一篇文章中认为，"国企是供给侧改革的最大难点"。文章说，国有企业对投入产出效益的研判上，较多情况下都是不计成本、不讲代价的；在投资方面的盲目和无序、企业只讲数量和规模、只追求眼前利益而不考虑长远利益，是形成产能过剩的主要原因。比如煤炭行业，就在上一轮的大整合中，不知增加了多少新的产能；在"产能过剩"的今天，各大煤炭巨头，都为了自身利益、自身政绩，谁也不愿意把产量压下来，不愿意共渡难关，最终导致煤炭价格一跌再跌。当然，也有国有与私人企业实现了创新驱动中的环环相扣的内洽性机制建构，在经济全局呈"产能过剩""经济下行压力"较大的形势中，发展势头好而成为"万绿丛中一点红"。比如，创立于 1958 年的中通客车控股股份有限公司，以节能与新能源客车的技术创新为引领，根据市场需求调整产品结构，全力提升产品性能，优化车辆匹配，降低整车成本，提升客户价值，新能源客车销售规模再次实现大幅提升。根据工信部统计，中通客车的市场占有率之所以超过 20%，高居行业首位，就是实现了市场需求→产品结构→产品性能（支撑点是专利近100 项，参与制定了 10 余项国家标准，并荣获 30 多项国内外大奖）的环环相扣的内洽性。又比如，小米手机从国内手机消费需求升级、消费者渴望更高级的产品，从核心技术的研发、手机芯片等黑科技方面，到制造流程、知识产权、自主的操作系统、互联网普及等方面形成了内洽性机制，形成了自 2013 年以来，伴随小米手机的崛起，苹果和三星手机的市场占有率在中国已经不占据优势。小米手机的崛起，说明了供应侧与需求侧的内洽互动性。

（5）重庆渝新欧铁路运输的发展轨迹较完整地实证了以供应侧与需求侧的内洽为主线的内洽性机制。重庆渝新欧铁路运输大通道的开通，如十月怀胎之婴儿，是历届重庆市委、市政府探索内陆型经济中心城市开放需求路径的结果。传统封建社会的重庆是一个军事重镇，当时其地位不如川陕鄂咽喉之地奉节高。在近代社会中，1895 年重庆因"烟台条约续款"开埠具有了以"码头经济"为模式的开放性；抗战时期，重庆因具有战时"陪都"地位而吸纳大批内迁企业与人员，其开放性有了飞跃式发展。新中国成立后，虽然重庆以"高配地级市"行政级别被国家确定为"西南工业重镇"，但是，由于计划经济体制的束缚，重庆工业竞争力日趋下降，及至20世纪90年代近90%的国有经济全面亏损，各级政府被发不出工资、报销不了医疗费而围堵大门、占据交通要道的国企职工弄得焦头烂额。当时的国有经济怎么才能走出全面亏损困境，受深圳等沿海城市在增强国际性的开放中引进了大量资金、技术、企业的启发，重庆也想到了扩大以增强国际性为目标的开放战略。所以，当时的市委领导在一次报告中提出了"把重庆建成国际化大都市"的目标。市委领导关于"把重庆建成国际化大都市"目标的提出，引来的不是落实与共鸣，而是一片质疑。实际工作者认为重庆当时"条件差开放无吸引力"；有经济理论人士专门从开放与区位关系著文论证重庆的国际化目标违背经济成本与区位原理。当然也有支持的声音，比如，笔者曾在《重庆日报》著文认为，重庆可能建成专业性的国际化都市[5]。1994年10月，江泽民同志来重庆考察时题词：努力把重庆建设成为长江上游的经济中心。2002年9月，市政府主要领导在一次报告中在解读"把重庆建设成为长江上游的经济中心"内涵时，认为"经济中心"关键在于正确处理现代化与国际化的关系[6]。这位市政府主要领导认为，国际化拉动阶段应该成重庆经济中心的独立发展阶段与必须目标。2009年重庆提出了"一江三洋战略"，其中包括了拟开通经新疆直达欧洲的铁路运输构想；重庆市市政府第49次常务会上，审议通过《重庆市人民政府关于认真贯彻国家物流调整和振兴规划的实施意见》。重庆市的国际化从理论探讨进入了"政府战略行动"的阶段。2010年以来，重庆市成功引进了惠普、宏基、华硕等笔记本电脑品牌商，在引进之初市政府就承诺，"重庆造"笔记本电脑产品的进项和出项物流成本要与沿海其他城市持平。而降低进项物流成本的主要措施，不仅关系到产品的成本问题，也关系到重庆的新兴笔记本电脑产业有没有足够的竞争力。渝新欧铁路货运在"一江三洋战略"便被优先实施并成为开放亮点了。重庆从国际化开放构想到渝新欧铁路货运专列的开通，反映了开放需求侧"倒逼"渝新欧铁路货运专列的供给侧理论关系，也包容着党政领导战略思考、学者探讨、研究机构方案设计、企业主体的一连串环环相扣的内洽机制。

（6）以渝新欧铁路货运专列为标识的重庆开放体制。若问以渝新欧铁路货运专列为开放平台或标识的内洽性体制是什么？就是形成了以渝新欧铁路货运专列为开放平台的包括政府间、国家间、区域间的企业为主体的开放体制。因为，内洽性的环环相扣的行动与关系，若不能最终形成开放的制度与动态体制，这种内洽性在经济学上是没有意义的。马克思主义经济学与西方经济学共同的存在发展条件是现代市场经济的制度与体制，只是各自对市场经济体制研究的视域及立足点存在若干重大差异。根据现有材料，可以对以渝新欧铁路货运专列为标识的重庆开放体制的轮廓作五个方面的概括：①以渝新欧铁路货运专列为标识的重庆开放体制是国家新一轮开放战略的重要组成部分。市经信委副主任、市物流办副主任杨丽琼认为："对外开放不足，历来是西部的'短板'。渝新欧正改变西部出口货物'一江春水向东流'的局面，为西部以及内陆地区企业积极融入国际大物流和现代联运物流体系拓展了空间。"渝新欧班列货运量占到了丝绸之路经济带80%的总货量，其服务范围辐射了中国华东、华南、西南、华中以及台港澳地区。去年，重庆转口货运量占比达到50%，渝新欧正在成为国家战略的重要支撑。②渝新欧货运是重庆以全球视野为自己定位的结果。2011年9月29日《重庆商报》报道，国家科技部国际合作司司长靳晓明说，重庆可以扩大视野，要以全球视野为自己定位，不要只瞄准中国、西部的市场，而是要以国际水准来要求自己，将自己看作国际大循环的一部分。开通渝新欧货运，正是重庆以全球视野为自己定位的结果。"重庆的全球视野"，就要善于同其它地区、国家合作。于是，渝新欧铁路大通道建立了以资产为纽带的由中、俄、哈、德以及重庆市政府"四国五方"合资的渝新欧（重庆）物流有限公司平台公司，克服了国别之间运营体制机制不统一、不协调，途经数个国家、多个城市，语言文字不同、托运方法和程序不同等困难。③一条渝新欧铁路货运专列开辟了国际上多个合作空间。铁路合作组织（OSJD）于1956年颁布的《国际货协》中，明文规定"在国际铁路直通货物联运中不准运送邮政专运物品"，随着新版《国际铁路货物联运协定》（简称《国际货协》）的正式生效，2015年7月1日起渝新欧铁路货运专列可以运送邮政专运物品。因为有了渝新欧铁路货运专列，重庆成为全国首批承运跨境电商的全球采购邮包试点城市之一，通过渝新欧，跨境电商的货物可以直达重庆，这也意味着，重庆未来将成为不少跨境电商企业在西部地区的集散分拨中心。因为有了渝新欧铁路货运专列，重庆正式获批成为汽车整车进口口岸，也是西部内陆唯一的整车口岸，这意味着国外的汽车可以直接进口到重庆，价格一般比传统方式进口的同款车便宜10%至20%不等。④重庆逐步做强口岸经济。重庆已成为内陆12省市唯一同时拥有航空、水运、铁路3种口岸形态的城市，已经拥有14个口岸区域，其中江北国际机场航空口岸、寸滩港水运口岸、团结村铁路口岸为一类口岸。⑤渝新欧亚欧大陆桥的开通，为在渝企业的产品快捷、低成本出口海外市场提供了极大便利。企业可以在"渝新欧"沿线国家进行投资、设立分支机构或办事处等，从而更好地促进海外市场的开拓；"渝新欧"亚欧大陆桥的开通，也为在渝企业的产品快捷、低成本出口海外市场提供了极大便利。

（7）关于渝新欧铁路运输或货列的经济效益问题。萨缪尔森和诺德豪斯在《经济学》教科书中指出，经济学理论所以"有用"，在于它可以帮助人们提高理性选择能力，从而获得更好的经济效益。讲经济，无论是说理论或分析经济问题，最后如果不能用效率和效益来证明，最终都是站不住脚的。渝新欧铁路运输或货列的经济效益到底怎样？这是人们普遍关注的事情。理论上讲，任何经济活动都是应该有效益的，但是，经济生活中的效益却如同一个婴儿，有一个成长过程。所以，现实的经济行为从企业新产品开发到区域产业构建与升级，大概都有一个"从允许亏损期到盈利期"的质变或飞跃。如果不能完成这个效益的质变或飞跃，产品开发或区域产业构建与升级可能归于失败。渝新欧铁路运输的效益发展，也在经历了这样的过程。2015年6月4日，重庆社科院李敬博士在接受新华网访谈时认为，看渝新欧铁路运输的效益，要有两个视角：一是渝新欧铁路运输的在区域发展中的功能，二是同海运相比较的运输成本。渝新欧铁路运输的在区域发展中的开放功能作用，这是谁也无法否定的。重庆是一个内陆城市，远离海洋，虽有长江联系上海，但几千公里的内河运输距离，已使其物流成本居高的劣势似乎无法改变。自从开通了渝新欧铁路货列运输，重庆开放势态顿时柳暗花明。虽然渝新欧铁路货列运输开通之初，由于货运以笔记本电脑为主，返程货物运输从来源寻找到政策允许都需要时间，但是，比海运快20多天，比欧亚大陆桥北线快8天，如果把"时间节效益"换算成为资金积压的财务成本和资金周转率，其综合成本也与海运相当。重庆市市长黄奇帆在接受媒体采访时称，渝新欧如果能将运费降至0.6-0.5美元一千米，将具备和海运相竞争的优势。值得关注的好消息是，2015年5月重庆市物流协调办公室发布消息称：渝新欧快铁每标箱运输价格已降至0.55美元/千米，实现和海运"同价"。"和海运'同价'"效益的取得，来源于两个提高效益的举措：一是提高运输准点率。2015年初，铁路总公司与哈铁、俄铁达成了协议，其中重要的一条是细化了渝新欧，经过哈萨克斯坦、俄罗斯，直达白俄罗斯布列斯特的运行计划表，从而提高了中欧班列在国外宽轨段的准点率；二是提速。渝新欧班列提速后每天可以运行1 300千米，只需3天便可到达阿拉山口；而在阿拉山口经过1天的通关作业后，渝新欧在国外宽轨段运行速度达到每天1 000千米，6.5天后便可到达德国杜伊斯堡。与2014年同期比较，运行时间缩短了2天。准点与提速使渝新欧铁路运输的成本逐年下降：2011年每标箱的运价为每千米1美元，2012年每千米运费降至0.8美元，2013年为0.7美元。

（8）渝新欧铁路运输或货列对内洽性机制的创新意蕴。对于渝新欧铁路运输或货列，我们不能仅仅把它看成一种运输工具的选择与添加，它是一个"抓手"，使重庆多年的开放求索找到了路径；它是一个区域开放的平台，借助渝新欧铁路运输或货列，重庆市政府兑现了对笔记本电脑投资者降低物流成本的承诺，如今日益成了包括湖北襄阳在内的中西部地区企业引进来与走出去、老百姓购买从汽车到日用品等国外产品的平台。渝新欧铁路运输或货列，凝聚着铁道部研究所、重庆大学等专家智慧、包括集装箱穿越复杂山地气候区间的恒温技术攻关与集装箱迅速转车技术、更体现了历届重庆市委、市政府领导的思索与决策、更活跃着区内外、国内外越来越多的企业。总之，渝新欧铁路运输或货列确实是一个从可能到现实的发展范例，是环环相扣的若干主体、方面合力的产物。说它蕴藏着内洽性机制，绝非牵强附会之词。我们认为，渝新欧铁路运输或货列不仅蕴藏着内洽性机制，而且还反映着供给侧改革内洽性机制的创新意蕴。渝新欧铁路运输或货列反映着的供给侧改革内洽性机制的创新意蕴有三个方面的主要表现：①供给侧改革应存在区域供给侧改革与企业供给侧改革两个既联系又区别的两个方面。目前，经济学界不少权威人士都主要从企业角度说供给侧改革，对于区域供给侧改革还没有引起应有的关注。经济学早有"总供给与总需求"概念，区域存在小于世界与国家的总供给与总需求，所以能成为经济研究的一个层面（区域经济学）。"区域供给侧改革"，其立论应该是可以成立的。既然"区域供给侧改革"之说可以成立，那么，就应该研究区域可以为供给侧改革做些什么。渝新欧铁路运输或货列的范例至少说明了区域供给侧改革的"共用平台"构建，或许是区域供给侧改革的逻辑起点。渝新欧铁路运输或货列，其实是源于重庆长期的开放需求，这种需求倒逼出渝新欧铁路运输或货列。渝新欧铁路运输或货列的开通，从理论上构建出了重庆这样的内陆地区对国内外开放更广阔的平台。这个平台在现实生活中是对域内外、社会各种主体是"共用"的。有人说："将来有渝新欧客运列车就好了！"这个"运客"事情比货列复杂得多，但或许将来会实现，因为这是趋势。这说明渝新欧铁路运输或货列是满足、增加、创造供应的"共用平台"。②供给侧改革操作中应广泛包容社会力量，是有中国特色的供给侧改革的鲜明特征之一。不少学者介绍了国外从德国到日本与韩国供给侧改革的过程与经验，都各有其国情与时代特色。有中国特色的供给侧改革的鲜明特征是什么？因内洽性机制的自觉运用，而更具包容性、社会广泛参与性，或许是值得重视的特色。渝新欧铁路运输或货列的"共用性"，必然产生包容性。因此，可以这样认为，供给侧改革固然企业是"主角"，但是，红花需绿叶陪衬，如果仅有企业而无社会广泛的参与供给侧改革也是难以成功。中国共产党搞革命与搞建设，都有一个其他理论与力量或许忽视的问题，就是立足人民说革命与建设。在战争年代，毛泽东同志既讲战争规律、更关注"兵民是胜利之本"的'人民战争'"。在改革开放中发展生产力，邓小平同志既讲发展是硬道理，又以"老百姓高兴不高兴"为标准。2012年11月15日，在十八届中央政治局常委与中外记者见面会上习近平说，我们的人民热爱生活，期盼有更好的教育、更稳定的工作、更满意的收入、更可靠的社会保障、更高水平的医疗卫生服务、更舒适的居住条件、更优美的环境，期盼着孩子们能成长得更好、工作得更好、生活得更好。人民对美好生活的向往，就是我们的奋斗目标。这是典型的"人民经济论"。所以，在供给侧改革操作中应广泛包容社会力量，不仅是一个工作方法问题，更是一个"见人"与否的经济观问题。③政策调整是供给侧改革的关键环节。毛泽东同志讲过，政策和策略是党的生命。生活中存在"理论→方针→政策→实际生活"的逻辑关系，可见如果没有政策任何好的理论方针都"落地"不成，影响实际生活的是政策。政策是什么？是针对实际生活若干共性问题的若干措施办法的集合或行为准则的"边界"与框架。必须把执行政策与适时调整与创新政策相结合。人们对严格执行政策熟悉，对适时调整与创新政策就不那么熟悉了。为什么需要与可能适时调整与创新政策？其理论基础是"政策范式"[6]。美国杜克大学经济学教授高柏在分析日本产业政策中提出了"政策范式"的观点。根据政策范式观点，政策既不杂乱、也不永恒。政策是支持或反对、允许或禁止的措施或规则的集合。我们应该透过这些措施或规则的条款集合现象，看到政策后面的问题，人们对问题应对的观念支撑、观念规定的视野与思维框架。这些就是政策范式。根据政策范式观点，我们应该调整立足于需求侧"三驾马车"阶段的政策，适时出台支持供给侧改革的政策，这是无疑与重要的。重庆渝新欧铁路运输的开通得到了从国家铁道部、外交部到习近平总书记的若干政策调整与关注；重庆更在权限范围内出台了若干政范支持，比如，渝新欧铁路运输了初期的财政补贴、允许保税区国外商品展示在重庆市区开设分店等政策。没有这些上下合力性的政策支持，渝新欧铁路的运行可以说寸步难行。

结论：渝新欧铁路运输或货列的开通，是中国西部建立开放新体制探索的一个成功范例。渝新欧铁路运输或货列的开通，始发站在重庆，它属于中国中西部地区。渝新欧铁路运输或货列，是以"铁路运输或货列"面目出现的一个以企业为主体，又是广大自然社会科学工作者、国内外各级领导参与及关注、老百姓也可利用的环环相扣的内洽性机制运用的体现。这个内洽机制，体现了开放需求的倒逼、又创造了新供应与新需求。

参考文献：

[1] 马歇尔. 经济学原理 [M]. 谦运杰，译. 北京：华夏出版社，2005：270.

[2] 殷辉安. 岩石学相平衡 [M]. 北京：地质出版社，1988年5月版

[3] 李子明. 国外区域经济研究理论的新发展 [N]. 中国社会科学报，2010-12-24.

[4] 马常艳. 权威专家解读"供给侧改革"的内涵和路径 [EB/OL]. [2011 - 05 - 16]. http://www. ce. cn/xwzx/gnsz/gdxw/201511/20/t20151120_ 7066627. shtml.

[5] 何关银. 试论把重庆建成现代化国际大都市 [N]. 重庆日报，1994-09-06.

[6] 何关银. 经济中心、经济国际化和重庆发展 [N]. 重庆日报，2002-12-21.

[7] 高柏. 经济意识形态与日本产业政策 [M]. 上海：上海人民出版社，2008.

政策培育我国农业
新型经营主体的现状述评

周珊珊

【 贵州大学经济学院 】

[摘要] 自从 2014 年中央农村工作会议指出要把"培育新型农业经营主体"作为农村繁荣、农业发展、农民增收的一项重大战略以来，各地区逐步尝试利用财政扶持、产业政策、信贷支持、技术支持等措施培育新型农村经营主体。本文通过对现有的文献进行整理分析，从农业新型经营主体面临的困难出发，梳理各地财政扶持、产业政策、信贷支持、技术支持培育农业新型经营主体的成效和出现的问题，提出相关政策建议。

[关键词] 新型经营主体 财政政策 金融支持

我国农业正处在传统农业向现代农业转型的关键阶段，培育和发展新型农业经营主体是推进农业现代化建设的核心和基础。党的十八大提出培育新型农业经营主体，构建集约化、专业化、组织化、社会化相结合的新型农业经营体系，这是牵动农村改革全局、破解小生产与大市场之间矛盾的关键，也是解决"谁来种地"问题的核心。2014 年，中央农村工作会议指出要把"培育新型农业经营主体"作为农村繁荣、农业发展、农民增收的一项重大战略，这为我国农业在新的历史阶段指明了发展方向。采取财政扶持、税费优惠、信贷支持等措施培育新型农村经营主体是当前农村经济改革的重点。

一、农业新型经营主体面临的问题

农业经营主体指的是直接或间接从事农产品生产、加工、销售和服务的任何个人和组织。改革开放以来，中国的农业经营主体已由改革初期相对同质性的家庭经营农户占主导的格局向现阶段的多类型经营主体并存的格局转变。这种新型农业经营主体可被划分划分为三种类型：家庭农场、农民合作社和农业企业。

我国已经连续出台 10 个"一号文件"，来强化和重视农业生产的不同方面，其中有为鼓励农业经营主体创新经营模式的相关文件，这些文件成为各级地方政府推进农业经营制度变革的政策依据。文件中明确规定要采取安排财政项目资金直接投放、允许持有和管护财政补助形成的资产、增加发展资金、补助鲜活农产品仓储物流设施兴建和农产品加工业、贷款贴息、完善税收优惠政策、广泛开展各类人才培训和落实设施农用地政策等措施，扶持其发展壮大。但是由于各级政府对于新型经营主体的培育尚且属于干中学的阶段，对于培育过程中出现的问题还不够深入。

现有的研究大多数认为新型农业经营主体面仍然面临着生产要素的供给紧张的局面，主要表现在资金、土地、基础设施薄弱等情况（雷瑛，2014；李少民，2014；刘勇，2016）。主要包括以下几个方面：

（一）农业新型经营主体仍旧承贷能力低

①抵押权证不完备，抵押物不足值（李建英，臧晨旭，2014）；②部分新型农业经营主体的财务制度不健全，银行对贷款后管理难，新型经营主体缺乏科学管理；③自身经营规模偏小，内部管理不规范；④农业经营风险大制约银行贷款（丁建军等，2016）。

（二）农业新兴经营主体的资金需求有效性不高

①大部分新型农业经营主体自身综合实力不强，新型农业经营主体金融需求有效性不高，资金吸引力不足（爱华，姜丽丽，2016）。②新型农业经营主体自身存在资金回收期长、资金效率低，对银行资金具有自我排斥思想等缺陷（夏雪，2015）。

（三）土地制约

指出土地流转不规范且抵押缺乏法律支持，无论是承包还是通过流转获取的土地均存抵押登记难、土地价值界定难、流转交易难的共性特点，制约了新型农业经营主体的融资（张晓萍，2014）。土地承包权经营抵押困难对新型农业经营主体融资造成障碍（夏雪，2015）。

（四）社会服务制约

社会服务制约了新型农业经营主体的信贷融资（王占奎，毕崇辉，2016）。而且农业保险覆盖面较低，保额难以覆盖成本。

二、政策培育农业新型经营主体的现状与问题

（一）对农业新型经营主体的财政支持的现状与问题

在目前工业反哺农业的情况下，城镇化导致工业化快速发展，财政资金更多地倾向于工业生产和建设，而面向农业现代化和产业化的资金较为短缺，新型农业经营体系的建立尤其需要财政资金介入（苑梅，2014）。

一般认为，完善的财政支农服务能够对农业经营主体的培育起到以下作用：①保障新型主体避免受到低水平均衡陷阱，有效促进新型农业经营主体培育壮大（张彪，2016；刘勇，2016）。②促进农业新型经营主体获得发展所需的各类生产要素（胡华浪等，2016）。

目前的财政支持的手段主要有以下几种：①对农户采取普惠制的补贴政策。但大部分支农惠农专款是用于农村基础设施建设和对传统农户的支持，缺乏对新型经营主体的针对性补贴，且普惠型补贴政策难以有效调动农民种地积极性。②对龙头企业重点支持。从农业小规模家庭经营的基本组织结构出发，我国长期以来重点强调和积极倡导发展农业产业化龙头企业，并出台了若干支持农业产业化龙头企业的政策，如 2012 年国务院专门出台《关于支持农业产业化龙头企业发展的意见》通过做大做强农业产业化龙头企业带动农民改造传统农业。

目前财政支持存在的问题主要表现在：①政策扶持力度不够，没有切实的优惠政策，财政补贴率较低，有的也被金融机构合理拿走（付景林，2014）。②政府管理经验不足，政府担保平台的作用发挥不够，扶持政策落实力度不够（丁建军，吴学兵，李新阳，2016）。③农业基础设施建设消耗掉大量财政支农资金，其不合理的结构或规模会造成支农资金的浪费，导致一些地区新兴农业经营体系的建立以及农业长期发展后劲缺乏（苑梅，2014）。④有些调查研究中发现有些地方出现了种粮大户、家庭农场或合作社等新型经营主体通过虚报播种面积套取补贴的违规行为，有的地方新型经营主体与原承包农户之间围绕新增补贴分配发生纠纷以及通过虚报播种面积来冒领土地种粮补贴。⑤现有政策过于功利性和形式化，政府往往只注重经济发展过程中的短期回报，在财政支农资金的投向方面更倾向于收益高，时间周期短的农业项目中，而未来发展好但时间周期长的农业项目往往会被忽略。同时财政支农对新型主体项目的补贴种类多而散乱，由于补贴资金没有针对性地利用于发展前景广阔的新型主体项目，导致众多的新型经营主体项目因缺乏资金而得不到更好的而发展（江维国，李立清，2014）、（张彪，2016）。

（二）对农业新型经营主体的金融支持的现状与问题

对于农业新型经营主体的金融支持，目前学者们普遍认为不足。农村金融市场格局并未根本改变，正规的农村金融市场仍然由农村信用社、商业银行主导，各商业银行金融机构，对于新型农业经营主体的支持大多处于实验和探索阶段（王德志，张玲，2016）。

目前主要存在的问题表现在：①信贷资金结构错位。涉农金融机构涉农贷款业务减少，贷款额下降，不利于新型农业经营主体发展。贷款附加条件多，不能满足所有新型农业经营主体不同季节的资金需要（付景林，2014）。②农村地区金融机构服务单一化。农村金融服务体系不健全，金融机构网点少且金融产品有限，商业银行将贷款审批权上收（丁建军等，2016）。③农业保险发展滞后且担保机构担保功能不足都会约束信贷合约的达成（夏雪，2015）。④农村金融监管信息不对称。农村金融监管问题重重，相关法规还不健全，各金融机构之间协调配合效率低下，金融信息的不对称使得农村金融风险加大（王德志，张玲，2016）。

（三）对农业新型经营主体的技术支持的现状与问题

目前基层农技推广已经有了一些成效，但是对于适应农业新型经营主体的技术支持仍旧表现为以下问题：①以前农村普遍表现出农业专业化人才严重匮乏，农民老龄化趋势严重，自身文化水平较低，这对新型经营主体的成长形成制约（李金晓等，2013；郑丽莉，2014）。②农业培训主要以生产技术为主，经营管理、市场营销、法律等相关知识所占比重较低（郑丽莉，2014）。③而且存在培训资源分散等问题，导致农民参学参训的积极性、内在动力缺乏，影响了农民教育培训效果（邱江等，2016）。

导致对农业新型经营主体仍旧面临技术瓶颈的问题的原因有：①欠发达地区新型农业经营主体的技术获取能力、技术消化能力、技术应用能力都比较低下，影响了其健康、持续发展（易启洪，2016）。②农技推广机构习惯于依据传统经验与服务模式，对种粮大户等服务对象的生产条件、生产预期、管理模式未进行认真的调研和分析，提出的技术模式重点不突出，针对性不强。③农技推广服务定制化不够，公益性农技推广体系需要进一步探索（张曦等，2016）。④农技推广方面出现人员结构不合理，非专业技术人员过多，知识断层与知识老化问题严重，体制不合理等问题（段艳菊，2009）。

三、培育农业新型经营主体的政策建议

（一）从金融服务上来看

目前学者们的建议主要集中在提高支农贷款，使新兴经营主体用更低的成本和更便捷的方式获得贷款。主要是从信贷政策、信用体系、服务体系、金融环境等方面提出建议。①提高涉农贷款。具体做法有对新型农业经营主体发展较快的地区的地方法人金融机构实施有差别的准备金政策，强化准备金政策的正向激励作用以及开办并大力推进对新新型农业经营主体的信用贷款模式，逐步提高贷款额度（王占奎，毕崇辉，2016）。②取消贷款附加保险、时间等条件（付景林，2014）。③进一步完善农村的信用和征信系统，将合作社主要股东和家庭农场成员的资信状况一并纳入管理范畴，为商业银行信贷决策提供依据（张晓萍，2014）。④改善金融环境，完善农村金融服务体系。做好顶层设计，指导业务规范发展，进一步研究开展"新型主体 + 农户""核心企业 + 小微企业"等供应链金融服务，整合产业链上的信用资源，不断巩固新型主体与上下游企业及农户形成的利益连接关系，为产业链上的经济主体提供全方位的金融服务，提高服务黏性（丁斌，2014）。

（二）从技术服务上

目前学者们的建议主要集中在农业科技创新服务和探索适应新兴农业经营主体的技术服务模式。①加强农业技术公益性服务，充分发挥公益性组织、社会化组织在农业技术培训和推广领域的互补作用，有效解决农业技术推广"最后一公里"问题（冯高强，2013）。②加强农业技术创新链与产业链创新，推进农业技术创新链与产业链的双向融合，以推动和提升农业科技创新系统的协同创新能力（李鹏等，2016）。创新服务理念，提供全产业链定制技术服务方案（张曦等，2016）。③培训内容要重视新型农业经营主体的需求，过程中要增加生产技能、经营管理、市场营销等方面的课程，根据培训对象的不同，有针对性地开展，并且要重视培训结果考核。

（三）财政与产业政策支持

①转变现有的财政扶持方式。一方面应加强对农业扶持资金的去向管理和提高农业扶持政策的效率，逐年增加财政扶持合作组织发展补助资金和农业产业化专项资金规模（雷瑛，2014；苑梅，2014）。②完善农业直接补贴制度，鼓励有条件的地区，综合考虑环境保护、农业可持续发展和农产品质量安全等确定补贴标准（胡华浪，李伟方，裴志远，2016）。③

从经济效益角度看，优先扶持"带动性强"的新型经营主体。从社会效益角度看，重点扶持"土生土长"的新型经营主体（刘勇，2016）。

参考文献

[1] 中国农村财经研究会课题组，王树勤，申学锋. 财政支持新型农业生产经营主体发展的总体思路与路径选择 [J]. 当代农村财经，2014（12）.

[2] 加大财政扶持力度，培育农业新型经营主体 [J]. 农村财政与财务，2013（08）.

[3] 李少民. 支持新型农业经营主体财政政策研究 [J]. 地方财政研究，2014（10）.

[4] 苑梅. 支持辽宁新型农业经营体系建立的财政政策研究——基于城镇化视角 [J]. 经济研究参考，2014（47）.

[5] 陈刚. 财政金融支持新型农业经营主体发展的对策 [N]. 金融时报，2015-08-17.

[6] 刘勇. 基于培育新型农业经营主体目标下的财政支持政策改革研究 [J]. 农林经济管理学报，2016（04）.

[7] 张彪. 我国新型农业经营主体构建与财政金融支农创新 [J]. 农业经济，2016（12）.

[8] 陆利军，何建雄. 财政扶持新型农业经营主体发展路径探索——以湖南省为例 [J]. 中国农业信息，2016（10）.

[9] 侯凤，刘丽珍. 关于农业产业化新型经营主体扶持政策的建议 [J]. 农民科技培训，2016（05）.

[10] 商文瑜. 金融支持新型农业经营主体发展的调查与建议 [J]. 西部金融，2013（10）.

[11] 丁斌. 金融支持新型农业经营主体典型案例及启示 [J]. 西部金融，2014（5）.

[12] 郭娅娟. 新型农业经营主体融资担保的政策取向及发展路径 [J]. 农业经济，2016（8）.

[13] 张瑞. 安徽省新型农业经营主体融资问题研究 [D]. 合肥：安徽农业大学，2014.

[14] 夏雪. 金融创新支持新型农业经营主体发展研究 [D]. 合肥：安徽大学，2015.

[15] 王蔷. 农村金融支持新型农业经营主体的工序研究 [D]. 成都：

四川省社会科学院，2016.

[16] 楼栋，孔祥智. 新型农业经营主体的多维发展形式和现实观照 [J].改革，2013 (2).

[17] 黄祖辉，俞宁. 新型农业经营主体：现状、约束与发展思路——以浙江省为例的分析 [J]. 中国农村经济，2010 (10).

[18] 郭庆海. 新型农业经营主体功能定位及成长的制度供给 [J]. 中国农村经济，2013 (4).

[19] 张海鹏，曲婷婷. 农地经营权流转与新型农业经营主体发展 [J]. 南京农业大学学报，2014，14 (5).

[20] 张红宇. 新型农业经营主体发展趋势研究 [J]. 农业经济研究，2015 (1).

[21] 林洁，王平春. 基于创新创业的新型农业经营主体多维形式研究 [J]. 中国农业资源与区划，2016 (4).

[22] 张扬. 试论我国新型农业经营主体形成的条件与路径——基于农业要素集聚的视角分析 [J]. 当代经济科学，2014 (3).

[23] 皮修平，周镕基. 农地流转视阈下新型农业经营主体发展研究——以湖南省为例 [J]. 湖南师范大学社会科学学报，2015 (3).

[24] 王国敏，杨永清，王元聪. 新型农业经营主体培育：战略审视、逻辑辨识与制度保障 [J]. 西南民族大学学报，2014 (10).

[25] 汪发元. 新型农业经营主体成长面临的问题与化解对策 [J]. 经济纵横，2015 (2).

当前产能过剩的政治经济学解读[①]

鲁保林[②]

【 贵州财经大学经济学院　贵州　贵阳 550025 】

[摘要] 学术界和政策层面关于本轮产能过剩的特征、性质、因果关系的认识以及治理方案等存在着一些见仁见智的认识和判断。笔者认为：①目前出现了整体产能过剩。②从"补短板"的视角来看，目前的过剩可以转化为"有效产能"。③目前的产能过剩主要由国内外需求急剧萎缩所致，更多属于周期性过剩而非源于体制性缺陷。④政府与市场关系失衡加剧了或未能有效防止部分行业的产能过剩。⑤化解产能过剩应从供需两侧同时发力。一方面依靠需求扩容支撑供给增加。另一方面依靠供给调整适应需求转型。

[关键词] 整体过剩　补短板　周期性过剩　政府　供需两侧

20世纪90年代中期我国成功告别短缺经济，但是自那时起产能过剩就成为宏观调控难以祛除的顽疾。新世纪以来，我国进入重化工业主导发展阶段，房地产、基建投资和制造业一起发力，国民经济连续5年保持了两位数的高增长。尽管钢铁、水泥、电解铝等行业在2003—2004，2005—2006年间也出现了产能过剩倾向，但由于处于经济上行期，需求旺盛，过剩产能很快就得到消化，并未演变为经济运行的主要矛盾。2008年以来，全球经济金融危机不断深化，发达资本主义经济体进入第五次长波周期的萧条阶段，中国经济也步入增长速度换挡期和结构调整阵痛期。内需不足与外需萎缩相互耦合、供给惯性和需求疲软相互破坏，总之，长短期矛盾

---

①　基金项目：本文得到贵州省教育厅高等学校人文社会科学研究青年项目（编号：2016QN37）、贵州省哲学社会科学规划青年课题（编号：14GZQN05）资助。

②　鲁保林（1982—），男，河南潢川人，贵州财经大学经济学院副教授，经济学博士。研究方向：政治经济学。

相互交织导致 2012 年以来经济下行压力日益增大，我国出现了自 20 世纪 90 年代中期以来最为严重的产能过剩，其波及范围之广，调整时间之长，化解难度之大，令人始料未及。目前，学术界和政策层面关于本轮产能过剩的特征、性质、因果关系的认识以及治理方案等存在着一些见仁见智的认识与判断。本文从五个方面总结了学术界的主要论点与分歧所在，并从政治经济学视角对这些论点作了较为详细的分析和梳理，力求从不同侧面更加科学地识别本轮产能过剩的真实面目。

一、局部（结构性）过剩还是整体过剩？

什么是结构性产能过剩？魏琪嘉（2013）认为，我国传统产业的中、低端产品产能过剩严重，一些高端产品如高精钢、大型发动机的需求主要依靠进口，因此，结构性产能过剩矛盾较为突出。周劲、付保宗（2011）认为，我国在轻工业领域存在低端产品过剩和高端产品供给能力不足的现象，这在较大程度上源于产业结构调整滞后于需求结构升级。也有学者提出，消费品供给既没有跟上高收入人群的需求变化，也没有能够充分满足低收入人群的生活需求，出现了供给层次与消费需求层次错位。邱海平（2016）认为，我国不是需求不足，或没有需求，而是需求变了，供给的产品没有变，质量、服务跟不上，造成消费能力外流，因此我们必须实现由低水平供需平衡向高水平供需平衡跃升。

对于结构性产能过剩，从现有文献的论述来看，可以做出如下解读：第一，结构性产能过剩承认当前的确存在过剩，但是这种过剩是局部过剩，表现为低端产品过剩与高端产品供给不足并存。第二，结构性产能过剩认为出现过剩的主要矛盾在于供给侧，过剩的直接原因在于供给端不适应或滞后于消费需求的变化。一般来说，当居民人均收入随着经济发展水平的提高而上升时，其需求层次和结构重心也会由低端商品向中高端商品转换。此时，如果供给结构不能适应需求结构的转变，那么部分落后产能将无法满足现实的需求而形成富余产能，进而产生结构性产能过剩。第三，当前的过剩产能往往被认为是落后产能、冗余产能。第四，解决产能过剩的方案为大力推进供给侧改革，从而使得供给侧适应需求侧的变化。

笔者认为，结构性产能过剩这一观点把过剩产生的原因完全归咎于供给侧，容易引起对当前过剩形势的误判。首先，我们需要知道什么是低端产品。低端产品是相对于高端产品来说的，一般认为是功能较少、技术含量低、价格相对低廉、利润率低的商品。如果从商品价值链的角度来定义，处于价值链低端环节的加工、制造业为低端产业，处于价值链高端环节的研发、涉及、营销为高端产业。从这一视角来说，我们并不缺乏制造产品的能力，但是缺乏高精尖的技术，因此在参与国际竞争时，我们的竞争力相对较弱，利润率相对较低。第一，低端产品为什么被认为是过剩的？很显然，如果瞄准的仅仅是5%或10%的少数高收入群体，那些功能较少、技术含量低，价格相对低廉的商品就是低端商品，此类商品与高收入群体的偏好与需求是不匹配的。第二，如果瞄准的是未来潜在需求，高端产品供给能力不足必然存在。高端相对于低端而存在，没有低端也就没有高端，今天的低端在过去就是高端，今天的高端在未来也会变成低端。需要是生产活动的原动力，从人类对美好生活的向往来看，高端产品的供给能力在今天必然是短缺的。第三，如果只是低端产品、低端产能存在过剩，那么当前的产能过剩就是局部的过剩，而非整体过剩。事实并非如此，"中国的闲置产能除了集中在传统的高能耗、高污染行业外，还有很大一部分属于技术密集型和附加值率较高的行业，如电子设备、专用钢板等"。

"供给结构不能适应需求结构的转变"这一论断，用于解释消费品的产能过剩很好理解，如果用于解释重化工业的产能过剩问题则稍显牵强，而当前产能过剩特别突出的行业主要存在于煤炭、钢铁、电解铝、水泥和平板玻璃等重化工业行业，尤其是钢铁业和煤炭业，产能过剩极其严重，利润暴跌，企业负债率高企。如果仅仅关注"供给结构不能适应需求结构转变"引发的消费品过剩，那么对当前产能过剩的认识就不全面。

进一步考察工业运行的几项指标，不难发现，金融危机以来工业领域的产能过剩已经由局部向整体恶化。第一，工业增加值大幅放缓。2007年以来，工业增速基本呈下滑态势，从之前的两位数下降到目前的一位数。2015年，工业增速仅相当于2007年的三分之一左右（见图1）。第二，工业品出厂价格全面下跌，利润失速。2015年12月，国家统计局公布的30个主要行业出厂价格同比涨跌幅数据显示，除了烟草制品业、纺织服装服饰业、医药制造业、水的生产和供应业这四大行业外，26个行业（占30个主要行业的近90%）的出厂价格都出现下跌。2010年至今工业利润增速快速下滑，尤其是最近两年，利润已呈负增长（见图2）。第三，利润同比下降的行业数量增多，亏损额扩大。如表1所示，2013年以来，利润同比下降的行业日渐增多，规模以上工业企业亏损额逐年增长，亏损面由2011年的9.35%上升至2014年的11.5%，亏损企业不断"侵蚀"工业部门的赢利。第四，工业投资增速大幅减缓。2012年以来，随着"四万亿"投资的刺激效果逐年递减，工业企业盈利能力不断恶化，杠杆率上升，由于对盈利和投资预期比较悲观，固定资产投资快速下滑（见图3）。据国家统计局2016年1月19日发布的数据，2015 年工业固定资产投资增速仅为 7.7%。

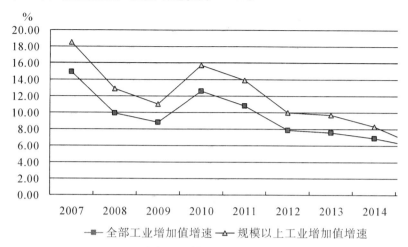

图 1 全部和规模以上工业企业增速

资料来源：国家统计局数据库、历年国民经济和社会发展统计公报。

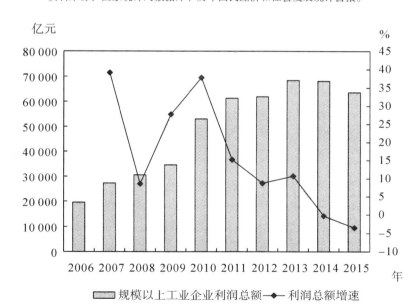

图 2 规模以上工业企业利润总额及增速

资料来源：国家统计局数据库、历年国民经济和社会发展统计公报。

表1　工业部门利润同比下降行业占比和规模以上工业企业亏损占比

年份	行业总数	利润同比增长的行业总数	利润比同比增长行业占比（%）	利润同比下降的行业数	利润同比下降行业占比（%）	规模以上工业亏损总额（亿元）	亏损占利润与亏损之和的比重（%）
2011	39	37	94.87	2	5.13	2 359.18	4.26
2012	41	29	70.73	11	26.83	3 913.21	5.99
2013	41	31	75.61	9	21.95	5 571.32	8.26
2014	41	28	68.29	11	26.83	7 035.43	9.33
2015	41	29	70.73	12	29.27	——	

资料来源：国家统计局数据库、历年国民经济和社会发展统计公报。

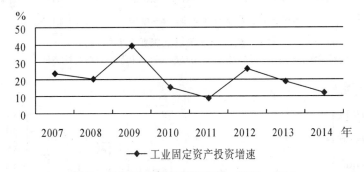

图3　工业固定资产投资增速，2007—2014
资料来源：国家统计局数据库、历年国民经济和社会发展统计公报。

从近几年工业运行的总体状况来看，绝大多数行业都出现了产能过剩，当然，每个行业过剩的严重程度不同。可以确定的是，那些与房地产业和基建投资相关的钢铁、水泥、建材等产业，或者是缺乏自主知识产权，前些年依靠低生产要素成本扩张的出口导向型产业，面临的压力尤为严重。目前，我国不仅面临低端产能过剩的压力，也面临高端产能过剩的压力。有学者指出，国际金融危机之后，产能过剩的范围已经从钢铁、水泥、有色等传统产业扩大到造船、汽车、机械以及多晶硅、风电设备等新兴高科技产业。低端产品和高端产品均出现过剩，甚至出现同一产业内部高端产品卖不过低端产品的情况。

除工业部门之外，房地产业的过剩程度也令人侧目，"去库存"任务异常艰巨，住建部已经把"去库存"列为2016年的工作重点，各省市也都绞尽脑汁，想尽各种办法吸引老百姓购房。西南财经大学中国家庭金融调查与研究中心发布的调研报告显示，2013 年我国城镇地区商品房空置率达 26.3%，城镇空置住房总量估计至少为 4 898 万套，另有学者估计，2013 年全国空置房达 6 800 万套。截至 2015 年末，全国商品房待售面积达 71 853 万平方米，相当于当年商品房销售面积 128 495 万平方米的一半。若按人均住房 30 平方米计算，可以满足 2 395.1 万人的居住需求。如果考虑到商品房在建面积、保障房以及小产权房、自建房等，住房过剩超乎想象。工业是我国经济增长的最主要引擎，也是服务业发展的基础和动力，房地产是我国国民经济的主导产业。"十五"和"十一五"期间，工业和房地产业蓬勃发展，成为国民经济高速增长的主要原动力，2012 年以来这两大主要引擎增速放缓，迅速传导到至钢铁、建材、水泥、平板玻璃等行业，引发了严重的产能过剩危机。据有关学者的研究，在调查的 39 个行业中，有 21 个行业的产能利用率低于 75%。因此，笔者赞同下述看法："尽管某些行业仍存在产能不足问题，但不可否认我国经济是整体产能过剩，并非有多有少、多少相抵的结构性矛盾。"

二、过剩还是短缺?

当前的产能过剩是否属于绝对过剩? 从学界和政策层面的一些认识和判断来看，当前的供给绝对超过了市场需求，化解产能过剩的手段为削减产能或淘汰"落后的低端产能"。韩国高认为，现阶段，我国钢铁、水泥、有色、平板玻璃、石化等传统行业的产能过剩大都属于总量型过剩，即总量已经远远超过市场需求和发展需求，呈现出长期性和绝对性的特点，根据市场对这些行业所生产产品的需求状况，已经没有足够的消化能力。胡荣涛（2016）也认为，目前部分行业出现的产能过剩由于生产者供给过多、超过市场需求产生的。

笔者认为，当下宣称中国的生产或供给已经出现绝对过剩，还为时过早，且与十八大报告关于我国社会的主要矛盾"即人民日益增长的物质文化需要同落后的社会生产之间的矛盾没有改变"这一判断也不相符。的确，从供给的绝对量看，我国城市积累的存量住房也已经达到了户均一套的标准，可以满足所有人的居住需求了。同样，钢铁、水泥、汽车等 220 多种工业品产量位居世界第一位，似乎需要压缩一部分产能。但是直接削减产能来强制实现供需平衡往往会造成人力、物力和财力的巨大损失以及社会资源的严重浪费。

如果用发展的、动态眼光来看问题，当前的产能过剩还达不到构成绝对过剩的要件。与发达工业化国家相比，中国目前人均钢铁蓄积量只有 10 吨，而完成工业化的国家都是 20 吨。从每百人的汽车占有量看，2010 年美国为 80 辆，日本和德国是 60 辆，中国 2014 年是 11 辆。如果着眼于国民安居乐业的长期需要和我国长期发展潜能的塑造，将现有产能与补短板更紧密地结合起来，通过补短板来"用"产能，今天的过剩产能就能直接转化为"有效产能"。第一，从住房需求来看，相当多城市居民的刚性和改善性购房需求依然没有得到满足，中国还有 1 亿多人蜗居在棚户区，低收入家庭的住房条件亟须改善。此外，一二线城市的房价普遍偏高，令不少年轻人和农民工望房兴叹，并且高房价已成为推动劳动力成本上升的主要因素之一。现阶段如果能够推进民生导向的住房制度改革，使房价收入比回归到合理水平，楼市的过剩将会逐步得到缓解。第二，教育、医疗、文化、卫生、科技、生态环境保护、无公害绿色有机农产品等，过去是，现在仍然是国民经济发展的短板，对这些领域进行投资，可以改善居民的生活质量、促进人力资本积累，提升长期发展潜力，塑造经济增长新动力。第三，中西部农村地区还相当落后，农业基础仍比较薄弱，生产能力不强。加快推进中西部地区的社会主义新农村建设，推进区域均衡发展和城乡一体化，可以消化相当一部分的过剩资本和钢铁、水泥、建材、汽车、工程机械等产品。新农村建设涉及的土地平整、土壤改良、村庄整合，文化娱乐设施，以及农村道路、农村饮水工程、灌溉排水设施的修建和完善等，投资额比较大，可以有效利用当前的过剩产能。第四，与发达工业化国家相比，我国基础设施投资空间还比较大。据 IMF 的数据，2010 年中国人均基础设施拥有量仅仅是西欧的 38%，北美地区的 23%，日本、韩国的 18%。推进大中小城市之间，城乡之间的基础设施互联互通，打造"畅通中国"，可以消化相当一部分钢铁、水泥等产品。基础设施建设与前面提到的新农村建设都具有较强的正外部性，但前期投入大，回报周期长，需要以政府为主体投资建设。

此外，从全球层面来看，全球终端市场的重心正逐渐由北方国家向南方国家转移。南方经济体人均收入水平低，更倾向于廉价商品。我国可以依托"一带一路"战略与比自己落后的南方国家建立更密切的经贸关系，在南南合作区内推动投资和贸易便利化，向更为落后的南方国家转移劳动密集型产业，实现"腾笼换鸟"。"一带一路"的沿线国家 70% 是钢材进口国，这些国家工业发展薄弱，基础设施建设不完善，参与"一带一路"沿线国家基础建设可以大大拉动我国的钢铁、建材、工程机械等产品的需求。

三、周期性过剩还是体制性过剩？

关于当前产能过剩的诱因，主要有两种观点：一种看法认为，当前的产能过剩由萧条和衰退导致的需求萎缩引发，属周期性产能过剩。另一种看法则认为，中国独特的政治经济体制蕴含着强烈的扩张偏好，目前的过剩属于体制性产能过剩。具体而言，地方政府具有强烈的投资冲动（源于官员的晋升激励或者财政压力，或者是 GDP 导向的政绩考核体系），国有企业预算软约束，或者是要素价格长期被抑制（源于地方政府对土地、金融等生产要素价格的不正当干预），因此地方政府是重复投资、过度投资以及产能过剩的罪魁祸首。体制性产能过剩这一观点在学界非常普遍，江飞涛等（2012）认为，"在土地的模糊产权、银行预算软约束以及地方政府干预金融等体制缺陷背景下，地区之间对于投资的补贴性竞争会使得企业过度投资以及市场协调供需均衡的机制难以有效运转，进而导致系统性的产能过剩和经济波动加剧，体制扭曲才是中国出现产能过剩顽疾的关键所在"。国务院发展研究中心《进一步化解产能过剩的政策研究》课题组认为，"我国的财税体制以及地方政府的考核评价体系刺激了投资，而要素市场化不彻底为地方政府的干预提供了便利。"于立、张杰（2014）提出，竞争性行业本来不会出现持续的产能过剩，但是中国以审批制为特征的产业政策导致竞争性行业出现了整体性以及长期性的产能过剩。杨振（2013）认为，产能过剩问题来自于政府对市场机制的干预和产业政策对企业投资和退出决策的扭曲激励。

笔者并不否认当前的产能过剩与中国的政治经济体制有一定关联，但若完全把产能过剩完全归结为体制性障碍，则只看到了表面现象。因为当前的产能过剩主要是由于国内外需求急剧萎缩所致，更多地属于周期性过剩而非源于体制性缺陷。第一，地方政府参与经济活动自改革开放以来一直存在，但与改革开放初期相比逐年减少，而中国出现产能过剩仅仅是 20世纪 90 年代中期以来的事情。20 世纪 90 年代以来，中国出现了两轮比较严重的产能过剩，都与在外部经济危机的严重冲击下，国内经济关系失衡加剧有关。第一次遭受的是亚洲金融危机，第二次是次贷危机。正是 2008年以来国内外需求的严重萎缩才使得我国的供给日趋相对过剩。造船行业最有代表性，2007 年全球造船市场成交量达到 2.7 亿载重吨，2009 年全球造船新订单量则大幅度减少至 4 219 万载重吨，2010 年虽恢复到 1.37 亿载重吨，但过了两年又降至 4 686 万载重吨，仅仅是金融危机前的 1/6 左右。从拉动经济增长的三大需求来看，与 2002—2007 年期间相比，2008 年以来的消费、投资、出口增速已大幅衰减（见图 4），特别是 2012 年以来，投资和出口快速下降。正如表 2 所示，投资增速由 2002—2007 年的年均 25.85%下降到 2012—2014 年的年均 16.9%，出口增速由 2002—2007 年的 28.27%下降到 2012—2014 年的 5.46%。2015 年的投资和出口进一步萎缩，固定资产投资实际增长 11.8%，出口则负增长 1.8%。第二，在市场经济条件下，受信息不对称等因素的制约，任何市场主体都难以做出完全准确的投资预期，投资活动肯定存在一定程度的盲目性，无论是地方政府、国有企业、民营企业或者说外资企业，都概莫能外。

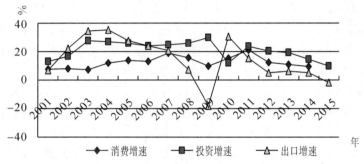

图 4 中国消费、投资和出口增速，2001—2015 年

资料来源：国家统计局数据库、历年国民经济和社会发展统计公报。

表 2 消费、投资与出口：各时段的增长速度

年份	消费增速（%）	投资增速（%）	出口增速（%）
2002—2007	12.96	25.85	28.27
2008—2011	15.27	21.70	7.07
2012—2014	10.11	16.9	5.46

资料来源：国家统计局数据库、历年国民经济和社会发展统计公报

第三，地方政府在推动经济发展中的积极作用是 20 世纪 90 年代以来中国经济高速平稳增长的动力所在。史正富教授指出，相对于常规市场体制中，只有政府和企业两大经济主体，中国经济现存体制存在中央政府、竞争性企业、竞争性的地方政府体系三个主体，三者共同构成了独特的"三维市场体制"。这一体制有效提高了资本的积累和投资水平，构造了可持续的"投资激励体系"，成就了中国的超常增长。当然，我们不能否认，地方政府的 GDP 情结导致它们放任了某些环境、安全、技术、能耗等不达标项目的过度或重复投资。但是，地方政府不是本轮产能过剩的主要幕后推手。如果把需求不足引发的过剩归咎于地方政府，进而在制度安排中弱

化地方政府的发展职能，这样就会逐步消解我国的体制优势。笔者认为，比较可取的做法是进一步完善地方政府推动经济发展的激励约束机制。既要发挥地方政府在推动经济发展方面的主观能动性，也要避免那种没有经过深入调查而靠拍脑袋做出的经济决策。政府和国有企业的投资项目必须着眼于国民经济的长远发展，必须遵循客观的经济规律，生态规律和社会规律。如果能够遵循这些原则，不难预见，在不久的将来，地方政府的决策水平将越来越高，重复投资和过度投资就会越来越少。

四、地方政府越位还是缺位？

探寻产能过剩的根源和防范机制不能回避下述问题：政府和市场在产能过剩的形成过程中究竟扮演了怎样的角色？"体制性过剩"认为地方政府越位，即政府对经济活动干预过度造成了目前的产能过剩，因此政府管了不该管也管不好的事情。基于此，一些学者提出充分发挥市场的决定性作用可以规避产能过剩。于立、张杰（2014）认为，发挥市场在资源配置中的决定性作用可以从根本上消除企业和地方政府的投资冲动和短期行为。钟春平、潘黎（2014）提出，解决中国产能过剩的途径只能更多地依赖市场化的机制构建来完成。杨振认为，允许国有企业的控制权在市场交易可以缓解产能过剩。

一学者还提出，我国出现较长时期的产能过剩不符合经济学常理，为什么呢？因为根据经济学常理，在正常的市场经济环境中，竞争性行业即使出现比较严重的产能过剩也只能是短期现象。我国的钢铁、水泥、平板玻璃、煤化工、造船等行业出现较长时期的产能过剩，是不符合经济学常理的。其实，认为正常的市场经济环境不会出现长期的产能过剩，既不符合理论逻辑，也不符合实践。首先，单纯依靠市场调节难以承担防范和化解产能过剩的重任。市场调节作为一种事后调节方式，其盲目性和滞后性恰恰是形成产能过剩的直接原因。一般来说，市场价值规律在资源配置的微观层次可以发挥非常重要的作用，但是对于供需总量的综合平衡、部门和地区的比例结构等宏观层次的资源配置存在很多缺陷和不足。其次，产能过剩与一个行业的竞争程度并非严格相关。就目前而言，当前无论是竞争性行业还是非竞争性行业都出现了较严重的产能过剩问题。例如，房地产业是一个竞争比较充分的行业，全国的房地产开发企业数以万计，但仍然避免不了产能过剩。而钢铁、煤炭、电解铝、船舶等重化工业属于典型的资本密集型行业，把它们划入竞争性行业未免有些牵强。这些行业由于存在大量难以流动的固定资本，资产专用型比较强，一旦进入不易退出，所以一旦出现过剩，就很难刹车。

正是由于政府与市场关系失衡，才加剧了或未能有效预防某些行业的产能过剩。第一，由于政府监管缺失，一些轻工业产品，尤其是食品领域的安全和质量问题较为突出，"三聚氰胺"事件便是典型例证。为什么中国消费者非要跑到国外购买马桶盖、电饭煲、奶粉等普通日用消费品？并非国内企业不能生产这些产品，而是消费者对国货缺乏足够的信任，所以大量的人在海外疯狂扫货而视国内产品为低质低端产品。第二，地方政府追求短期利益和局部利益，在某种程度上陷入了"囚徒困境"，从而未能有效防止产能过剩进一步恶化，以至于当产能过剩集中爆发时才匆忙救火。事实证明，事后救火付出的代价可能更高。据调查，像平板玻璃行业，一条平板玻璃生产线的投资额约5亿元人民币左右，有些小厂甚至只要2-3亿元即可建成。正是由于环保部门未能严格执行环境标准，导致市场准入条件偏低，所以一些小规模企业易将环境成本外部化，使得大量企业依靠低成本优势盲目进入。究其根源，在于一些地方政府追求短期利益和区域GDP的增长，但是对某一地区经济发展有利的产业，可能会导致国民经济整体的产业布局不协调。由于缺乏长远、全局和整体的视角，地方政府之间的GDP竞赛导致它们也在某种程度上陷入了"囚徒困境"，从而放任某些环境、安全、技术、能耗等不达标项的项目过度或重复投资。第三，某些民生行业被过度市场化。房地产行业特别典型，住房出现大量库存和空置完全是市场化过度直接造成的。房地产业本身就不应该是一个过度市场化的行业，住房和其他商品相比有很大的差异，住房兼具投资品和消费品双重属性，作为投资品，住房与一般的需求规律相悖，当住房价格上升到超出其实际价值时，其需求量不仅不会下降，还会涌现大量的投资性和投机性购买，出现价格与需求量螺旋上涨，进而导致价格泡沫越吹越大。作为消费品，住房是每个家庭安身立命的居所，若房价持续过高，会对其他消费支出造成挤出，高房价也会形成马太效应，极易成为社会不稳定的诱因，并且会对其他消费支出造成挤出效应，从而总的消费量可能不会增加。因此构建防范和化解产能过剩的长效机制，既要尊重市场规律，也要更好地发挥政府的作用，既要规避市场失灵，也要克服政府失灵和政策失效。

五、化解过剩的着力点在需求侧还是供给侧？

供给侧改革作为一种经济治理思路最近成为高频词汇，化解产能过剩更被视为供给侧改革的首要任务和关键所在，那么强调供给侧改革对治理产能过剩的重要作用，是否意味着需求侧管理不再起作用呢？有学者认为，传统的需求管理政策很难再刺激出新需求了，继续实施需求管理只能造成"滞胀"。现在只有供给创造出的需求才是健康的，需求管理创造出的需求是不健康的。或者说，需求管理政策的副作用和后遗症越来越大。也有学者持不同看法，郑新立认为，总需求不足是当前宏观经济的主要矛盾，扩大需求特别是扩大内需，已成为当前宏观经济政策最重要的选择。习近平总书记指出，放弃需求侧谈供给侧或放弃供给侧谈需求侧都是片面的，二者不是非此即彼、一去一存的替代关系。实际上，供给侧和需求侧并非截然对立，水火不容。例如，"三驾马车"中的投资在本期来看就是需求，到了下期就形成供给，决定着生产能力和技术水平的高低。如果说需求管理在某些方面的副作用和后遗症比较大，那也是因为单纯依靠信贷扩张，维持银根宽松刺激投资和消费被动增加，导致非金融企业部门和家庭部门的杠杆率快速升高，债务和信用违约风险进一步累积，管控不好就极易引发一场系统性的金融危机。但是请不要忘记，货币政策仅仅是需求管理的手段之一。

供需失衡可分为总量失衡和结构失衡，均会导致产能和产品过剩。总量失衡包括两种情形：第一种情形，供给增速不变，需求增速萎缩，导致既有产能与相对萎缩的需求不匹配，形成过剩。第二种情形，需求增速不变，供给增速过快，导致既有需求与过快的供给不匹配，形成产能和产品过剩。结构失衡则表现为供给结构与需求结构不匹配，导致一部分产能和产品出现过剩，另一部分产品和产能出现不足。结构性过剩在市场经济条件下很常见，其实这种过剩也不乏潜在需求。因为纯粹的信息不对称或流通环节不畅，也会造成供需无法衔接，形成产品过剩，在这种情形下，只要积极利用"互联网+"，完善信息发布，降低流通成本，就可以逐步实现供需有效对接，从而大大减轻和减少这种类型的过剩。

应对不同类型的过剩，就应该采取不同的手段。针对需求萎缩形成的产能过剩，化解过剩的着力点在于刺激需求，积极开拓市场。对于供给增速过快形成的产能过剩，化解过剩的着力点在于减少供给，压缩产能。本文认为，当前的过剩主要是由于国内外需求急剧萎缩和供需求结构不匹配所致。因此，化解产能过剩不能单纯从供给侧或需求侧入手，而要从供需两侧同时发力，互为依托，互为作用，最终实现总量平衡和结构平衡的目标。一方面，依靠需求扩容支持和带动供给增加，为产能增加培育坚实基础；另一方面，推动供给调整适应和引领需求结构转型，拓展增长潜力。供给侧的改革绝不意味着有供给就能创造需求，进而采取手段直接刺激供给的增长，供给调整的核心要义在于企业要主动适应需求结构的转变，调整供给结构，提高供给体系的精准性。目前经济下行的压力依然很大，如何刺激需求和改善供给呢？笔者认为，可以采取"降低成本、改善配置、增加收入、开辟外需、升级品质、优化投资"二十四字方针。第一，降低成本。适度降低企业成本的税费、融资和物流等成本，让企业轻装上阵。通过税收减免或研发补贴鼓励企业开展技术改造和工艺创新，提高劳动生产率，降低单位产品的生产成本，促进企业产品创新和价值链的升级。没有过剩的产业，只有过剩的企业，传统产业有高端环节，高技术产业也有低端环节。传统产业一旦注入新技术、新工艺，新品种、新模式，也能焕发勃勃生机。我国处于全球价值链的低端，产业升级主要应该是价值链上分工的升级。需要注意的是，税收减免会导致财政收入减少，如果刚性开支没有减少，就会导致政府债务不断累积，为避免债务被动增加，可以适当提高奢侈品的征收税率，弥补因减税带来的财政收入下降。由于劳动工资涉及居民收入和消费增长，不宜降低，而且低劳动成本会降低企业转型升级的压力和动力。削减工人的工资和福利短期来看有利于改善企业的盈利水平，提高企业的供给能力，但是从长远来说，由于需求乏力，市场有限，供给就会遭遇瓶颈，无法进一步扩张。第二，改善配置。政府和市场要协同发力，坚决淘汰高污染、高耗能、技术落后、效益低下、扭亏无望的企业。一些企业破产或兼并重组是正常的"新陈代谢"现象，有利于推动资产、劳动力、技术、管理等生产要素流向高效率的企业，要素重新配置有助于增进资源的配置效率。第三，增加收入。当前我国收入差距比较大，基尼系数仍比较高，还有 5 500 多万人口尚未脱贫，社会不公平问题较突出，广大中低收入群体无力消费，阻碍了消费市场的扩大和消费结构的升级，因而改善收入分配结构，可以扩大消费需求。第四，开辟外需。依托"一带一路"战略，支持企业走出去，开辟海外发展空间。中国提出"一带一路"战略，牵头设立亚洲基础设施投资银行及丝路基金，以推进基础设施建设。林毅夫指出，"一带一路"战略可以扩大中国外汇储备的使用范围；促进"一带一路"沿线国家的发展，培育我国出口增长点；"一带一路"沿线有许多资源丰富的国家，这一战略也有利于中国获得发展所需的资源。我国可以依托"一带一路"战略与比自己落后的南方国家建立更密切的经贸关系，在南南合作区内推动投资和贸易便利化，向更为落后的南方国家进行低端产业转移。"一带一路"的沿线国家70%是钢材进口国，比如印度、蒙古等国，这些国家工业发展薄弱，基础设施建设不完善，参与"一带一路"沿线国家基础设施建设如高铁、能源、核电、油气管道、输电网等，需要投入大量的人力、物力和财力，可以拉动我国的钢铁需求。同时，成套技术装备与工程总承包"走出去"也能有效化解建材的产能过剩。第五，升级品质。老百姓总是期望质量更好，价格更优的商品。因此，企业要推动产品不断升级换代，提高产品质量，优化品种结构，更好适应需求的变化。质量监管部门和媒体要加强对产品生产和流通环节的管理和监督，打击假冒伪劣商品，提升中国产品和中国品牌的知名度。第六，优化投资。优化投资主要指优化投资结构，引导投资更多地流向能够提高长期增长潜力的实体经济，而不是在股市、房市等虚拟经济领域套利。近些年虚拟经济的高风险、高收益吸引了过多的投资投机资本。房地产业的暴利与实体经济的盈利能力恶化相互作用造成实冷虚热，然而，大量的社会资本脱实向虚会导致经济增长的根基被削弱。技术进步离不开投资，许多新产品和新的生产方式本身需要投资来实现。① 实业是立国之本，创新乃强国之路。一要加大对生产性部门的投资。技术创新与制造业为主体的实体经济发展息息相关。据调查，在美国，制造业占私人部门研发比例超过 2/3，有约 70% 的国家研发人员从事与制造业相关的工作。② 二要强化教育、科技和人力资本投资，为建设创新型国家提供技术和人才支撑。制造业的创新投资和教育、科技以及人力资本投资在短期内能扩大需求，在长期内能够推动生产力水平实现整体跃升。

参考文献

［1］魏琪嘉. 产能过剩：经济下行最大风险［J］. 中国投资，2013（8）.

［2］［5］周劲，付保宗. 产能过剩的内涵、评价体系及在我国工业领域的表现特征［J］. 经济学动态，2011（10）.

［3］邹蕴涵. 当前我国消费市场供给端矛盾分析［J］. 中国物价，2016（4）.

［4］坚定不移推进供给侧结构性改革——访中国人民大学经济学院教授邱海平［N］. 中国社会科学报，2016-5-30.

［6］陈继勇，王保双. 去过剩产能 避免经济"硬着陆"［N］. 中国社会科学报，2016-05-10.

［7］李晓华. 后危机时代我国产能过剩研究［J］. 财经问题研究，2013（6）.

---

① 龚刚. 新常态与经济增长方式的转变［N］. 中国社会科学报，2016-03-30.
② 李伟. 美国制造业是在衰退还是复兴［N］. 北京日报，2016-04-26.

[8] 王志伟. 市场机制能解决产能过剩问题吗 [J]. 经济纵横, 2015 (1).

[9] 于立, 张杰. 中国产能过剩的根本成因与出路: 非市场因素及其三步走战略 [J]. 改革, 2014 (2).

[10] 韩国高. 我国当前产能过剩的发展形势及对策选择 [J]. 科技促进发展, 2013 (6).

[11] 胡荣涛. 产能过剩形成原因与化解的供给侧因素分析 [J]. 现代经济探讨, 2016 (2).

[12] 王建. 中国经济形势之迷思 [J]. 中国投资, 2015 (12).

[13] 史正富. 用结构性投资化解结构性产能过剩 [J]. 经济导刊, 2016 (2).

[14] 李稻葵. 中国经济的 3 个增长点 [J]. 中国投资, 2015 (12).

[15] 沈梓鑫, 贾根良. 南方国家终端市场: "一带一路" 战略的新机遇 [J]. 河北经贸大学学报, 2015 (6).

[16] 徐则荣, 宋秀娜. 供给侧结构性改革力促企业 "走出去" 化解过剩产能 [J]. 海外投资与出口信贷, 2016 (2).

[17] 江飞涛, 耿强, 吕大国, 李晓萍. 地区竞争、体制扭曲与产能过剩的形成机理 [J]. 中国工业经济, 2012 (6).

[18] 课题组. 当前我国产能过剩的特征、风险及对策研究——基于实地调研及微观数据的分析 [J]. 管理世界, 2015 (4).

[19] 杨振. 激励扭曲视角下的产能过剩形成机制及其治理研究 [J]. 经济学家, 2013 (10).

[20] 史正富. 超常增长: 1979—2049 年的中国经济 [M]. 上海: 上海人民出版社, 2013.

[21] 钟春平, 潘黎. "产能过剩" 的误区——产能利用率及产能过剩的进展、争议及现实判断 [J]. 经济学动态, 2014 (3).

[22] 刘国光, 程恩富. 全面准确理解市场与政府的关系 [J]. 毛泽东邓小平理论研究, 2014 (2).

[23] 魏杰, 杨林. 实施供给侧改革 优化供给结构 [J]. 税务研究, 2016 (2).

[24] 李佐军. 推进供给侧改革 谨防陷入误区 [J]. 中国经贸导刊, 2016 (1).

[25] 郑新立. 扩大需求——当前宏观经济政策最重要选择 [N]. 经济日报, 2015-07-23.

［26］习近平. 在省部级主要领导干部学习贯彻党的十八届五中全会精神专题研讨班上的讲话［N］. 人民日报，2016-05-10.

［27］李善同. 通过协同创新快速融入京津创新体系——向价值链和产业链的高端延伸［J］. 经济与管理，2015（1）

［28］林毅夫."一带一路"需要加上"一洲"［EB/OL］.［2015-01-19］. http：//www. guancha. cn/LinYiFu/2015_ 01_ 19_ 306718. shtml.

［29］龚刚. 新常态与经济增长方式的转变［N］. 中国社会科学报，2016-03-30.

［30］李伟. 美国制造业是在衰退还是复兴［N］. 北京日报，2016-04-26.

通讯：鲁保林 贵州省贵阳市花溪区花溪大学城贵州财经大学经济学院

邮编：550025

电话：18685171974　15519052993

邮箱：lubaolin2008@ 163. com

中国特色社会主义
政治经济学发展思考

王桂林　　赵宝鹏

【 重庆师范大学　马克思主义学院，重庆　400047[①] 】

[摘要] 中国特色社会主义经济学是中国独有的创新理论，诞生于中国、发展于中国、服务于世界，具有中国特色，是马克思主义政治经济学在中国的新发展。中国特色社会主义政治经济学以马克思主义政治经济学为理论基础，在中国经济建设实践中萌芽、形成、丰富、成熟，形成了一个比较完整的理论体系。发展中国特色社会主义政治经济学要坚持"马学"为魂、"中学"为体、"国学"为根、"西学"为用的总体原则，坚持以人民为中心的发展思想为根本立场。发展中国特色社会主义政治经济学要增强中国特色社会主义政治经济学的理论自信，加强和提高广大党政领导干部政治经济学理论素质，改进和完善政治经济学课程设置，重视政治经济学教材编写，加强师资队伍建设，不断开拓中国特色社会主义政治经济学新境界。

[关键词] 中国特色　社会主义政治经济学　发展思考

2012年6月19日，习近平总书记视察中国人民大学《资本论》教学中心时指出："加强资本论的教学和研究具有重要意义，要学以致用，切实发挥理论对现实的指导作用，进一步深化、丰富和发展中国特色的社会主义理论体系。"2014年7月8日，习近平总书记在主持召开经济形势专家座谈会时强调："各级党委和政府要学好用好政治经济学，自觉认识和

---

① [作者简介] 王桂林（1954.10—），女，四川广元人，重庆师范大学马克思主义学院教授，硕士生导师，研究方向马克思主义政治经济学理论与实践；赵宝鹏（1990.6—），男，甘肃陇南人，重庆师范大学马克思主义学院在读研究生，研究方向思想政治教育。

更好遵循经济发展规律，不断提高推进改革开放、领导经济社会发展，提高经济社会发展质量和效益的能力和水平。"2015 年 11 月 23 日，中共中央政治局就马克思主义政治经济学基本原理和方法论进行了第二十八次集体学习，习近平总书记强调："学习马克思主义政治经济学，是为了更好指导我国经济发展实践，既要坚持其基本的原理和方法论，更要同我国经济发展实际相结合，不断开拓当代中国马克思主义政治经济学新境界。"在 2015 年 12 月 18 日至 21 日召开的中央经济工作会议上，习近平总书记再次强调："坚持中国特色社会主义政治经济学的重大原则，坚持解放和发展社会生产力，坚持社会主义市场经济改革方向，使市场在资源配置中起决定性的作用，是深化经济体制改革的主线。"习近平总书记在一年多的时间里三次强调政治经济学的重要性。从"加强教学与研究"到"学好用好政治经济学"，到"不断开拓当代马克思主义政治经济学新境界"，再到"坚持中国特色社会主义政治经济学的重大原则，发展中国特色社会主义政治经济学"。以习近平总书记为中央领导的集体坚持马克思主义政治经济学基本原理，结合中国经济发展实际，将 30 多年的经济发展实践和思想观念，不仅上升到理论层面，同时也上升到学科高度，形成中国特色社会主义政治经济学。中国特色社会主义政治经济学是对马克思主义政治经济学的巨大创新，是马克思主义政治经济学基本原理同中国经济建设实际相结合的最新理论成果，是适应当代中国国情和时代特点的政治经济学，是指导中国特色社会主义经济建设的理论基础。

一、中国特色社会主义政治经济学源起及内容

中国特色社会主义政治经济学是马克思主义政治经济学中国化的重大创新性理论成果。改革开放以来，面对经济全球化快速发展的国际大背景，以及我国经济建设和发展所面临的重大问题，中国共产党人坚持和发展马克思主义的经济学理论，回应对马克思主义经济学的各种非难和攻击，在科学回应当今中国经济发展所面临的一系列重大历史性课题的基础上，创造出适应时代需要的马克思主义政治经济学发展的新实践，逐步形成了中国特色社会主义政治经济学。

(一) 中国特色社会主义政治经济学的理论基础

马克思、恩格斯是社会主义政治经济学的奠基者，马克思主义的政治经济学主要研究的是资本主义经济发展，揭示了资本主义经济制度的产生、发展和灭亡的内在规律，科学阐明社会主义代替资本主义的历史必然性。总的来说，马克思恩格斯对未来共产主义经济的认识是非常谨慎的，

他们并没有提出一个系统的关于未来共产主义的经济理论，或者说关于社会主义或共产主义的政治经济学。但是他们对于未来共产主义经济的论述是十分丰富的，贯穿于他们的理论生涯，遍布于他们的论述著作。马克思、恩格斯所设想的未来共产主义经济特征概括起来，主要有："消灭私有制，生产资料社会占有；有计划调节生产；共产主义高级阶段实行按需分配，低级阶段实行按劳分配，社会成员共享社会财富；消灭城乡之间，脑力劳动和体力劳动之间的对立和差别；阶级和国家消亡；实现人的自由而全面发展，建立自由人的联合体；各国人民之间的民族分割和对立日益消失。"马克思、恩格斯所设想的未来社会经济特征可以说是马克思主义政治经济学的灵魂所在。马克思、恩格斯所提出的未来社会理论是对社会主义认识的一个起点而不是一个终点，需要在实践中不断地丰富、检验和发展，不能把它教条化、固定化，否则就犯了教条主义的错误。马克思主义政治经济学，为社会主义革命和建设指明了方向，为中国特色的社会主义基本理论、基本纲领、基本政策提供了理论依据。

（二）中国特色社会主义政治经济学的形成和发展

中国特色社会主义政治经济学的萌芽。新中国建立以后，实现了新民主主义到社会主义的转变，确立了社会主义基本制度，探索出适合我国国情的社会主义经济建设道路，进行了"一化三改造，提出社会发展阶段理论，初步探索所有制结构，进行经济体制和经济运行体制改革，探索社会主义工业化道路，社会主义工业化和改造同时并举"。这些探索是发展中国特色社会主义政治经济学的有益尝试，标志着中国特色社会主义政治经济学的萌芽。

中国特色社会主义政治经济学的初步形成。1978 年，党的十一届三中全会召开，标志着中国社会主义建设新时期的开启，结束了以阶级斗争为纲，开始转移工作重心，这是从"行"到"知"的转化，经历了一个漫长的过程，自 1984 年《中共中央关于经济体制改革的决定》写出了一个中国特色社会主义政治经济学的初稿，强调把马克思主义的普遍真理同我国的具体实际结合起来，走自己的道路，建设有中国特色的社会主义。直到 1992 年邓小平南方谈话，才从根本上统一了思想，坚持以经济建设为中心，坚持四项基本原则，坚持改革开放，初步探索出了发展中国特色社会主义的新道路、新模式，这些重大思想理论的提出标志着中国特色社会主义政治经济学理论初步形成。

中国特色社会主义政治经济学的丰富完善。1992 年，党的十四大确定了我国经济体制改革的目标和方向——建立社会主义市场经济体制。以改革开放的成功经验为基础，建立社会主义市场经济体制以取代传统的计划经济体制，这一重大举措极大地解放和发展了社会生产力，为中国特色社会主义政治经济学的丰富和完善奠定了重要基础。党的十六大以后，形成了以人为本、全面协调可持续的科学发展观，坚持以经济建设为重点的同时更加关注社会建设，然后意识到发展必须是可持续发展。党的十八大以来，中国开始进入全面建成小康社会的新阶段，面对新形势、新机遇、新挑战，习近平总书记把马克思主义政治经济学的基本原理同中国特色社会主义的实践相结合，发展了马克思主义政治经济学，提出一系列新思想新论断，即"六论"："经济新常态"理论；"两手合力"论，市场在资源配置中起决定性作用和更好发挥政府的作用；"基本经济制度"论，大力发展公有制经济，做大做优做强国有企业，还要积极支持非公有制，做精做细做活民营企业，使"两条腿"同等强壮、两类企业都能健康成长；"共同富裕"论，到 2020 年全面建成小康社会，通过"精准扶贫"实现贫困区的小康；"人民主体"论，坚持人民的主体地位，人民是推动发展的力量，实现好、维护好、发展好最广大人民的根本利益是发展的根本目的；"五大发展"论，"创新、协调、绿色、开放、共享的发展理念"等一系列新思想。中国特色社会主义政治经济学理论在内容上更加丰富和完善了。

中国特色社会主义政治经济学的成熟。2015 年 12 月，中央经济工作会议明确提出了"中国特色社会主义政治经济学"的理论命题，强调"要坚持中国特色社会主义政治经济学的重大原则，坚持解放和发展社会生产力，坚持社会主义市场经济改革方向，使市场在资源配置中起决定性作用"。这是中央首次明确以"中国特色社会主义政治经济学"命名改革开放以来党在经济领域所取得的重大理论成果，是中国特色社会主义政治经济学在理论上走向成熟的重要标志。

（三）中国特色社会主义政治经济学的内容

中国特色社会主义政治经济学内容丰富，涵盖了中国特色社会主义经济的生产、分配、交换、消费等主要环节以及基本经济制度、基本分配制度、经济体制、经济发展和对外开放等主要方面，形成了一个比较完整的理论体系。主要内容包括：以人民为中心的发展思想，这是中国特色社会主义政治经济学的根本立场，体现了社会主义社会主义经济发展的根本目的；社会主义的根本任务是发展生产力，解放和发展社会生产力是贯穿于中国特色社会主义政治经济学的主线，也是创新发展经济理论和经济实践的基本遵循；社会主义初级阶段理论，是马克思主义关于社会发展阶段的新论述，也是中国特色社会主义政治经济学的理论基础；经济发展新常态理论，对我国经济发展新形势的准确把握；公有制为主体、多种所有制经济共同发展的基本经济制度，公有制为基础体现我国社会制度的社会主义性质，同时也反映了经济改革的现实要求，社会主义初级阶段必须在发展公有制的同时大力发展非公有制经济；按劳分配为主体、多种分配方式并存的分配制度，生产方式决定分配方式；改革是社会主义制度的自我完善，是推动发展的强大动力，是社会主义制度的自我完善和发展；科学发展论，以人为本，协调可持续的发展是中国特色社会主义政治经济学的发展方式；社会主义市场经济是社会主义制度与市场经济体制的结合，保证市场经济发展的社会主义方向，体现中国特色社会主义政治经济学理论成果的创新性和科学性；坚持对外开放的基本国策，对外开放是国家赖以生存和发展的基本准则和保障，也是社会主义经济理论与实践赖以生存和发展的重大原则。

中国特色社会主义政治经济学理论成果，不仅有力指导我国经济发展实践，而且开拓了马克思主义政治经济学的新境界，也丰富和发展了人们对社会经济发展规律的认识。

二、中国特色社会主义政治经济学发展总体原则思考

总体原则是坚持并创新中国特色社会主义理论体系。具体地说就是以"马学"为魂，"马学"就是马克思主义。用马克思主义的精髓统领中国经济学，马克思主义是发展着的科学体系，是完整的世界观和方法论，马克思、恩格斯是马克思主义的创始人，他们的著作是奠基之作，有着极其重要的原创价值，同时马克思主义是不断发展的系统理论，它还包括后来的马克思主义理论家的一系列思想，坚持以马克思主义为灵魂，就是坚持它的基本观点和科学方法。"中学"为体，"中学"就是中国化的发展着的马克思主义政治经济学。以中国特色社会主义经济理论为主体内容，中国特色社会主义政治经济学的研究对象是中国社会主义经济问题，而不是别国的经济问题，离开了中国经济问题这个主题，就不能称其为中国的经济学。"国学"为根，"国学"就是中国文化传统，尤其是中国自己的经济思想。这里的国学主要是指中国古近代以来形成的经济思想，国学为根，就是在马克思主义政治经济学中国化的过程中，重视中国经济思想中反应一般经济规律和中国特殊经济国情的精华。吸收中国漫长文化传统的精华对于形成中国特点、中国气派、中国风格的政治经济学有着不可估量的价值。"西学"为用，"西学"就是西方经济学，善于借鉴西方经济学有用的方法。坚持"马学"为魂、"中学"为体、"国学"为根，并非完全排斥

西方经济学。因为马克思主义是一个开放的体系，善于吸收人类一切有益的文明成果来丰富和发展自己。研究中国特色社会主义政治经济学，决不能把自己封闭起来。要善于吸收西方经济学有用的方法，但不能把西方经济学作为中国经济学的主流，尤其是不能把新自由主义的思想和政策作为经济发展的向导，否则我们就会走到资本主义那里去，甚至变成西方强国的附庸。中国经济学要解决中国的经济问题，应该凸显中国化的马克思主义特质和创新品格。这是解放思想、实事求是、与时俱进的思想路线在经济学领域的贯彻。

三、中国特色社会主义政治经济学发展根本立场思考

马克思主义唯物史观认为，人民群众是社会历史活动的主体，是社会发展的决定力量。坚持以人民为中心的发展思想，是马克思主义政治经济学的根本立场。马克思主义政治经济学是为劳动人民求解放和谋福祉的"劳动的政治经济学"，马克思认为自己与旧的政治经济学的根本区别，就是站在工人阶级立场，来批判资本统治的经济社会制度，马克思主义政治经济学代表无产阶级的利益，有鲜明的阶级性，立场坚定。习近平总书记强调："人民对美好生活的向往，就是我们的奋斗目标，我们的责任，就是要坚定不移走共同富裕的道路。"坚持了以人民为中心的发展思想，这既是对马克思主义政治经济学关于人类社会发展规律本质要义的科学概括，又是对马克思主义政治经济学思想的继承和发展，深刻指出了中国特色社会主义政治经济学的根本立场。中国特色社会主义经济学完全站在最广大人民群众的立场上，社会主义经济发展的目标是为了广大人民群众利益。西方经济学总宣扬自己抛弃了阶级性，是"纯技术""纯数理"的经济学，研究的是"纯粹的客观规律"。但他们的研究总是建立在严苛的假设前提下，而这些假设前提的背后，隐藏的就是他们代表资本所有者的利益，西方经济学具有更强的阶级性，却不敢像马克思公开宣称自己是无产阶级的代言人一样，宣称自己是资产阶级的代言人，因而也就具有很强的迷惑性。中国特色社会主义政治经济学要有的鲜明立场，始终站在人民大众立场上，诚心诚意为人民群众谋利益。

四、中国特色社会主义政治经济学发展重要路径思考

中国特色社会主义政治经济学是中国特色社会主义理论体系的内核，在当代，坚持和发展马克思主义必须学好用好政治经济学，发展好中国特色社会主义政治经济学。因此，要增强中国特色社会主义经济学的理论自

信，加强和提高广大党政干部政治经济学理论素质，改进和完善政治经济学课程设置，重视政治经济学教材编写，加强师资队伍建设，推进中国特色社会主义政治经济学快速发展。

（一）增强中国特色社会主义经济学的理论自信

政治经济学历来是指导我国社会主义建设的理论基础。然而，当历史的年轮走到今天，中国经济社会发展迅猛推进、日益融入国际社会时，用以指导中国社会变革的源于苏联的传统政治经济学，因其固有的根本缺陷而日渐滞后于中国经济社会发展的现实。[①] 因此，有人主张要用新制度经济学改造马克思主义经济学，还有的人提出西方经济学中国化，这是改旗易帜的邪路，这些提法都是理论不自信的表现。我们要旗帜鲜明、理直气壮地坚持马克思经济学的指导地位，对中国理论有高度的自信，在中国特色社会主义经济学的引领下，市场经济持续健康发展，指引中国经济赢得一个又一个的胜利，中国经过30多年的改革开放一跃成为世界第二大经济体，快速摆脱了国际金融危机的影响。中国经济发展之所以成功最重要的是有自己的理论，这个理论就是中国特色社会主义政治经济学。

（二）加强和提高广大党政领导干部政治经济学理论素养

当今的各项工作以经济建设为中心，党政日常工作中遇到的大量经济问题和管理工作，以及社会上的许多矛盾问题都集中表现为经济利益矛盾，只有懂得经济发展规律，才能提高各级领导干部的科学决策水平和管理能力。因此，必须让广大党政干部系统掌握马克思主义经济学基本原理，完整准确理解中国特色社会主义政治经济学相关理论，能够用中国特色社会主义政治经济学的立场、观点、方法去分析和解决实际问题。为此，各级党校和行政管理学院增加马克思主义政治经济学和中国特色社会主义政治经济学的教学内容，提高各级党政领导干部的经济理论素质和研究水平。

（三）改进和完善政治经济学课程设置

马克思主义政治经济学是中国特色社会主义政治经济学的理论基础和活的灵魂。因此，在高等学校恢复和重视马克思主义政治经济学课程。鉴于不少高等学校经济类和思想政治教育专业取消了政治经济学课程，公共政治理论课削弱政治经济学的内容，中宣部和教育部颁布的教学计划应当把政治经济学列为必修课。财经类专业大学生都应恢复开设政治经济学课程，同时还应开设《资本论》选读课程，在大学生公共政治理论课中，要

---

① 江俊文.当前中国政治经济学若干问题探析［J］.川北教育学院学报，1997（1）：1-4.

及时将中国特色社会主义政治经济学最新理论成果进课堂、进头脑，让大学生对中国特色社会主义政治经济学有一个基本的认识。

（四）重视政治经济学教材编写

中国特色社会主义政治经济学作为一门科学必须有一个科学的理论体系。要集中力量搞好教材建设，编写出高质量的教材，政治经济学教材要充分吸收政治经济学发展的前沿研究，着力总结马克思主义政治经济学中国化、时代化、大众化的最新成果，充分反映中国特色社会主义经济发展的实践和经验。注重采用中国事例阐发理论，运用基本原理说明中国实践，力争在结构和内容上有所突破与创新，为中国特色社会主义政治经济学的发展提供新的生长点。

（五）加强师资队伍建设

有一支较强的师资队伍，是中国特色社会主义政治经济学教学和宣传取得良好效果的保证。当前马克思主义政治经济学教学队伍流失严重，不少马克思主义政治经济学出身的学者或者转向应用经济学，或者转向西方经济学，马克思主义经济理论研究成果发表比较困难。鉴于此应该大量培养马克思主义政治经济学教师队伍，增加投入，加大科研经费支持，吸引和造就一批学术造诣深厚，有国内领先水平的领军人才，培养和支持一批学术基础扎实、具有突出的创新能力与发展潜力的杰出人才从事中国特色社会主义政治经济学研究，建成一支数量适中、结构合理、素质优良、富有创新精神的中国特色社会主义政治经济学教师队伍。

中国特色社会主义经济学是马克思主义政治经济学在中国的新发展，是马克思主义中国化的结果。中国特色社会主义经济学是中国独有的创新理论，诞生于中国、发展于中国、服务于世界，具有中国特色，彰显时代精神。从"加强教学与研究"到"学好用好政治经济学"，到"不断开拓当代马克思主义政治经济学新境界"，再到"坚持中国特色社会主义政治经济学的重大原则"，体现了我们党高度重视马克思主义政治经济学的学习和运用。我国几代人对中国特色社会主义理论的长期探索为形成中国特色的政治经济学话语体系创造了历史机遇和有利条件，而坚持以马克思主义为指导，立足于我国国情，开创中国特色社会主义政治经济学新局而，则需要当代中国经济学人贡献更多的智慧。

参考文献

［1］马克思，恩格斯.马克思恩格斯选集［M］.北京：人民出版

社，1995.

[2] 马克思. 资本论 [M]. 北京：人民出版社，2004.

[3] 张宇，邱海平. 中国政治经济学发展报告（2014）[M]. 北京：经济科学出版社，2015.

[4] 张宇，邱海平. 中国政治经济学发展报告（2010）[M]. 北京：经济科学出版社，2013.

[5] 赵海瑞. 中国建构新政治经济学的实质 [J]. 河北经贸大学学报，2014（5）.

[6] 赵坤. 中国特色社会主义经济理论体系对马克思主义政治经济学的发展与创新 [J]. 经济研究，2013.

[7] 杨承训. 中国特色社会主义政治经济学的理论溯源和生成背景 [J].毛泽东邓小平理论研究，2016（2）.

[8] 刘雅静. 中国特色社会主义政治经济学的八个核心概念 [J]. 调查发现，2016.

[9] 江俊文. 当前中国政治经济学若干问题探析 [J]. 川北教育学院学报，1997（1）：1-4

作者：王桂林（重庆市《资本论》与社会主义市场经济研究会常务副会长）

通讯地址：重庆市重庆师范大学大学城校区汇贤楼马克思主义学院

邮编：400047

发展经济学的新进展

——五大发展理念解读

李欣广

【 广西大学商学院 】

[摘要] 一国中短期的发展，与战略机遇期、国际产业转移新动向、经济常态等国内外经济政治背景有重大关联。中国经济发展的背景已有新变化，由此认识发展面临生态、经济、社会、科技四个维度的难题。创新、协调、绿色、开放、共享，这五类发展都是体现四大维度的中国经济发展新理念。它们分别主要联系着产业之间、城乡之间、人与自然之间、国际分工、共同富裕的经济关系。从带有中国国情的尚未发达地区的角度，分别阐述了五大理念下若干经济发展工程：以生物资源开发引领地方经济发展，建设社会主义新农村，"一个废弃处理，两个资源利用"，农业"走出去"，旅游与文化产业发展。

[关键词] 五大发展理念 经济政治背景 四个维度 经济发展工程

以习近平同志为总书记的党的十八届中央领导集体，近来就中国经济发展提出了一系列新理念。在实践上，成为我国转变经济发展方式、推进经济结构战略性调整的指导思想；从理论上，丰富和发展了发展经济学。对后一方面的阐述，本文做出如下尝试。

一、对一国中短期发展与国内外经济政治背景相互关联的新视角

一国中短期的发展与国内外经济政治背景有重大关联，经济学界历来重视对一国发展背景的观察。党中央提出的新理念，则对发展背景做出新概括，用新视角来观察发展与背景的关联性。

1. 战略机遇期

在党的十六大报告首次提出"战略机遇期"这个概念。战略机遇期主要是指国际国内各种因素综合作用形成的、能为国家经济社会发展提供良好机遇和境遇，并对其历史命运产生全局性、长远性、决定性的影响的某一特定历史时期。在战略机遇期当中，不仅有机遇和有利条件，也有风险和挑战。

战略机遇期的内容是会变化的，中国在世纪之初与当前的战略机遇期的内容就有差别。自21世纪第一个十年之后，全球经济进入一个"双重现象"叠加的局面。一方面，发展中国家特别是具有新兴工业化特征的国家，经济增长速度大于发达国家，前者在世界经济中的分量上升，后者的分量下降；另一方面，发达国家的比较优势正在重返制造业、资源采掘业，其基础就是提升知识、技术实力，由此在循环经济、低碳经济等领域开辟出新的优势。发展中国家经济总量与增长速度良好局面下可能潜伏着忧患，其劳动密集型的工业竞争优势并不构成对发达国家"后工业社会"的经济结构形成很大的挑战，而自己相互之间的竞争会加剧。发达国家的新优势仍然是支配发展中国家经济的强大力量。

可以断言，全球经济正在进入前所未有的创新密集时代，科技创新与产业创新正在推动经济发展方式的深刻变革与经济结构的重大变化，世界各主要国家都在调动政治、人才、科技、金融等资源来努力解决能源资源、生态环境、自然灾害、人的健康等重大问题，创新能力成为提升国家竞争力的决定性因素。世界产业发展呈现高新技术化、生态化、集群化的趋势，呈现深度融合、链条细分、业态创新的趋势，呈现制造业服务化、服务业知识化趋势。新的市场空间与发展平台正在逐步浮现：①解决世界各种生态危机的技术正在产业化，碳减排成为产业发展的重要目标，节能减排不仅是现有产业升级换代的重要内容，也是带动新产品、新产业发展的驱动力。②信息技术是一个更新快、渗透力强、创新多的门类，其应用场合越来越多，信息技术产业强是国民经济保持活力的重要推手。③新能源正在酝酿重大突破，它将成为新一轮科技革命的核心。以信息技术广泛应用跟能源系统相结合的"智能电网"将成为继信息高速公路之后的又一个带动全球经济增长的动力源。④生物技术虽然在艰难前行，但前景广阔。

由此看来，对于中国的经济发展，已经不再是凭借传统比较优势来承接国际产业转移、扩大制造业规模、成为世界制造基地了，而是适应科技创新与产业创新的前沿趋势，通过创新来进行产业转型。中国应当增大的经济与产业分量，绝不是现有的制造业规模，而是创新带动的生态化、信息化、新能源、生物性的增长空间，否则，我们得到的就不是进一步发展的物质基础，而是经济包袱。

2. 国际产业转移的新动向

国际产业转移是 20 世纪中叶以来显著的国际经济现象。

国际产业转移开始有新的内容，发达国家的跨国公司不断将非核心的生产性服务环节：后勤财务、研究开发、软件设计、经营管理、办公支持、售后服务等，外化为贸易项目外包。跨国投资需要贸易、金融、保险、通讯（包括电信）、物流等生产性服务业提供支持。21 世纪以来，金融服务、运输服务、通讯服务、信息服务和商业服务等生产性服务已上升为国际服务贸易的主体。新兴经济体能够从服务外包的方式中，取得更好的劳务输出成效。

3. 经济常态

习近平总书记去年 5 月份到河南考察的时候，首次提出我们国家经济进入到一个新常态。所谓新常态，就是经济发展进入新的状态当中，出现与原有不同的特点。认清了这个变化，才能认识经济运行的新特点，有针对性地采取新的对策，而不至于墨守成规、脱离现实。

自去年以来中国经济新常态从现象上看是 GDP 增长速度告别两位数，经济潜在增长率下降，背后原因是促进经济增长的因素发生了如下变化。

（1）中国经济以往是以工业为基础、以出口为导向的。随着世界经济陷入低速增长，出口高速增长难以为继。沿海发达地区出口企业遭遇市场需求不足。

（2）中国经济增长的劳动力供给条件发生了变化。以往的城乡二元结构意味着农村劳动力供应充足，价格低廉，城市较高的生产率能提供相比农村更高的劳动收入。现在情况不同了。2012 年的调查数据显示，农村 25 岁以下劳动力已经有 70% 不在农村了，以往供应充足的农村劳动力条件不再具备，结果导致全国性的工资不断提升。中国低成本制造业受到挑战。

（3）中国人口老龄化逐步加重，2014 年 60 岁以上人口占总人口的比重已经超过 15%，老年人口比重高于世界平均水平，14 岁以下人口比重低于世界平均水平，劳动年龄人口开始绝对减少，这种趋势还在继续。老龄化社会意味着储蓄率下降，也就意味着投资来源的下降，以往投资驱动型的经济增长难以持续。

（4）资源环境条件日渐紧张，节能减排已经是大势所趋。我国的土地资源、水资源、能源都紧张，60% 的石油需要进口。而雾霾的大面积发生逼使工业与交通做出重大改进。

只有适应上述经济的新常态，才能合理地筹划经济增长的速度目标，把握在经济发展中进行产能过剩化解、产业结构优化升级、创新驱动发展等战略任务，应对经济运行中可能发生的一些风险。

"十三五"规划作为我国经济发展进入新常态后的第一个五年规划，正确地体现了我国经济变化的三大特点：①速度变化——增长速度要从高速转向中高速，②结构优化——发展方式要从规模速度型转向质量效率型，经济结构调整要从增量扩能为主转向调整存量、做优增量并举，③动力转换——发展动力要从主要依靠资源和低成本劳动力等要素投入转向创新驱动。这些变化不以人的意志为转移，是我国经济发展阶段性特征的必然要求。

二、从国内外经济政治背景中认识发展所面临的四个维度

面对上述国内外经济政治背景，联系中国经济发展的新视角，我们看到四个维度应当纳入人们的认识中：

第一个是生态维度，全球性生态危机压力，迫使中国必须从产业规模大而创造价值小的行业转到产业规模小而创造价值大的行业。否则，我们得到的仅仅是制造大国、世界工厂的虚名，而要以自己极大的劳动消耗、资源消耗、环境消耗来生产价值并不高的大量物质产品，我国的自然界肯定不满意，付出巨量汗水的劳动者不满意，国际环保主义者也不满意，何苦而为。

第二个是经济维度，国际市场的动态是：对低端工业品的需求相对较小、而发展中国家发展这类产品的供给能力扩张势头强劲。中国不能停留在与寻求国际劳动密集型产品市场的发展中国家激烈竞争中，而要从原有低端工业品生产大国转向高端工业品生产大国。

第三个是社会维度，中国老龄化趋势下的"人口红利"逐步失去，各种因素推动的生活成本上升拉着工资成本上升，生产要素中的劳动力与土地已不再廉价。面对国内原有的廉价劳动力优势逐步消失，出口产品价格优势对中国没有贸易效益，现有一些产业会流向其他发展中国家，出现不利于国内旧的产业空心化倾向，迫使中国培育新的竞争优势。

第四个是科技维度，从上个世纪末出现的知识经济端倪，预示着世界社会经济与产业的格局重大变化。我国所要面对的上述挑战，在对策上有一个共同点，就是在争取科技进步中抓机遇。在产业领域科技进步的能力强了，就可以实现产业结构升级，增强国际竞争力；就可以改造传统产业，发展新兴产业，在高新技术发展的趋势中寻找到新的经济增长点。

总括这四个维度，我们得到的是综合发展的具体认识。

三、体现四大维度的中国经济发展新理念

创新、协调、绿色、开放、共享，就是习近平总书记在关于第十三个五年规划的建议说明中提出的五大发展理念。其要义与作用分别阐述如下：

1. 创新是引领发展的第一动力

经济发展总有不同阶段，我国现在已经处于"工业大国"状态，生产规模与数量的必要性、可能性越来越降低，生产的效益与质量越来越重要，由此对创新的依托愈益上升。必须把创新摆在国家发展全局的核心位置，培育发展新动力、拓展发展新空间、深入实施创新驱动发展战略、构建信息化、生态化的产业新体系。抓住新一轮科技革命带来的机遇，将优势资源集聚到重点领域，力求在关键核心技术上取得突破。

2. 协调是持续健康发展的内在要求

经济系统越庞大、内部关系越复杂，越需要讲究比例合理、利益平衡。中国这样的经济发展，极为需要正确处理发展中的重大关系，不断增强发展的结构平衡、整体协调。要推动区域协调发展、推动城乡协调发展、推动物质文明和精神文明协调发展、推动经济建设和国防建设融合发展。促进内陆地区特别是中西部地区对外开放。

3. 绿色是永续发展的必要条件和人民对美好生活追求的重要体现

生态平衡对于经济发展，具有基础作用与目标性质。必须坚持节约资源和保护环境的基本国策。着力改善生态环境，从促进人与自然和谐共生、加快建设主体功能区、推动低碳循环发展、全面节约和高效利用资源、加大环境治理力度、筑牢生态安全屏障。

4. 开放是国家繁荣发展的必由之路

生产社会化早已突破国界，利用更广阔地域的资源和市场成为现代国家的必然选择。必须奉行互利共赢的开放战略。着力实现合作共赢，从完善对外开放战略布局、形成对外开放新体制、推进"一带一路"（新丝绸之路经济带+21世纪海上丝绸之路）建设。

5. 共享是中国特色社会主义的本质要求

共产党和社会主义国家发展经济的宗旨，就要坚持发展为了人民、发展依靠人民、发展成果由人民共享。应当从总量与层次上都增进人民福祉，改善二次分配促进社会公平。增加公共服务供给、把更多公共资源用

于完善社会保障体系。明确精准扶贫、精准脱贫的政策举措,实施脱贫攻坚工程、提高教育质量、促进就业创业、缩小收入差距、建立更加公平更可持续的社会保障制度、推进健康中国建设、促进人口均衡发展。突出人民群众普遍关心的就业、教育、社保、住房、医疗等民生指标。保障人民健康和改善环境质量作为更具约束性的硬指标。

四、五大发展理念主要联系的经济关系

1. 创新发展联系着产业之间的关系

高新技术产业化、产业高新技术化,是 20 世纪热烈讨论"知识经济"时提出的口号,现在仍然是经济结构战略性调整的两个重要方面。高新技术产业化是指发展战略性新兴产业,将能够产业化的高新技术有规模地、面向市场地应用起来;产业高新技术化是指传统产业吸收高新技术,进行彻底转型。发展新兴产业,开展产业改造,是经济结构战略性调整的两大任务,也是经济发展方式转变的两条产业途径。

产业需要高新技术作支撑,高新技术只有融入产业才能发挥其优化资源配置方式的积极作用,高新技术只有在产业化演进过程中才能实现自身的价值。高新技术产业作为最具渗透性的产业,容易渗透到其他产业之中,能够带动传统制造业的改造和新兴服务业的兴起。提高产业的竞争力并能有效促进社会就业水平的提高。

2. 协调发展联系着城乡关系

中国现实的协调发展要做两篇文章:一篇是在城镇化当中解决新市民的福利,一篇是城乡均衡发展中使三农问题解决出现新的局面。

所谓新市民,就是转移到城镇的农业人口。按照常住人口计算,我国城镇化率已经接近55%,城镇常住人口达到 7.5 亿,包括 2.5 亿的以农民工为主体的外来常住人口。要使他们在城镇平等享受教育、就业服务、社会保障、医疗、保障性住房等方面的公共服务,不仅要有创新的制度措施,还要大力发展城市的第三产业,尤其是体现公共服务的住房、水电热供应、教育、医疗、养老等的供给。

三农领域的目标,就是在全面推进农业现代化、建设社会主义新农村、培育新型农民方面。我国部分地区正在推进机械化、电气化、专业化、集约化的现代化农业,而其他地区农业停留在自给水平;部分地区农村进入了小康、富裕状态,而其他地区成为"空壳村",经济萧条;部分地区出现具有科学知识、企业家头脑、信息化手段的农民,而其他地区广大农民还是"简单劳动力"。这种正常发展与边缘化并存的局面必须结束。

在乡村要发展起多种类型的现代化农业，发展现代农业的社会化服务体系，发展直接为农民现代化生活需要的非农产业。

3. 绿色发展联系着人与自然的关系

在社会经济方面，通过实行能源和水资源消耗、建设用地等总量和强度双控制，进一步将发展锁在生态经济指标的笼子里，接受资源供应趋紧、环境污染严重、生态系统退化的约束。倒逼经济发展方式转变，提高我国经济发展绿色水平。同时，通过提高知识密集型产业比重，降低矿石原料的产品需求，尽快形成符合低碳经济（以节能、换能、节材的生产方式与生产技术为代表）、循环经济（以物质能量的循环利用、降污减排的生产方式与生产技术为代表）要求的产业状态，来减轻物质资料生产对资源与环境造成的负荷。

4. 开放发展联系着国际分工的关系

中国的产业要提升它在全球分工的地位，尤其是提升本国的制造业在全球生产价值链上的分工地位。中国的产业在资本密集、技术密集和知识密集型等体现科技发展前沿的产品品种上实现有选择的进口替代，增强出口的国际竞争力，就能在进出口贸易上实现主动，优化产业配置。同时，贸易上的成功，为引进来和走出去的主动相结合奠定条件。服务业的引进与输出、农业的输出与引进，都要与资本、技术、品牌、销售渠道的双向流动相联系。中国的企业将在全球化背景下实现开门创新，例如：华为的研发不限于国内，在国外针对不同国家特定的研发资源：在斯德哥尔摩利用移动通信设备方面研发的优势，在硅谷利用硅谷引领全球信息产业的研发优势，在印度用印度的软件人才优势，利用整个全球的研发资源来创新。

5. 共享发展联系着共同富裕的关系

中国要全面建成小康社会，不能建立在两极分化社会的平均数上。农村贫困人口脱贫是全面建成小康社会最艰巨的任务。开展脱贫攻坚工程，实施精准扶贫、精准脱贫，其产业内容包括：支持返乡创业，农工商一体化，发展有科技含量的生态农业。

五、五大理念下带有中国国情的若干经济发展工程

这里所说的"工程"是借助工程学的术语来叙述社会经济中的建设事项，它们像真正的工程一样，有整体的设计与规划、有清晰的目标与路线图，有相互关联的局部构件。鉴于发展经济学主要关注的就是欠发达国家与地区，本节将带有这方面中国国情的事项加以阐述。

1. 创新理念下的经济发展工程

以生物资源开发引领地方经济发展，是顺应当代科技发展潮流、推动部分"老少边山穷"地区提升经济结构的重要方向。生物资源开发主要依靠（广义的）农业。一个地方"以农致富"，在农业文明条件下具备土地肥沃、气候适宜是完全可能的；在工业文明时代，相对于工商业，农业成为弱质产业，发展得好可以脱贫、但难以致富；而从工业文明走向生态文明的进程中，特色农业意味着独特的生物资源开发，有高新技术来支撑、有农工商产业关联来保障，有集约化经营、规模化生产来实施，是可以致富的。比如在大范围的欠发达地区内发展新型高分子材料，边远乡村作为农产品原料生产地，成为产业链条当中的专业化"车间"，在农业科技支撑下生产出质量高、产量高、生产效率高的产品，就可以在经济技术上共同前进。

2. 协调理念下的经济发展工程

党的十六届五中全会通过的《十一五规划纲要建议》中提出建设社会主义新农村，是农村经济社会发展的系统工程。

建设社会主义新农村是一项综合性的任务，包括经济、政治、文化，经济又包括生产关系与生产力。就其经济结构的建设目标来看，就包含在产业（农业与二、三产业）、基础设施（交通、通信、供电、供水）、公共服务（教育培训、医疗卫生、文化事业）、社区管理、居住条件几个方面实现现代化。其中，乡村三次产业是新农村建设的主题，基础设施是新农村建设的基础，公共服务、社区管理是新农村形成的社会保证，居住条件是新农村的外观。而地方政府的投入与当地农民的人均收入提高，是新农村建设的动力与财力条件。

农业现代化首先要集约化经营，其生产关系保障在于：①恢复与构建既能体现社会化生产、又能充分调动农户积极性、主动性的双层经营体制，在保障农户土地承包权前提下促进土地合理流转，向专业户、种植能手、家庭农场等适度集中。②推进农业产业化建设，鼓励建立和改进农民专业合作社，并使之运作规范、机制完善。提高农民进入市场的组织化程度，两种模式的"公司加农户"都要发展起来。一种是双方形成稳固的供销关系，一种是双方形成风险共担、收益分享的经济利益共同体。

在此基础上，在生产力方面力争做到：①促进农产品商品标准化生产，培育市场声誉好的绿色农产品品牌，推进种植方式、地力培护、病虫害防治、机械化生产、生物技术等方面的技术创新。②健全完善农业服务体系，包括科技服务体系、信息与电子商务服务体系、实用人才与技能培训体系、水利灌溉服务体系、机械服务体系、生产资料供应体系等。③改善乡村生活条件。有规划地开展可行的乡村村容村貌建设，引导农民做好乡村布局规划，实现道路畅通、水流畅通、屋舍错落有序、居住条件改善、环境卫生良好、满足电力自来水通讯新能源的供应。

近十多年来，部分地方过热的城市化打断了城乡一体化的进程。由于农村优质劳动力大量外流到城市，农业生产严重缺乏劳动力，土地撂荒，山林无人护理，村内的家庭经营萎缩不振，农村的政治、社会、教育、文化各项事业均受影响。原有贫困地域现象面临被固化的趋势，已经能够使地方脱贫的产业实力重新丧失。农村经济空壳化是近十多年来新农村建设的主要障碍。

各县应启动一项农村调研工作，对所有乡村进行摸排，分出三类乡村：萧条村、维持村、发展村。萧条村的特点是劳动力状况呈现"空壳"，大部分农业劳动力外出打工，留守村里的主要是老弱病残、儿童，村内的生产呈萧条状态，不能维持村内人口的生活，主要依靠外面打工挣钱的收入转来养活村内人口。维持村的特点是劳动力当中相当大的比例外出打工，但本村的农业生产尚能维持，只是创业发展处于薄弱状态，经济开发不火，人均收入难以递增。发展村劳动力当中主要力量留在本村开展生产，农业商品生产有所发展，非农产业因地制宜，开发、创业活动较为活跃，人均收入逐年增加。弄清农村的以上状况，分别采取有效对策，致力于"消灭"萧条村、推进维持村、提升发展村。如：①鼓励务工农民返乡创业。②盘活农村土地资产，开发本地生物资源，引入外界资金技术，发展经济效益好的新项目、新产业。③发展乡村旅游业，包括景点开发、以"农家乐"为代表模式的旅馆餐饮业、融观光、体验、尝鲜于一体的"旅游农业"。同时，搞好工商经营管理和服务，规范农民企业经营，使之保持生命力。

为增强新农村建设的产业基础，一方面继续应用与积累多年来的经验，夯实与创新农业商品生产，发展各地有特色的农业产业。一方面发展适合乡村层次的二、三产业。发展满足本村或邻近村屯的生活服务业，发展医疗、教育、文化、信息服务事业。

3. 绿色理念下的经济发展工程

"一个废弃处理，两个资源利用"，是生产与生活相结合的社会大循环经济的工程，体现了经济、社会、生态三个维度的结合。

"一个废弃处理"，主要是将环保产业视为新的基础产业。在城市建设中，打造"城市静脉"系统，将废弃物（垃圾、粪便、废水）转化为沼气生产与有机肥料生产的原料来源。

"两个资源利用"，一个是发展城乡一体化的沼气产业。沼气是可再生能源，规模化生产的沼气，可直接作为燃气，也可用于发电、产生二次能源。能源替换——逐步用新能源替换传统的化石能源，必定是社会经济转型的主战场之一。

另一个资源利用是生产有机肥料，废弃物生产沼气之后的沼气渣，以及直接处理的有机废弃物，可以经过工业技术，转化为不脏不臭的有机肥料，直接用于发展生态农业，替代化肥。

4. 开放理念下的经济发展工程

农业"走出去"就是这样一个有前景的工程。通过农业"走出去"，将中国的农业技术与经营能力与别国的农业资源结合起来，共同增加粮食产量，对内外的粮食安全均起到良好的作用。农业"走出去"的可选择地方有东南亚、南亚、非洲，当前最有发展空间的是非洲。发展中非农业合作，根据"资源转换"原则为非洲农产品、特别是粮食提供市场。让非洲国家以粮食出口回报中国的实物和技术投资，其双赢的意义不言而喻。中国农业"走出去"是要靠农业技术与经营能力作为投资。由于种种原因，我国农业发展远远滞后于工业与服务业，影响农业领域的人才与技术、管理经验的积累。推动农业"走出去"，促进农业技术、管理、人才的应用与发展，起到保留这些先进要素的作用，还可以返回本国支撑农业兴旺繁荣。

农业"走出去"要充分发挥传统农业的丰富经验加现代经营方式与农业科技的优势，再加上生态农业的新观念。在生态农业新观念下发展应用生态农业技术与生物能源技术，尤其是沼气开发技术。而对于部分农业生产水平特别低下的发展中国家，只要用好经营管理与先进农业技术，就可以取得显著的增长或品质改进效果。虽然我们自己的现代农业产业实力并不强，自己的农业现代化尚未解决，但只要审时度势，选择适合发展中国家的方式方法，将发展援助与经济合作相结合，根据现有的水平开展农业投资经营是可行的。由农民出身的工业企业家，也有能力返回到现代农业领域，作为农业人才走向世界。

5. 共享理念下的经济发展工程

按照主体功能区的规定，许多地方不能通过高强度的工业化、城镇化来发展，这些地方多半农业也不发达，要使其分享全国经济社会发展成果，发展旅游业是可行的选择。旅游业在生态经济中是发展工业的替代产业。限制工业化、城镇化，其地理条件对于维护"绿水青山"并发挥"绿水青山"优势，加上养生产业，在全国迈向小康社会与老龄化的背景下，这两个产业大有发展空间。再进入人文领域，还可发展文化产业，将当地的地方特色、民族特色的文化资源发掘出来，与旅游业、养生业相结合。当然，专门瞄准旅游客人而营造的文化资源，只能是文化资源开发的少部分（专门针对外来游客而营造的文化形式不一定有长久的生命力），大部分不能依赖旅游业而存在，应当是当地居民自己丰富文化生活的建设，在扎根于本地居民的基础上对外来人产生吸引力。

为此，要建立县—乡镇—村三级大众文化产业链（文化馆、文化站），从县到乡镇、再到村，有辅导、讲授、组织竞赛、展览，排除赢利目的，面向广大群众。内容主要包括演艺、书画、武术、体育等等，发掘整理传统文化遗产并发扬光大，精品成果可推向省市以至全国。此外，面临知识经济走来的趋势，要从中心城市逐步到乡镇，发展以博物馆、图书馆为主导的知识型文化（狭义上的文化可分为娱乐型、演艺型、书画型、体育武术型、传媒型、出版型、知识型等类型）。在地级市尽可能建立博物馆、改进公共图书馆。如果文化能够取代赌博占领人们的精神生活，其无形经济效益不可估量。

论中国农村经济制度暨
模式发展方向
——基于宏观和国家治理的视角[①]

刘明国

[摘要] 中国的农业以及农村经济，现在面临困境。片面的工业化城市化发展战略带来了农业比较收益低，包产到户导致"三农"在社会财富分配中的谈判势力很弱，"三驾马车"理论指导下的发展方式导致国家财政面对农业农村经济衰退而无能为力，个人主义文化以及农业比较收益低又导致我国农村农民无法组织起来。"农村集体合作社+多样化混合经营+政府扶持与计划管理"应该是我国农村经济制度（模式）发展的方向。只有社会主义的生产与文化才能解决中国乃至世界农业所面临的囚徒困境。

[关键词] 中国特色社会主义新型农村经济模式　国家治理　绿色发展

中国农村应该采用什么样的经济制度和经济模式，农业乃至农村经济才能实现可持续发展，关系到我国就业问题能否从宏观上得到解决（避免坠入西方资本主义之人口相对过剩困境），关系到我国粮食安全能否得到充分保障，关系到我国城乡经济结构是否合理，乃至于关系到我国经济是否能实现可持续健康发展（即绿色发展）、中华民族是否能实现伟大复兴的重大问题之一。这是中国特色社会主义政治经济学必须要回答的问题。

---

① 基金项目：2014 年国家社科基金项目"中国特色宏观经济学理论体系研究"（14XKS001）；贵州财经大学与商务部国际贸易经济合作研究院联合研究基金项目"基于绿色发展视角的中国农村经济模式研究"（2015swbzd17）。

作者简介：刘明国，贵州财经大学经济学院教授，中国社会科学院马克思主义研究院博士后，主要研究方向为马克思主义中国化和"三农问题"；联系地址：贵州省贵阳市花溪区大学城 贵州财经大学经济学院，邮编550025；电话18685442060；邮箱329543989@ qq. com。

农村经济制度与模式，不仅涉及农村土地所有制，还包括农村经济的生产组织和经营模式、执政组织对农村经济的有关政策规定（主要是国家财政、金融政策和对外政策对待"三农"的利益导向）。本文立足于实现我国可持续国强民富和国泰民安的国家治理目标，以史为鉴、以他国为鉴，结合时代的特征和我国所面临的生产技术性条件（包括国际环境条件），以探讨我国农村经济制度与模式发展的方向。

一、中国古代农村经济制度（模式）及其启示

有史以来，中国古代农村经济制度，大体经历了氏族部落社会的合作互助制、封建领主社会的井田制、封建地主社会的混合制。① 有人将我国封建地主社会的农村经济制度称为地主制或雇佣制。这种称谓事实上并不是非常确切，因为在我国封建地主社会中，还存在大量的自耕农，而且地主大多将田地租佃给农民，自己只留一小部分田地让"长工"和家人耕种。

在生产技术水平极低的条件下，在人类社会关系刚刚开始形成，而且社会关系还非常简单的氏族部落社会，人类主要从事原始的渔猎采集和简单的农业生产活动，合作互助是他们唯一能够实现种族可持续发展的制度安排。

随着社会生产技术的进步（如夏代之青铜技术）和人口的增多，在中国华夏大地生活繁衍的部落不断壮大，部落之间为了争夺自然资源的战争就开始了。一个脱离生产的武装军事集团开始形成，并与氏族首领们合在一起形成统治集团。由于中国疆域广大、地理复杂，高度集权的两极分化社会并不利于国家治理，所以，封建领主社会逐渐成形，中国古人创造了与当时生产技术条件和崇尚王道文化相适应的井田制。

《孟子·滕文公上》载："方里而井，井九百亩，其中为公田。八家皆私百亩，同养公田；公事毕，然后敢治私事，所以别野人也"。[1]《春秋谷梁传》载，"井田者，九百亩，公田居一"；《诗经》载，"雨我公田，遂及我私"。[2]

井田制，既有利于封建领主对领地的管理和保卫，又有利于调动农业生产者的积极性发展生产，钱穆称之为"耕稼民族的武装开拓与垦殖"[3]的一种制度安排。

"中国古代的井田制经过春秋战国而趋于解体，最后以秦始皇三十一年（公元前216年）颁布法令'使黔首自实田'为标志。春秋战国时期，

---

① 注：此处所指混合制，是指农村土地所有制既有国有也有私有、农业生产经营组织模式既有佃农制也有自耕农制、经营范围是农工商混业经营。在氏族部落社会，由于尚无相对独立的城市经济，所以农村经济制度也就是其社会的经济制度。

王室土地渐渐被诸侯瓜分，名义上属于天子的国有土地被私人占有，土地私有制出现；以及生产工具的变革、牛耕的推广、兴修水渠灌溉条件的改善、人口增加和耕地面积的大大增加，使得社会经济进入了一个空前的自我促进（生产发展——人口增加——生产发展）的快速发展阶段。经济的发展直接导致了对上层建筑变革的要求，以至于导致持续了几百年的诸侯混战，而在这过程中，大批对领主具有依附性的农民（邑人）的地位通过战争得到提高或者在战争中死去，同时脱离领主土地的自耕农由于技术进步也通过荒地的不断开拓而增多（中国广袤的疆土为他们提供了这样的空间），井田制逐渐土崩瓦解。"[4]

"中国古代随着井田制的解体，逐渐形成了土地国有和私人所有制并行前提下的佃农制和自耕农制（作者称之为混合型农村经济制度），持续了两千多年，并为中国灿烂的封建文明奠定了坚实的经济基础"；西方学者称之为"传统小农经济"；但恰恰是这个"传统小农经济"，是有史以来最富有生命力的农业经济制度。[5]

然而，中国封建地主社会的农村经济制度并不局限于这两个方面的内容——土地所有制和农业生产经营组织模式，它还包括政府对"三农"的赈济、反土地兼并等政策（虽然在不同的朝代，执行的程度不同，但作为一种制度却是存在的）。

刘明国等通过对中国封建地主社会的农业生产模型和美国现代农业生产模型的比较，论证了中国传统农业生产组织经营模式的科学性，他们认为：

"与中国的小农经济相对照，资本主义商品化生产的脆弱性显而易见：'不增长'就要'破产'（而市场的有限性却总是限制着它的增长），生产资料价格、工资、地租、货币资本利率的提高都可以导致它亏本破产，更不要说资源环境引发的经济增长极限了。世人所推崇的美国现代农业，如果不是政府巨额的补贴和完备的风险保障制度，同样也会因为产品相对过剩而破产的。"

"玉米价格的变化、生产成本的变化都显著地影响美国现代农业再生产的可持续性，只有在价格行情好、产量好、生产成本又处于低位时才能保证盈利。然而，这三者都不是农场主自己可以左右的。如果说，自给自足传统农业的再生产能否持续主要受限于自然条件和生产成本中的租、税两个因素的话，那么，制约美国现代农业再生产能否持续的因素就远不止这两个因素。美国机械化商品化的现代农业，在肥料、种子、燃料动力的供给日趋被少数寡头垄断的情况下，在市场风险的危及下，其可持续发展能力可以说彻底丧失了，以至于必须依赖政府补贴再生产才能得到持续。"

"总之，中国传统的以自给自足为特征的佃农制和自耕农制并不是一个脆弱的经济结构，而是在人多地少（包括人口总量规模大）、没有足够大外部工业品市场的条件下一个具有科学性的、先进的农业生产经营制度。"[6]

中国的混合型农村经济制度，一直延续到民国。从上述中国古代农村经济制度的演变，我们可以得到以下启示：

第一，影响农村经济制度的，不仅有诸如国家疆域大小、土地资源多少、人口多少、生产工具、外部环境等生产技术性条件，还有社会的主流文化。文化，作为一个存在于人类内心深处的客观条件，在历史演变的长河中，它总是与生产技术条件一起发挥着制约的作用。

第二，中国未来农村经济制度与模式的构想，必须要考虑农民现在所推崇的文化。如果中国当今的农村青年们，大多是由个人主义文化所主导，那么，像下文所谈及的以色列的农村合作社或者是回归中国计划经济时期之合作社和人民公社，就很难想象能实现的。

二、日韩和以色列等农村经济制度（模式）及其启示

在当今世界，除了以美国为代表的"家庭农场+规模化机械化商品化+政府扶持"农村经济制度与模式外，比较有代表性的，还有日韩和以色列的农村经济制度暨模式。[7]

1. 日本、韩国和以色列农业生产的主要特征

与美国不同，农业自然条件差，是日本、韩国和以色列农业生产的主要特征之一。日本和韩国的耕地绝大部分是山地和坡地，而且人均耕地面积很低（韩国人均耕地面积约 0.55 亩，日本人均耕地面积约 0.53 亩）。[①] 以色列的土地大部分是沙漠，农业生产自然条件更差。

但是，其结果是却是大有不同的，以色列在中东地区是重要的农产品出口国（当然，也进口部分农产品），日本和韩国都是主要的农产品进口国，而且韩国的农产品价格还比较高（以至于吃肉在韩国近年来都成了奢侈品）。

如表 1 所示，1980—2012 年，日本的农产品进口额一直远大于出口额（数据缺失年份，从前后数据变化趋势来看，作者推断不会有大的变化）；2001—2012 年，食品进口额一直远大于出口额，农产品和食品净进口额由

---

① 资料来源：由百度百科韩国条目耕地面积数据和中国经济与社会发展统计数据库（2015年）人口数计算所得。注：韩国的人均耕地面积，亦说人均 493.3 平方米（姜会明，刘连顺. 韩国农业发展与农业政策［J］. 农业经济，1994，（8））：12-14）。考虑到从 20 世纪 90 年代至今，耕地在不断被占用，那么人均 366.6 平方米耕地面积的数据是可信的。不管是 493.3 还是 366.6，这两个数据都说明韩国的人均耕地面积很小。

744.19 亿美元增加到 1 569.09 亿元、年均增长 10.07%；2013 年，农产品和食品进口量仍然远大于出口，只是总量略有下降。

表 1　　　　　日本 1980—2012 年农产品和食品进出口情况　　单位：亿美元

年份	农产品进口额	农产品出口额	农产品净进口额	食品进口额	食品出口额	食品净进口额	农产品与食品净进口额
1980	177.47	9.14	168.33				
1990	286.59	11.65	274.94				
1995	411.81						
1996		17.50					
1997	382.05	16.39	365.66				
1998	347.57	15.58	331.99				
1999	352.80	16.60	336.20				
2000	621.85	43.95	577.90				
2001	345.85	24.80	321.05	453.83	30.69	423.14	744.19
2002	336.27	16.21	320.06	448.47	24.35	424.11	744.17
2003	369.90	17.00	352.90	470.97	22.46	448.51	801.41
2004	414.80	18.70	396.10	527.22	28.28	498.95	895.05
2005	659.47	60.07	599.40	536.54	28.38	508.16	1 107.56
2006	423.30	20.40	402.90	521.19	30.79	490.4	893.30
2007	688.20	75.70	612.50	553.76	34.58	519.18	1 131.68
2008	807.70	83.70	724.00	663.38	38.82	624.56	1 348.56
2009	676.63	78.95	597.68	579.6	38.17	541.43	1 139.11
2010	774.51	101.68	672.83	637.19	54.71	582.48	1 255.31
2012	937.24	108.59	828.65	788.36	47.92	740.44	1 569.09
2013	859.94	107.69	752.25	716.55	42.91	675.64	1 427.89

数据来源：1980—2010 年数据由中国经济与社会发展统计数据库（2015 年）资料整理而得，2012 年和 2013 年数据分别由 2014 年和 2015 年的《世界统计年鉴》资料整理而得。

如表 2 所示，1980—2013 年，韩国的农产品进口额一直远大于出口额（数据缺失年份，从前后数据变化趋势来看，作者推断不会有大的变化）；2001—2013 年，食品进口额一直远大于出口额，农产品和食品净进口额由 121.39 亿美元增加到 406.88 亿元、年均增长 19.6%；农产品和粮食净进口额呈不断扩大态势。

表2　　　　　　　韩国1980—2013年农产品和食品进出口情况　单位：亿美元

	农产品进口额	农产品出口额	农产品净进口额	食品进口额	食品出口额	食品净进口额	农产品和食品净进口额
1980	33.03	6.41	26.62				
1990	64.59	11.45	53.14				
1995	96.73						
1996		16.51					
1997	97.10	18.10	79.00				
1998	67.63	16.56	51.07				
1999	73.20	16.90	56.30				
2000	128.37	42.98	85.39				
2001	82.70	16.00	66.70	80.43	25.73	54.69	121.39
2002	89.58	16.77	72.81	91.28	26.39	64.88	137.69
2003	96.60	19.00	77.60	100.13	27.08	73.05	150.65
2004	106.20	21.30	84.90	112.25			
2005	167.73	52.85	114.88	114.93	31.79	83.14	198.02
2006	123.80	23.60	100.20	129.95	29.87	100.08	200.28
2007				157.71	34.11	123.60	123.60
2008				195.89	40.31	155.58	155.58
2009	210.97	71.63	139.34	161.55	41.09	120.46	259.80
2010	266.14	93.46	172.68	191.34	51.30	140.04	312.72
2012	330.76	126.28	204.48	249.41	65.75	141.04	345.52
2013	333.86	118.05	215.81	252.64	61.57	191.07	406.88

数据来源：1980—2010年数据由中国经济与社会发展统计数据库（2015年）资料整理而得，2012年和2013年数据分别由2014年和2015年《世界统计年鉴》资料整理而得。

如表3所示，韩国在2000—2013年期间，农产品和食品价格不断上涨——农产品生产价格水平上涨了40%有余、食品消费价格水平上涨了约80%。

表3　　　　　韩国 2001—2013 年食品与农产品价格指数

年份	食品消费价格指数	农产品生产价格指数	备注
2001		104	
2002	107.7	106	
2003	112.4	112.9	
2004	119.5	126.7	
2005	128.6	122	
2006	129.2	118.2	
2007	132.4	122.2	价格指数以
2008	139.1	123.2	2000 年为基期。
2009	149.5	130.66	
2010	159.2	144.08	
2011	172.1	150.70	
2012	178.9	156.04	
2013	180.5	144.08	

数据来源：由中国经济与社会发展统计数据库（2015 年）和《世界统计年鉴（2012—2014）》资料整理所得。

但是，日本近年来的农产品和食品价格水平却并没有像韩国那样快速上涨，如表4所示：在 2000—2013 年期间，农产品和食品价格水平基本没有什么变化、非常稳定，而且食品消费价格水平还出现了下降的情况。

表4　　　　　日本 2000—2013 年农产品和食品价格水平

年份	食品消费价格指数	农业产品生产价格指数	备注
2001	101		
2002	100	98.6	
2003	98.2	98.4	
2004	102.6	99.3	
2005	99.8	98.4	
2006	98.2	98.4	
2007	97.2	97.4	
2008	98.5	101.8	价格指数以
2009	101.9	101.9	2000 年为基期。
2010	101.7	101.7	
2011	101.3	101.1	
2012	101.4	105.3	
2013	101.3	108.9	

数据来源：由中国经济与社会发展统计数据库（2015 年）和《世界统计年鉴（2013—2014）》资料整理所得。

　　而在沙漠上建国的以色列的农业，在令世人惊叹之余，还让世人赞美不已（虽然其农产品的进口还是要大于出口），如表 5 所示：1990—2013 年间，农产品出口呈现出增长的态势。

表 5　　　　　　　以色列 1990—2012 年农产品出口情况

年份	农产品出口额（亿美元）
1990	12.89
1999	12.00
2000	11.82
2001	10.40
2002	10.22
2003	11.80
2004	14.30
2005	17.25
2006	
2007	22.50
2008	21.70
2009	21.44
2010	23.06
2011	
2012	24.33
2013	25.88

　　数据来源：1990—2010 年数据来源于中国经济与社会发展统计数据库（2015 年），2012 年和 2013 年数据分别来源于 2014 年和 2015 年《世界统计年鉴》。

　　2. 日本、韩国和以色列的农村经济制度暨模式

　　为什么日本近年来农产品和食品价格水平能保持稳定，而韩国不能？为什么以色列能出口农产品，而韩国吃肉都成了奢侈品？我们可以从其农村经济制度的不同找到一些原因。

　　日本通过明治维新，农村经济制度由封建领主制转变为了封建地主制。第二次世界大战后，在美国占领军的主持下，日本农村经济制度转向了自耕农制度（这一制度的关键，在于规定了每户农民可拥有耕地的上

限，以避免雇佣地主出现）。①

随着 1952 年《农地法》的颁布以及后来（1961 年、1970 年和 1980 年三次）的修改、1961 年《农业基本法》和 1980 年《农用地利用增进法》的颁布，日本农村经济制度大体经历了如下演变：先是"自耕农+农协+政府保护"的农村经济制度（20 世纪五六十年代），后是"兼业雇佣+农协+政府保护"的农村经济制度（1973—1975 年经济危机后至今）。

"自耕农+农协+政府保护"的农村经济制度，使日本农业在 20 世纪五十年代初期得到了很大的发展，稻米不仅实现了自足，而且还有剩余。但随着日本工业在"二战"后的快速发展，在二十世纪五六十年代，日本农民的收入水平比城市居民增长慢——"1960 年，每一农户平均年收入仍仅为 41 万日元，仅比 1950 年提高 93.4%，而同期城市居民的收入水平却提高 1.47 倍"；日本兼业农民开始增多，"1987 年全国从事农业劳动的 1 200 万人中，有 800 万是第二类兼业者（即以非农业为主、农业为辅的劳动者），其中 80% 以上又是雇佣工人"。[8]②

由此，"兼业雇佣+农协+政府保护"的农村经济制度在日本形成。这一制度，既有利于日本农民兼业非农业以提高其收入水平，同时，还不至于导致农业生产衰退。因为农协的存在和政府对农业的保护，使得农业生产本身有利可图、而不是像中国当代农业在很多地方那样是亏损的。日本农协的存在，使日本农民在农资市场和农产品销售市场上不至于处于弱势，避免了中国改革开放期间农业和农民所面临的"小生产与大市场的矛盾"（实际上就是"三农"在市场上的经济谈判势力弱[9]）。而日本政府在财政、金融和农产品价格等方面的一系列保护政策，也使农业生产不至于亏损。

日本实行保护农业的农产品价格制度，很好地应用了中国古典政治经济学的"和为贵最优产业结构理论"和"轻重理论"，并借鉴了中国古人所用的"平准""赈济"政策，大体有以下内容：对大米和烟草类产品实行管理价格制度；对猪牛肉和蚕茧生丝实行稳定幅度价格制度；对马铃薯红薯甜菜麦类实行最低价格保证制度；对大豆油菜籽和加工用牛奶实行差额补贴金制度；对蔬菜、仔猪、牛蛋类和加工用水果实行稳定价格基金制度。[10]

然而，政府对农业的强有力支持，是建立在财政有充分的实力为前提

---

① 注：1946—1950 年，日本土地改革规定（1952 年《农地法》确认）：不在村地主占有佃耕地不得超过 1 公顷（北海道不超过 4 公顷），自耕农占有的自耕地不得超过 3 公顷（北海道不得超过 12 公顷），不在村地主不得占有土地（参见：綦好东，刘明厚. 世界农业经济概论 [M]. 青岛：海洋大学出版社，1991：232-233）。

② 注：从 20 世纪 90 年代开始，中国农民工的形成与此很相似，但有很大的不同——日本的农业并未因此而受到多大的影响，而中国农业却面临粮食安全的危险和农村空壳化的问题。

的。当一国政府不能从非农产业获得足够财政收入时，这种农村经济制度就难以维持了。根据国内著名农业经济学家温铁军的调查，日本近年来也有农户破产。

韩国的农村经济制度在"二战"后，也是经历了一番演变：先是实行"自耕农制"（独立建国后至 1957 年），1957 年后实行的是"自耕农+农协"制；至于政府对农业农民的政策导向，先是任其自生自灭，后是"稍微扶持+提高农产品价格"，在城市居民难以承受农产品的高价时，又加大农产品进口，这反过来对本国农业产生了极大冲击。

比较日韩"二战"后农村经济制度，我们可以发现：

第一，韩国政府并没有真正重视过农业，也未制定并实施过如日本那样的系统的农业保护政策，即使支持农业也主要是涉农信贷和投资（而不是财政上倾向于"三农"的再分配），伴随工业和城市的发展，使得城乡收入分配出现差距，农村人口大量向城市迁移（见表6），出现"老人村""无人村"，年轻人对从事农业生产不感兴趣，农业生产面临危机。

第二，农协的存在，使得日韩农民在市场上的谈判势力地位有所提升，以至于他们可以在社会收入分配中占据有利地位——或通过政府扶持（如日本），或通过提高农产品（如韩国）而获利（这是在农业产出大幅度下降后出现的，而且也主要对地主增收有显著性），但韩国的农协似乎没有日本的力量强。

第三，日本保障了农产品价格的稳定，让城市居民减轻了食品支出负担，却加重了财政负担；[①] 而韩国虽然没有因为对"三农"的政策扶持而加重财政负担（见表7和表8），却让农产品价格大幅上涨，将负担转嫁到城市居民头上了（见上表3）。

---

① 注：日本中央政府公共财政债务占 GDP 比重，从 2005 年至 2012 年，由 144.31%上涨到了 195.99%（资料来源：中国国家统计局官方网站 2015 年公布国际年度数据）。

表6　　　　　　1980—2012年韩国从业人数与农业人口状况

年份	从业人数（万人）	农业、狩猎和林业从业人数（万人）	农业、狩猎和林业从业人口比重（%）	备注
1980	1 368.3	—		
1983	—	—	29.7*	
1990	1 809	—		
1995	2 043.2	241.9	11.84	
1997	2 110.6	227.6	10.78	
1998	1 999.4	239.9	12.00	
1999	2 028.1	226.4	11.16	（1）1983年数据为农村劳动人口占全国经济活动人口比重。（2）1997—2000年，农村人口减少了1 000万人，农业从业人口占全国劳动力总数比重由50%降至8.5%。*
2000	2 116	216.2	10.22	
2001	2 157.2	206.5	9.57	
2002	2 216.9	199.9	9.02	
2003	2 214	187.7	8.48	
2004	2 256	174.9	7.75	
2005	2 286	174.7	7.64	
2006	2 315.1	172.1	7.43	
2007	2 343	172.3	4.00	
2008	2 358			
2009	2 351			
2010	2 383	157.3	6.6	
2011	2 424			
2012	2 468			

数据来源：1980—2009年数据来源于中国经济与社会发展数据统计库（2015年）；2010—2012年数据来源于《世界统计年鉴（2014）》；"＊"数据来源于霍美丽，侯振宇. 韩国农产品流通现状及经验教训［J］. 世界农业，2008（11）：56-60.

表7　　　　　　2011—2013年韩国财政收支情况　　单位：万亿韩元

	2011年	2012年	2013年
收入	270.5	311.5	314.4
支出	258.9	293.0	300.2
盈余	11.6	8.5	14.2

数据来源：中国外交部官方网站公布韩国国家概况（2015年7月）。

表 8　　　　韩国 1994—2011 年中央政府财政盈余占 GDP 比重

年份	中央政府财政盈余 占 GDP 比重＊（％）	中央政府财政盈余 占 GDP 比重＊＊（％）
1994	2.12	1.96
1995	2.45	2.26
1996	2.60	2.40
1997	2.64	2.43
1998	1.25	1.15
1999	1.33	1.21
2000	4.37	4.15
2001	2.72	2.58
2002	3.64	3.45
2003	1.71	1.61
2004	0.1	0.09
2005	0.91	0.86
2006	1.14	1.07
2007	2.32	2.17
2008	1.64	1.52
2009	0.02	0.02
2010	1.65	1.53
2011	1.82	1.69

数据来源："＊"和"＊＊"数据分别来源于中国国家统计局官方网站 2015 年和 2016 年公布国际年度数据。

　　以色列农村经济制度，除了政府大力扶持外，最值得称赞的是其生产组织模式——土地国有制下的农村合作社。以色列合作社的存在，关键之处有两点：①以色列人的先驱在建国前形成的"不想被人剥削、也不想剥削别人"的平等文化，正是这种文化的存在，避免了农村出现两极分化，从而有助于农村劳动力的稳定（物质形态之人力资源因素能得到足够补偿）；②提高了农民在农资市场和农产品销售市场上的谈判势力（再加之政府的大力扶持），使得以色列农业不至于亏损乃至衰落（价值形态上能得到足够补偿）。当然，以色列非农产业能从国际贸易中获得利润，也是为其财政扶持农业提供了强有力的后盾。

3. 启示与扩展讨论

从上述以色列和日韩"二战"后农村经济制度暨模式的介绍，我们可以得到以下启示：

第一，片面的工业化和城市化，会导致农业比较收益低，进而会使农业衰退、农村空壳化；在工商金融业面前，农业处于弱势，尤其是在商品货币化程度非常高的今天，农业相对于工商金融业的弱势更是明显。[1]

第二，自由市场——让农产品涨价来促进农业生产——不仅无法实现农业可持续发展，而且也无助于安民；[2] 通过进口来平抑农产品价格的做法，更是无助于本国农业可持续发展的；若采用国家再分配的手段，那么财政负担加重就是难以避免的。

第三，为了实现国泰民安的国家治理目标，执政组织在农产品价格和财政负担之间需要找到平衡点——既要让民众能够过上小康生活，也要让国家财政可持续。这其实又涉及国家财政在不同产业、不同群体之间进行收入再分配的能力和尺度，以及中国特色社会主义财政在性质上和职能上的定位。[11]

第四，人口的自由流动不利于农业生产的可持续发展，农村合作社的存在是未来农业生产经营组织模式发展的方向，否则，无法解决日韩当前农业生产所面临的困境。

农业面临困境，不仅是日、韩、美等国如此，印度这个人口大国和农业大国也是如此。据报道，印度从 1995 年至 2014 年这 20 年来，有 29 万农民自杀，文中记载了印度农民悲惨的生存状况：

"债主 2010 年借给姆素古拉的丈夫 800 美元，但收取的年利率却高达 24%，4 年来，利滚利，这笔债现在达 6 500 美元。姆素古拉的丈夫两年前上吊自杀。由于受干旱影响，再加上无钱灌溉农田，姆素古拉根本无法取得好收成，无钱还债。在医院进行检查时，医生称她可能很快就会精神崩溃。"[12]

该报道清楚地揭示了印度农民自杀的直接原因："收入锐减和农产品价格相对下降是印度农民自杀的重要原因。与此同时，气候、自然灾难导致作物减产也是农民面临的困境之一。"[13] 2015 年印度农民自杀在继续，

---

① 注：类似的观点，其实早在战国时期，商鞅就已经注意到了。他在《商君书·外内》说道："民之内事，莫苦于农，农之用力最苦而赢利少，不如商贾技巧之人"（转引自：胡寄窗. 中国经济思想史简编 [M]. 北京：中国社会科学出版社，1981：111）。

② 注：中国改革开放时期，政府不断提高农产品价格，既未能扭转农民比较收益低的收入分配格局，也未能使得农业可持续发展，也说明了这一点。

仅 1-6 月马哈拉施特拉邦就有 1 300 人自杀，大有超过 2014 年记录的趋势。[14]

从下文看，中国这个发展中的人口大国在改革开放期实行重工主义，也遭遇了同样的难题。实际上，这并不是现在才出现的问题，早在十七十八世纪的法国、十八十九世纪的英国，在其实行重工主义时就已经出现了。这是一个具有时代性的世界性难题，即工业化城市化时代的难题。

三、中国当代农村经济制度（模式）的演变及其启示

1. 我国当代农村经济制度（模式）的演变

在新中国成立后 60 多年的历史里，中国农村经济制度发生了剧烈的变化，先是计划经济时期由封建混合型农村经济制度向互助合作社、最终向人民公社的转变，后是改革开放时期，由人民公社向"集体和家庭双层经营制度"——实际上主要是（政府扶持下的）家庭联产承包责任制——转变，及其向以"兼业雇佣＋政府局部补贴"为主的"双层经营制度"转变。

新中国成立之初，为了实现劳动力与生产资料的充分结合，为了实现社会财富分配的平等化（共同富裕），为了实现强国的目的，中国在共产党人的领导下选择了农村生产资料集体所有制下的互助合作制和人民公社制。这种以公有产权、计划生产和平等分配为特征的农村经济制度，虽然其间也因为管理和计划制定不科学等原因出现了一些挫折，农民也为国家建设做出了巨大的贡献乃至牺牲，但从最后的结果来看，上述三个目的在总体上是实现了的。

进入改革开放时期，为了充分提高农业生产的效率，中国选择了"家庭联产承包责任制＋政府扶持"为主的"双层经营制度"。① 这一制度安排，实事求是地说，确实极大地提高了中国农民的劳动热情（一方面农民享有了农业生产的剩余索取权，另一方面政府扶持保障了农民在相对和绝对两个方面的收入水平显著提高），再加之一系列先进农业技术的应用（如杂交水稻等优良品种、化肥的大量使用、农药农膜的使用等），我国的农业生产在改革开放初期（大约在 1979—1985 年期间）出现了爆发式的增长（尤其是在南方稻区）。

但是，中国农业生产在改革开放期间的快速增长，很快就面临了瓶

---

① 注：其间的政府扶持，主要表现在以下几个方面：第一，大幅度提高农产品的收购价；第二，限制农资涨价（仍然是计划生产和行政定价）；第三，出口多余农产品；第四，农村人口的教育医疗等公益事业仍然是国家保障。

颈：一是，在 1984 年和 1985 年，我国出现了卖粮难的问题，这是遵循物以稀为贵和弱肉强食的市场机制所无法避免的问题；二是，随着城镇集体企业的改制，工业产品定价市场化，农资等工业产品价格大幅上涨（1988年还出现了商品抢购潮），农业生产成本和农民消费成本提高，农业比较收益降低；三是，伴随 1992 年我国沿海地区出口加工业的大发展，以及后来的全国范围内的工业化城市化发展，农业比较收益长期低迷，农村劳动力开始大规模向城市流动。

由此，中国农村经济制度开始了新的变化：一是，政府在"国家财政难以承受保护价收购粮食负担"的理由下（国家财力都去补贴出口加工业和填补国企亏损了），实行"粮食管理部门的顺价销售"政策——低价（从农民手里）购进高价（向城市居民）卖出粮食，计划经济下的"粮站"被"国家粮食储备库"所替代，政府对农业生产的扶持本质上被取消（虽然各种扶持重视农业的政策依然频出），直到 2006 年取消农业税并对粮食主产区实现直补（2004 年直补政策就已经开始）才有所改变；二是，一部分农民工成为兼业农民，实现"以工补农"；三是，一部分农户转移到城市，农村耕地出现集中化（但农业雇佣制在农业比较收益低的局面下，仍然处境艰难）。[15]

中国目前所面临的农村经济制度，与日本的"兼业雇佣+农协+政府扶持"制有相似之处（都有农民兼业和农业雇佣的现象），但是有很大的不同：第一，中国没有日本的农协，中国农民在市场上谈判势力很弱；第二，日本对农业生产的扶持是全方位的和强有力的，中国对农业的补贴是象征性的和局部的（甚至在 2006 年农业税取消前相当长一段时间内，我国农民还有较为沉重的税费负担）；第三，中国大量农村青年转移到城市，农村出现了"空壳化"、农村已经出现了劳动力的季节性不足，而日本却没有出现这种现象（这跟日本农业收益较高且较为稳定有关）。

中国目前的农村经济制度，已经招致了众多学者的质疑和批判，主要焦点在于：一是农业比较收益低，不利于内需的增长和农村人口全面实现小康；二是粮食安全问题凸显；三是农村空壳化带来的老人赡养和孩子抚养等社会问题；四是大量农村劳动力向城市流动带来的一系列城市病（如城市公共资源紧张、城市就业难、城市社会治安恶化、城市垃圾与污染等）；五是农村资源的闲置和房屋等资产的空置；六是农产品价格上涨带来的隐患（要是出现韩国那样连大学教授都"吃不起肉"，那国家治理就是失败）。

这给我们以下两个重要的启示：一是，在国家治理中，微观生产效率要与宏观效率统筹兼顾，不能为了前者而轻视后者；二是，市场微观上的调节要与政府宏观上的调控相辅相成，不可偏废；三是，政府具有在不同产业之间进行收入再分配、以期实现各产业可持续健康发展的职责。

2. 中国当前农村经济事实上陷入了困境

片面工业化城市化发展战略带来了农业比较收益低，包产到户导致"三农"在社会财富分配中的谈判势力很弱，"三驾马车"理论指导下的发展方式导致国家财政面对农业农村经济衰退而力不从心，个人主义文化又制约着中国农村走集体合作化道路、进而无法提升其谈判势力。

片面的工业化城市化发展战略，本身就是与农业、农村经济可持续发展（更别说进步）相冲突的，它必然要牺牲"三农"利益的。挖肉补饥、寅吃卯粮的凯恩斯主义的发展模式，本身就让国家财政负债累累，出口加工业要补贴，"保增长"要负债大兴土木、要补贴企业，国家财力大部分投入到了城市非农业和非农民手中，哪里还有力量来扭转农业乃至农村经济比较收益低的局面。

更重要的是，包产到户使得中国农民一盘散沙，他们不仅不能抬高农产品价格来获利，他们也根本不可能左右国家的经济决策，更不可能让国家政策走向真正重视农业的道路上来。"三农"的弱势，不仅体现在经济谈判势力上，还体现在政治谈判势力上。包产到户，让计划经济时期的人民公社解体了，但是类似于中国古代的地主乡绅阶层却没有形成，中国社会组织结构在城乡之间和农工商服之间的平衡被打破了。①

从这个意义上讲，要实现我国农业乃至农村经济的可持续发展，必须重建中国乡村组织，不仅要提高他们在经济上的谈判势力，还需要提高他们在政治上的谈判势力（美国要是没有诸如布什家族这样的大农场主，美国农民要想获得国家财政巨额的补贴，恐怕也是困难的；日本要是没有组织程度高的农协，农民要想从国家获得巨额的补贴，同样是难以想象的）。[16]国内著名农业经济学家贺雪峰等，也认识到了这一点。[17]

四、中国农村经济制度暨模式向何处去

1. 对中国农村经济制度暨模式发展方向观点的述评

（1）两种主要的观点、"四大派别"与简要点评

就目前而言，我国学术界对中国农村经济制度（模式）的发展方向主要有两种观点：一是模仿欧美国家的农业生产规模化、机械化、商品化和

---

① 注：此处的"服"，是指包括金融业在内的服务业。

土地私有化（又称自由市场派和现代化派）；二是回归农村集体合作制。这两者之间有本质的差别，后者是立足于共同富裕之社会主义，前者是立足于一部分人富有之资本主义。第一种观点以西化派人士为代表，邓小平是第二种观点的代表。

1990年，邓小平就提出了"两个飞跃"的理论，明确指出："中国社会主义农业改革和发展，从长远的观点看，要有两个飞跃。第一个飞跃，是废除人民公社，实行家庭联产承包为主的责任制，……第二个飞跃，是适应科学种田和生产社会化的需要，发展适度规模经营，发展集体经济。"[18]

1992年，邓小平进一步强调了"两个飞跃"的理论："农业要有两个飞跃，一个是废除人民公社，再一个是将来走到新的集体化。社会主义经济以公有制为主体，农村的集体所有制，也是公有制的范畴。"[19]

除了从利益立场的不同来划分的上述两种主要观点外，贺雪峰认为我国当前"三农"政策中存在"三大派别"，即自由市场派、小农经济派、主流政策派（又称"适度规模经营派"）。[20]也还有人认为，严海蓉等人的观点算是我国"三农"政策中的第四大派别——"阶级分析派"。[21]

贺雪峰所谓的"主流政策派"或"适度规模经营派"，本质上是上述第一种观点与"小农经济派"的折中。"阶级分析派"也不过是对现存现象进行了一番描述和解释，对中国未来农村经济发展方向究竟该往何处去的问题，却未深入探讨。

贺雪峰为代表的"小农经济派"认为：第一，通过"生产环节的基本公共品由地方政府或村社集体提供"，以及结合发展"庭院经济"，"老人种粮为代表的小农经济"能够发挥出"极大活力"；第二，进城农民工，一方面可为"中国制造"提供"可靠的廉价劳动力"，另一方面还有利于农民致富；第三，这种小农经济的存在，"为应对经济周期提供了强大的农村稳定器和蓄水池"；第四，小农经济还降低了国家在社会保障上的压力，进而有利于"中国制造"向"中国创造"转变。[22]

（2）对上述观点或派别的进一步评析

从新中国成立以来的实践来看，我国在计划经济时期的农村集体经济，也在机械化方面大有长进（但在改革开放初期，诸如贵州等丘陵山区的农业机械，几乎被荒废弃用了），现在我国平原地区农业机械化程度其实已经比较高了，如东北地区、河南河北地区、两湖地区、新疆和陕西关中地区等。

随着我国农村劳动力不断向城市转移、农村劳动力缺乏，贵州、四川等山地坡地和丘陵地区农业机械程度近年来有所提高，但这些地区的农民更多选择的是抛荒，而不是选择以机械代替劳动力。事实上，在中国诸多的山地坡地和丘陵地区，在农业生产比较收益低下的前提下，即使用机械来代替劳动力可以节省部分成本，但仍然不能扭转务农不经济的处境（这存在一个断崖式的补偿空间）；更别说，对于那些一家仅仅只有几亩分散的薄地的农户而言，用机械代替劳动力本身就是不经济的情况了。

机械化的前提是生产的规模化，而商品化又是生产规模化的必然结果。就是美国农业之高度机械化、规模化和商品化，也不能改变农业在当代社会财富初次分配中的弱势地位，也无法改变"多收了三五斗"的命运，没有政府的补贴扶持依然不能可持续发展。我国当前诸多种植规模稍微大一点的农户，如没有政府补贴，依然难以可持续发展。[23] 20 世纪 90 年代以来，搞得轰轰烈烈的农业产业化——本质上就是农业生产规模化商品化，也并没有有效解决我国的"三农"问题。[24]

至于土地私有化导致的土地兼并，在中国历史上可谓比比皆是，而土地兼并带来的危害更是众所周知的（尤其是对中国这样的人口大国而言，土地成为广大民众最后的生活保障，在政府本身已是入不敷出负债累累的现实条件下，社会保障能在多大程度上保障民众的生活已然成了问题），以至于中国古代贤明的君王及其执政组织都是极力抑制土地兼并的。以至于中国著名农业经济学家温铁军说："我早就不认可所谓（农业）现代化了。"[25]

主张规模化经营的观点，其背后都隐含有共同的命题——生产规模大，生产效率高、利润率高，我国"三农"问题就可以得到解决了。这其实存在以下问题：第一，在逻辑上，误将生产规模的任何扩大都当作生产规模大到足以形成垄断，进而可以获得可观的利润率了；第二，受西方主流经济学教科书上的规模效应理论所误导，忽略了决定利润率高低的因素不仅有生产成本一面还有产品价格一面，而且还混淆了物质意义上的投入-产出比率和利润率这两个概念；① 第三，忽略了市场遵循的是物以稀为贵、弱肉强食的逻辑，对"多收了三五斗的悲剧"置之不顾；第四，忽视了农业生产尤其是粮食生产的公益性或公共品属性。

当然，从哲学的角度讲，"适度规模经营"的说法是有合理的，但问题是，究竟人均或户均或单个劳动力耕地面积是多少才算是适度呢，确定

---

① 注：西方主流经济学的规模效应理论，只是在没有交换的单个经济主体内部（即纯粹的自给自足生产条件下）才成立，但是，常识告诉我们，随着生产规模的扩大，产品出现剩余和交换的需要就是难以避免的。

适度与否的标准和原则又是什么呢，"适度规模经营派"并没有说清楚。①中国的"三农问题"，从某种意义上讲，是城乡之间社会财富分配格局失调以及相应的社会组织结构和制度政策不合理的问题，而不是物质上的投入产出比率低的问题（即不是单纯的生产力的问题）。

再说农村集体经济。虽然我国在计划经济时期曾经成功实践过、在改革开放时期仍然在南街村（河南）、礼泉村（陕西）、周庄（河北）等地表现得非常成功，但是，在中国的广袤农村，农村集体经济发展很弱，甚至在不少乡村已经是名存实亡了（特别是在20世纪90年代大量的乡镇企业解体、农民大规模进城之后）。再加之，在改革开放后，大多数农民深受个人主义思想意识的影响，对集体经济的认同感也是大为下降了；②尤其是在农业（农村）比较收益低的收入分配格局下，农村集体经济对农民而言更是缺乏吸引力。

我国2007年颁布实施《中华人民共和国农民专业合作社法》以倡导农村合作经济后，农村合作经济发展并不理想的事实，也说明了这一点。农业比较收益低与农村农民组织性差已经形成一个死结，成为阻碍我国农业可持续发展的死结。只有政府利用强权强有力地介入，才能打破这个死结。

如果学习美国，选择走单纯的国家补贴的农村经济发展道路，那么国家财政就要有足够的余力，那么我们就必须调整国家发展方略，绝不能继续走片面的城市化和工业化等所谓的"现代化"了，也不能继续急功近利地追求低效的"保GDP增长"了（事实上，习近平提出的"经济新常态理论"和绿色发展理念也是对此的否定），也自然要放弃寅吃卯粮、挖肉补饥的凯恩斯主义了。

然而，这所涉及的，已经不仅仅是农村经济制度的问题了，而是涉及

---

① 注：以贵州目前烟叶生产为例，单个家庭生产规模在20 000平方米左右比较合适，超过该规模后，管理成本剧上升，往往导致规模扩大带来的效益小于增加的管理成本（参见：李家俊，刘明国. 中国特色现代烟草农业生产组织模式：以贵州为例 [J]. 贵州农业科学，2001（11）：197-201）。这仅仅是对国家垄断且有计划生产经营的烟草行业（即该行业本身具有较高利润率，是强势产业）而言的适度规模。中国古代还从单个劳动力的耕种能力（以及耕地资源总量）来确定适度规模的标准，如丁男46 667平方米等（日本"二战"后土地改革，基本上也是遵循这个原则）。就我国目前的不同地区而言，农业生产的适度规模分别应该是多少、确定适度规模的原则是什么，尚需进一步研究。

② 注：不仅是我国农村集体经济发展面临个人主义意识的制约，我国国有企业的发展也面临个人主义意识的制约。社会主义的文化与社会主义的经济、政治，是三位一体的，任何一方塌陷了，社会主义性质就将难以保障（参见：刘明国. 二十一世纪中国道路的抉择——走向拉美陷阱，还是走向中华复兴 [J]. 改革与战略，2015（2）：26-33）。

整个国家发展道路的问题了。而且，这仍然是停留在理论层面的理想化讨论，因为现实社会权力结构安排下的强势利益群体未必认可这么做。这是一个政治问题（思想意识形态的转变问题也是如此），不是经济学研究能解决的。所谓，"跳出农业看农业"，大抵是这个意思了。

另外，若农业生产自身长期不能自立，需要国家财政长期补贴才能存活，那么这样的农村经济制度（模式）也是不可持续的、不值得倡导的（如美国的主流农村经济制度暨模式），更何况，中国当前因为以下两个方面的原因，还根本不具有现实可能性：一方面，除了农业农村以外，城市非农业是容纳不了十多亿中国人的[26]；另一方面，我国财政本身已经陷入了入不敷出的境地[27]。

至于薛宇峰等的"小农经济派"观点，我国改革开放后，以分散的家庭为经营主体的农业生产模式，在市场化机制作用下，已几近崩溃（如上文所述已陷入困境）的事实，已经给出了回答。在农业农村比较收入低的局面下，"老人种粮为代表的小农经济"是根本不可能持续的。五六十年代出生的老人之所以种粮，是因为他们离不开农村、又没有其他职业可做而只能从事农业。然而七十年代，尤其是八九十年代出生的农村人口，却并不是如此的，甚至不少人在思想观念上也鄙视农业劳动，根本就不懂农业生产技术。在村社集体经济有名无实、地方政府财政负债累累甚至面临崩溃危险的条件下，"生产环节的基本公共品由地方政府和村社集体提供"就是一句空话。

2. 中国农村经济制度暨模式发展方向构想

作为人口大国，可持续的国强民富和国泰民安需要中国农业的可持续发展，需要农业乃至农村经济承担起我国就业安民和保障粮食安全的重任，需要在农业可持续发展基础上重新繁荣农村经济。甚至可以说，重新繁荣农村经济，已经成为破解我国当前所面临的宏观经济难题——内需不足、结构失调——内在关键——以促使产业结构、城乡人口 - 经济结构合理化。①

---

① 注：中国经济结构与欧美经济结构存在以下两个重要的不同之处。第一，中国农民工可以在城乡之间来回流动，而欧美城市工人在就业难时无法流动到农村去（有个稳定的生活去处），且大部分工人集中在城市，所以欧美国家面临经济衰退时失业率提高，社会稳定性就会急剧下降，危机就到来了；第二，中国农村耕地是集体所有制下的家庭联产承包制（即大多数农民工有耕地作为最后的生活保障，但是随着农村耕地的不断被占用和退耕还林，失去了这一保障的农民越来越多），而欧美农村耕地是私人所有制。这是中国经济较强韧性，在农村耕地所有制上的原因。然而，如果继续片面的城市化和工业化乃至农村生产资源的私有化，形成诸如欧美国家人口比重较高的无产阶级，中国这一经济韧性将被消解。

127

综合上述分析，作者认为，立足于可持续国强民富和国泰民安的国家治理目标，"农村集体合作组织+多样化混合经营+政府扶持与计划管理"应该是我国农村经济制度暨模式发展的方向，即中国特色社会主义农村经济模式。[28]①

第一，农村集体合作组织为经营主体。

只有农村走集体合作经济道路，分散的农民才能平等地组织起来、以提高其社会谈判势力，进而转变他们在初次分配和再分配中的不利地位。这是中国社会主义性质的要求，也是可持续国强民富与国泰民安的要求。需要强调的是，在法律上，我们不能将农村集体合作组织等同于自负盈亏乃至允许破产的公司，这实际上对该模式的后两个方面提出了要求。

第二，实行多样化混合经营，即商品化生产与自给自足生产相配合、工商服务业与农业相配合。

只有走农工商服混合经营道路，才能让农民在生产具有公共品属性的粮食等农产品基础上分享工商服务业的利润，才能实现以工商服务业补贴农业，才能增强农村集体经济的抗风险能力和可持续发展性能，进而实现农村经济的可持续健康发展。

同时，商品化生产还需与自给自足生产相配合。农民生产粮食等农产品，不仅为了城镇居民的需要，也为了自己家庭的需要，即农业生产还需要保留农民自给自足的功能。这也是农村集体经济不能走单纯的商品化生产或单纯发展工商业道路、进而避免出现资不抵债乃至破产的道理所在。②同时，也只有采用多样化经营，农村集体经济本身在市场中具有一定的造血功能，才能减轻政府扶持农村经济发展的负担（但这不代表农村经济的发展不需要政府扶持）。这是中国古代农业生产经营组织模式具有超强可持续性给我们的启示。

第三，政府扶持与计划管理。

① 注：作者在《论中国传统农业生产组织经营模式的科学性》中，对我国未来农业生产经营组织模式发展方向的提法，是"农村集体所有制+小农生产+合作化+政府足够补贴与计划管理"。因以下原因而做如本文的修改：第一，政府扶持并不是一定要政府补贴，而是侧重于政策上的保护；第二，"集体所有制"与"合作化"合称"集体合作"，以区别于私有制性质的股份合作；第三，多样化混合经营，明确了新农村经济制度暨模式构想在生产经营方面的特征；第四，"小农生产"或"小农经济"的说法较为笼统，是属于欧洲中心主义的概念，且其本身还是一个语义含混的概念（"小农"究竟是指户均土地面积很小和没有雇佣关系呢，还是机械化程度低呢，或者还是以家庭为经营单位和自给自足为主呢？对应的"大农"又是指什么呢？是不是"小农"就一定缺乏生命力，而"非小农"就一定富有生命力呢？）。

② 注：当然，鉴于我国农村条件的复杂多样，从微观来讲也不能一概而论，具体的实现形式需要因地制宜，本文仅是从宏观和国家治理的角度来讲的。

　　政府扶持与计划管理，是有机的统一体，是农业生产的公益性与社会生产分配的社会主义的要求。

　　只有政府扶持，如按微利原则限制农资价格、禁止外国农产品对我国农产品市场的冲击和恶性竞争、按价值形态上充分补偿农业生产成本的原则确定保护价收购农产品、低息甚至是无息贷款等金融扶持、政府出面组织引导农村经济和为农村培养输送人才、国家财政设立公益性的农业生产自然风险基金等。① 中国分散的农民才能有效地组织在集体经济内，才能有效抵制外国大农场的农产品的冲击，中国农民相对收入水平的可持续提高才有组织上和政策上的保障。需要政府扶持，并不代表农村集体经济可以完全依赖于政府补贴。

　　只有对农业生产实行宏观上有计划的生产管理，才能避免"多收了三五斗"的悲剧——避免农村集体经济遭遇市场机制下的周期性风险，进而才能起到保障农村集体经济稳定发展、强化农村集体经济对农民吸引力的功效。[29]②

　　3. 中国农村经济制度暨模式究竟向何处去

　　至于中国农村经济制度暨模式，事实上究竟会向何处去？我们可以做以下乐观和悲观的两个预判。

　　第一是乐观的预判。如果我国的农村集体经济能得到政府的有力扶持并顺利地将农民组织起来，按计划生产，走以农业为基础并发展工商服务业的多样化混合经营道路，那么我国农村经济必将出现新一轮的繁荣，由此也必将形成中国经济新的增长极。③

　　2015 年 10 月 12 日，财政部发布了《扶持村级集体经济发展试点的指导意见》（财农〔2015〕159 号文件），说明中央政府已经肯定了发展农村集体经济的重要性、也意识到了发展农村集体经济必须要国家财政大力支持。

---

　　①　注：试图以商业保险的模式来解决具有公益性的农业生产的风险，不仅在理论是错误的，实践也证明是失败的（参见刘明国. 中国特色现代农业风险保障机制［J］. 贵州社会科学，2014（10）：124-128）。

　　②　注：在中国古代，由于农业生产以自给自足为主，所以市场风险不是中国古代农业生产说面临的主要风险。但是，在中国城市化程度较高（城市人口比重已超过 50%）的今天，中国农业生产的商品化程度已需要提高，市场风险已然成为我国农业生产不可忽视的风险之一。如果按照城乡同等农产品消费水平来估算，那么，中国农业生产的商品化程度需要达到 50% 左右——即农民人均生产两个人所需消费的农产品。

　　③　注：陈平也有类似的观点，即通过繁荣农村经济来形成中国经济未来新的增长极（参见：陈平. 中国调结构，到底怎么调——与吴敬琏、林毅夫商榷［EB/OL］. 观察者网，2016-1-30），但笔者并不完全认同其通过土地整理、农田改造来推动农村经济发展的观点。

尤其是在高铁和高速公路以及信息高速公路日益发达、全国贯通的今天，以前制约农村工商业发展的交通运输因素和信息因素在很大程度上被消除了，在政府扶持和计划管理下，实现以集体合作组织为经营主体的、农工商服混合经营的农村经济的繁荣，走出一条可持续的中国特色社会主义农村经济发展道路，是完全可能的。

第二是悲观预判。如果我国政府在财政和金融等政策手段上，不切实采取力度足够的扶弱的利益导向（"三农"皆处于弱势）和扶持公益性事业（保障足够的质量安全的粮食生产，可以说是一国排在第一位的公益性事业；如果我国的农民在组织形式上仍然是一盘散沙，在思想意识上无法克制个人主义；如果我们不能成功抵制外国农产品对国内农产品市场的冲击；如果我们还在利用国家强权去追求片面的工业化城市化，置"三大产业"之间的内在相互关系于不顾，不遵循"三大产业"之间循序渐进的发展规律；那么，上述理想的农村经济制度暨模式和重新繁荣农村经济是难以实现的。

若上述"农村集体合作+多样化混合经营+政府扶持与计划管理"农村经济制度暨模式不能实现，那中国农村经济在家庭联产承包责任制崩溃后，在弱肉强食、物以稀为贵的市场机制作用下，最终很有可能陷入农村两极分化的新型雇佣制中，韩国当前所面临"大学教授吃不起肉"的遭遇，我们就很可能无法避免。只有社会主义的生产与文化才能解决中国乃至世界农业所面临的囚徒困境（实际上，所有弱势且有公益性的产业都面临这样的困境）。

五、总结

上述认识可以用图 1 表示：

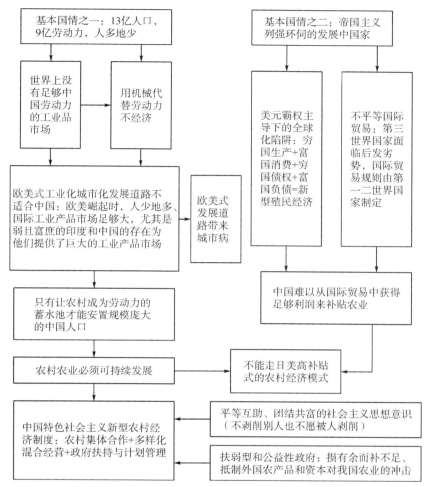

图1 中国特色社会主义新型农村经济制度暨模式

参考文献

[1] 孙翊刚，王文素. 中国财政史 [M]. 北京：中国社会科学出版社，2007：22.

[2] 钱穆. 中国经济史 [M]. 北京：北京联合出版社，2014：14-15、12.

[3] 刘明国，贾舒宁. 论中国传统农业生产组织经营模式的科学性 [J]. 河北经贸大学学报，2014（2）：31-36.

[4] 刘明国. 现代农业模式分类与比较 [J]. 农业经济，2011（9）：

12-13.

［5］綦好东，刘明厚．世界农业经济概论［M］．青岛：青岛海洋大学出版社，1991：232-233、235.

［6］刘明国，谢洪燕．可持续地提高我国农民相对收入水平需要什么？［J］．农村经济，2007（4）：70-73.

［7］刘明国．论"新常态"下中国财政的变革方向［J］．当代经济研究，2015（10）：38-45.

［8］阿累．印度19年来29万人自杀［EB/OL］．（2014-02-25）．http：//news. 163. com/14/0225/07/9LTNIM4 9000/4AED. html.

［9］邱荔．印度农民自杀人数再次增长 孟买所属邦仅仅半年自杀1 300人［EB/OL］．（2015-07-21）．http：www. sohu. com/a/23513720 _ 115479

［10］周勉，张志龙．利润全靠补贴鼓励，农业规模化种植成陷阱［EB/OL］．（2015-08-05）．http：//www. banyuetan. org/chcontent/jrt/201583/144780. shtml.

［11］贺雪峰．论农村基层组织的结构与功能［J］．天津行政学院学报，2012（6）：45-61.

［12］邓小平．邓小平文选：第3卷［M］．北京：人民出版社，1993：355.

［13］金钊．论邓小平文农村经济改革战略思想［J］．陕西教育学院学报，1999（1）：1-4.

［14］贺雪峰．当前我国三农政策中的三大派别［EB/OL］．（2015-02-11）．http：//news. 163. com/15/0211/16/AI6H4VV700014SE. H. html.

［15］林春．小农经济派与阶级分析派的分歧及共识——"中国农业的发展道路"专题评论［EB/OL］．（2015-09-21）．http：//www. opentimes. cn/bencandy. php？aid-192/8fid=399.

［16］刘明国，王宏彬．对我国"农业产业化"的反思［J］．农村经济，2004（12）：58-59.

［17］温铁军．我早就不认可所谓现代化了［J/OL］．人物周刊，2015-07-30.

［18］徐慧．社会主义新农村集体经济和合作经济模式［J］．海派经济学，2006（2）：173-186.

［19］刘明国．中国特色现代农业风险保障机制［J］．贵州社会科学，2014（10）：124-128.

经济人社会属性的数学分析

——基于马克思主义人的本质理论的思考

刘涛①

【 贵州大学 】

马克思曾说过："一种科学，只有在成功地运用数学时，才算达到了真正完善的地步。"[1]自约翰·E. 罗默以来，许多经济学家在马克思主义经济学数学化方面做出了重要贡献，研究主要集中于经济增长理论和再生产理论。2015 年，吴易风、白暴力出版的著作《马克思经济学数学模型研究》[2]，被视作将马克思主义经济学数学化的重要研究文献。总体而言，将马克思经济学中的数量关系用数学模型表述出来，有助于促进经济问题量化和社会科学数据化，对于发展和完善马克思主义具有重要意义；用数学形式表现马克思主义经济学时，必须坚持一定的前提条件，吸收和借鉴西方经济学的分析框架。

一、马克思主义关于人的本质的理论

马克思在《关于费尔巴哈的提纲》中说："人的本质不是单个人所固有的抽象物，在其现实性上，它是一切社会关系的总和。"[3]马克思主义关于人的本质问题的经典表述，既是对人的本质的科学论断，也为考察人的本质提供了科学的思维方法。

人的本质是人的社会属性，因此，生活在经济生活中的人，必然是生活在一定社会关系中的人。在消费和储蓄方面，一个社会成员的行为及其最优决策必然受到其他社会成员（直接或间接）的影响，同时，这个社会成员的行为也对其他社会成员产生影响；在生产方面，消费者与厂商之间

---

① 作者简介：刘涛（1979—），女，贵州大学经济学院副教授，马克思主义经济发展与应用研究中心研究员，研究方向：经济增长、投融资规划等。

存在相互影响。

马克思关于人的本质的研究显然优于西方经济学理论，但是在数学化的道路上仍然有很长的路要走。西方经济学理论侧重生产理论研究，缺少对消费者（即经济生活中的人）之间行为的相互影响（社会关系）研究，以及对消费者与厂商（企业）之间影响（生产关系）的研究。因此，本文将结合微观经济学和博弈论考察马克思主义经济学中人的本质问题，将人的本质即社会关系纳入微观经济理论体系，并构建其数理模型基准分析框架。

二、确定性条件下消费者的当期决策

（一）假设条件

模型的假设条件如下：

（1）假设市场不存在不确定性；

（2）我们不考虑消费者与厂商之间的相互影响，只考察消费者之间的社会关系对消费者当期决策的影响（不考虑时间变化）；

（3）假设一个经济社会存在 n 个代表性消费者，其中消费者 i（$i=1$, $2,...$, n）是我们关注的研究对象，根据二分法思想，我们将所有除 i 以外的消费者全体记作 $-i$；

（4）关于消费者 $-i$ 对消费者 i 的影响，杜森贝利（1949）认为单个消费者决策受到他所处的社会阶层以及以往消费水平的影响，前者称为示范效应，后者为棘轮效应[4]；莱宾斯坦（1950）分析了消费者在消费过程中的跟潮效应、逆潮效应和凡勃伦效应[5]；加里·贝克尔（1987）提出家庭经济行为分析理论，认为家庭内部成员对内结成利他主义集合，对外以集合整体利益做出利己主义决策[6]。借鉴马克思主义经济学和社会学的研究成果，我们认为，人们在生产和生活中结成各种动态变化的关系，如血缘关系、家庭关系、工作关系、学习关系、性爱关系、地缘关系（同为老乡、同社区等）、经济关系、虚拟社会关系（互联网、微信等），并经由这些基本关系产生各种错综复杂的派生关系，导致经济个体的决策总是直接或间接地受到其他经济个体（以及社会群体）的影响，同时，经济个体的决策也会不同程度地影响其他经济个体（或社会群体）的决策。

不失一般性地，我们不考察社会关系对人产生影响的作用过程，只考察消费者 $-i$ 对消费者 i 决策的影响，即消费者 $-i$ 的决策对消费者 i 在可行集、偏好、效用函数、预算约束、UMP 的调整。

（二）备选物集合

用 X_i 表示消费者 i 可能的备选物集合，X_{-i} 表示消费者 $-i$ 可能的备选物集合，$X_i \subseteq R_+^n$，$X_{-i} \subseteq R_+^n$，且备选物是互斥的，为保证定义在 X 上的偏好关系、效用函数具有良好的性状，我们假设备选物集合 X 满足非空、闭集、凸集以及 $0 \in X$（即允许消费者不消费）等条件。

在考察消费者之间的相互影响时，如果消费者 $-i$ 对消费者 i 的决策无影响，我们称为消费者之间相互独立；如果消费者 $-i$ 对消费者 i 的决策存在影响，则等价于消费者 $-i$ 对消费者 i 的备选物集合 X_i 施加约束条件，我们将受到影响的消费者 i 的新备选物集合记为 X_i'，X_i' 与 X_i 的关系取决于消费者 $-i$ 对消费者 i 的影响是正向的、反向的或者是中性的，即，X_i' 取决于 X_i，X_i 与 X_{-i} 的集合运算。以下讨论几类特殊情形（$i = 1, 2$）：

例 1. 精神领袖的影响。如果消费者 $-i$ 是消费者 i 的精神领袖，假设未受影响前消费者 i 的备选物集合为 X_i，受影响后消费者 i 的备选物集合为 X_i'，已知精神领袖 $-i$ 的备选物集合 X_{-i}，$X_i \subseteq R_+^n$，$X_{-i} \subseteq R_+^n$，则有：

（1）若 $X_i = X_{-i}$，则 $X_i' = X_i = X_{-i}$，消费者 i 的备选物集合得到精神领袖的认同、进一步强化。

（2）$X_i \neq X_{-i}$，则由 X_{-i} 决定 X_i'，消费者 i 的备选物集合向精神领袖 $-i$ 的 X_{-i} 趋同。以佛教为例，佛教信徒需要吃斋、做功课、行善，改变生活方式、改变备选物集合。

例 2. 逆反心理的影响。如果消费者 $-i$ 是消费者 i 的排斥对象，则 X_i' 由 $\bar{X}_{-i}$ 及 X_i 决定，其中 $\bar{X}_{-i}$ 是 X_{-i} 的补集。

例 3. 经济共同体。如果消费者 $-i$ 与消费者 i 结成经济共同体共享资源（譬如结婚），则 $X_i' = X_i \cup X_{-i}$。

例 4. 二选一。消费者 i 的新备选物集合 X_i' 全部或者主要地由 X_{-i} 或者 X_i 决定。至于哪一个集合占据优势地位，则要看占优势地位消费者的经济地位高低（如灰姑娘和王子）、道德情感因素（如史莱克和菲欧娜公主）、家族背景（如电影《新精武门》中的陈真及其日本女朋友）、专业特质（专家、顾问）等因素。

最后，由于社会关系是相互的，X_i' 也将反作用于 X_{-i}。此时，我们应结合博弈论知识调整上述分析思路，首先分析 X_i' 对 X_{-i} 的影响，再分析 X_{-i} 对 X_i' 的影响，对此不再赘述。在以后的研究中，如果不做特殊说明，我们只研究消费者 $-i$ 对消费者 i 的影响。

（三）消费者偏好及效用函数

1. 社会关系的影响

引入社会关系以后，消费者 i 的备选物集合变为 X_i'，定义在 $X_i' \times X_i'$ 上的偏好关系 $\geq$ 也进而发生改变，相应的效用函数可能出现断层、跳跃、不连续等情况，但是，撇去极端情形后，原有微观经济理论仍然适用于对新集合做继续分析。以下我们讨论消费者 $-i$ 的偏好对消费者 i 偏好的影响。

假设对 $\forall i, i = 1, 2,..., n$，都有定义在消费集 $X \subseteq R_+^n$ 上的二元关系 $\geq_i$，满足完备性、传递性、连续性和严格单调性，根据效用函数存在性定理，必然存在一个代表消费者 i 偏好 $\geq_i$ 的连续的实值函数 $u: R_+^n \to R$（证明见《微观经济理论》（上册），命题 3. C. 1，第 46 页）。假设消费者 $-i$ 的偏好 $\geq_{-i}$ 已知，则 $\geq_{-i}$ 对 $\geq_i$ 的影响可以分为三种情形讨论：

（1）$\geq_{-i}$ 对 $\geq_i$ 无影响，或者影响为中性。即消费者 i 的效用函数不变。

（2）$\geq_{-i}$ 对 $\geq_i$ 存在正向影响，即示范效应，消费者 i 偏好 $\geq_i$ 得到其他社会成员的普遍认同，将有进一步强化现有偏好的作用，其新效用函数是原有效用函数的正仿射变换（或不变）。

（3）$\geq_{-i}$ 对 $\geq_i$ 存在负向影响，即消费者 $-i$ 的偏好会使消费者 i 的字典序偏好发生调整。新效用函数可能发生各种改变。譬如，只考虑二维图像时，效用曲线可能在某些点上出现跳跃、断开（断层）、拐点、尖角等。一个很有意思的案例是，人们常常引他人偏好为戒。譬如人们越来越关注不良饮食结构、不规律作息时间引发的疾病问题，并且逐渐调整自己的饮食结构及生活习惯。

2. 效用函数比较静态分析

为使讨论能够继续，我们剔除掉消费者 i 非理性的新偏好关系，假设对应的新效用函数连续可微，并且具有下列形式：

$$u_i[P, x_i, g_{-i}(\bullet)] \tag{2.1}$$

其中，u_i 为消费者 i，$i = 1, 2,..., n$ 的效用函数（在动态模型中，为消费者 i 的瞬时效用函数）；P 为商品的价格向量，由生产厂商决定；x_i 为消费者 i 对商品束的需求量，且 $x_i \in X_i$；$g_{-i}(\bullet)$ 表示消费者 $-i$ 与消费者 i 的相互影响。

为简化研究，假设消费者 $-i$ 首先在 P 价格水平条件下决策，选择最优的商品需求量为 x_{-i}，$x_{-i} \in X_{-i}$，对消费者 i 的影响简化为 x_{-i} 对效用函数的影响。即，消费者 i 的效用受到商品价格水平、消费者 i 的消费量，以及其他消费者最优选择 x_{-i} 的影响：

$$u_i(P, x_i, x_{-i}) \tag{2.2}$$

以两个消费者、一种商品为例展开比较静态分析。假设对于一个已知的消费者 $-i$ 的最优选择 x_{-i}，消费者 i 都能找到一个消费量 x_i，使得：

$$u_i(P, x_i, x_{-i}) = c \tag{2.3}$$

其中 c 为常数。

在式（2.3）中，对 x_i 求偏导数，

$$\frac{\partial u_i}{\partial x_i} + \frac{\partial u_i}{\partial x_{-i}} \frac{dx_{-i}}{dx_i} = 0 \tag{2.4}$$

整理后得到：

$$\frac{dx_i}{dx_{-i}} = -\frac{\partial u_i / \partial x_{-i}}{\partial u_i / \partial x_i} \tag{2.5}$$

式（2.5）表明，当效用水平保持不变时，其他消费者对消费者 i 的影响，取决于其他消费者的选择对消费者 i 边际效用的影响，与消费者 i 的边际效用比值的相反数。需要注意，式（2.5）并非边际替代率 MRS。

如果商品为正常商品，即 $\partial u_i / \partial x_i \geq 0$，则其他消费者对消费者 i 的影响为正、为负或者为 0 取决于 $\partial u_i / \partial x_{-i}$ 的符号，具体地：

（1）若 $\partial u_i / \partial x_{-i} > 0$，即，其他消费者的选择对消费者 i 边际效用的影响为正（示范效应），为保持消费者 i 效用水平不变，他应当减少消费量；

（2）若 $\partial u_i / \partial x_{-i} < 0$，即，其他消费者的选择对消费者 i 边际效用的影响为负（排斥效应），为保持消费者 i 效用水平不变，他应当增加消费量；

（3）若 $\partial u_i / \partial x_{-i} = 0$，即，消费者之间不存在影响，消费者的最优决策同传统理论一致，不再赘述。

（四）预算约束

引入其他消费者对消费者 i 预算约束的影响，构建消费者 i 的预算约束为：

$$h_i[P, x_i, z_{-i}(\bullet)] \leq M_i \tag{2.6}$$

其中，$h_i(\bullet)$ 为消费者 i，$i = 1, 2, \ldots, n$ 的支出函数（在动态模型中，为消费者 i 一生的消费支出贴现值总和）；P 为商品的价格向量，由生产厂商决定；x_i 为消费者 i 对商品束的需求量，$x_i \in X_i$；M_i 为消费者 i 的禀赋；$z_{-i}(\bullet)$ 表示消费者 $-i$ 与 i 的相互影响。$z_{-i}(\bullet)$ 对 $h_i(\bullet)$ 的影响有下列三种情形：

（1）若 $\partial h_i / \partial z_{-i}(\bullet) > 0$，表明其他消费者的行为对消费者 i 支出的影响为正；

（2）若 $\partial h_i / \partial z_{-i}(\bullet) < 0$，表明其他消费者的行为对消费者 i 支出的影响为负；

（3）若 $\partial h_i/\partial z_{-i}(\bullet)=0$，表明消费者之间无影响。

进一步地，为简化研究，假设为线性函数：

$$Px_i + z(x_{-i}) \leqslant M_i \tag{2.7}$$

（五）消费者效用最大化

假设代表性消费者 i 追求效用最大化，

$$\max u_i[P, x_i, g_{-i}(\bullet)] \tag{2.1}$$

$$h_i[P, x_i, z_{-i}(\bullet)] \leqslant M_i \tag{2.6}$$

$$x_i \geqslant 0$$

解这个规划问题，构造拉格朗日函数，

$$L = u_i[P, x_i, g_{-i}(\bullet)] + \lambda\{M_i - h_i[P, x_i, z_{-i}(\bullet)]\} \tag{2.8}$$

其中 λ 为拉格朗日乘子，即消费者 i 边际效用的影子价格。

一阶条件为：

$$
\begin{cases}
\dfrac{\partial L}{\partial x_i} = \dfrac{\partial u_i[P, x_i, g_{-i}(\bullet)]}{\partial x_i} + \dfrac{\partial u_i[P, x_i, g_{-i}(\bullet)]}{\partial g_{-i}(\bullet)}\dfrac{\partial g_{-i}(\bullet)}{\partial x_i} \\[2mm]
\quad - \lambda\left\{\dfrac{\partial h_i[P, x_i, z_{-i}(\bullet)]}{\partial x_i} + \dfrac{\partial h_i[P, x_i, z_{-i}(\bullet)]}{\partial z_{-i}(\bullet)}\dfrac{\partial z_{-i}(\bullet)}{\partial x_i}\right\} \overset{令}{=} 0 \\[4mm]
\dfrac{\partial L}{\partial \lambda} = M_i - h_i(P, x_i, z_{-i}(\bullet)) \overset{令}{=} 0
\end{cases}
\tag{2.9}
$$

二阶条件为加边海塞矩阵为负定。

四、确定性条件下消费者与厂商的相互影响

（1）基准模型：单个消费者与单个厂商博弈，见刘涛《消费者间相互影响研究》（2003，第三届中国青年经济学者论坛会议论文）、《政治经济学与西方经济学的融合?》（2006，会议论文）、《寡头垄断条件下的一个完全竞争模型》（2008）；

（2）扩展模型：i 个消费者（$i \in \{1, 2,..., n\}$）与 j 个厂商（$j \in \{1, 2,..., m\}$）的静态博弈、动态博弈，参考刘涛《消费者竞争与合作关系探讨》（2004，中山大学硕士学位论文）。

五、结论与展望

本文以马克思主义经济学为理论指导，将人的本质——社会关系（包括消费者之间的相互影响、消费者与厂商之间的相互影响）引入微观经济分析，逐项构建了消费者之间的相互影响对备选物集合、消费者偏好、效用函数及效用最大化问题的数学分析框架，为研讨经济主体之间的相互影响，尤其是消费者之间及消费者与厂商之间的关系提供了理论分析方法。

新分析框架延续了传统理论的研究方法和理论体系，研究体系不仅能包含传统理论，而且在此基础上拓展了研究领域，研究符合科学研究的要件。

由于传统消费选择理论不可观测、偏好缺乏稳定性等原因，学者们对消费者间的相互影响、消费者与厂商之间影响的研究热情远不如对生产者间关系的研究。本文的工作可以视为提供了一个基准模型/分析框架，未来的研究方向主要有二：一是我们将根据显示偏好原理，从可观测的行为结果反推人的偏好，并结合微观计量经济模型展开实证分析；二是在基准模型基础上，进一步研究不确定条件下的消费选择理论、消费者跨期选择模型、福利分析等问题，以图丰富和发展经济学理论。

参考文献

［1］拉法格，李卜克内西. 回忆马克思恩格斯［M］. 北京：人民出版社，1957.

［2］吴易风，白暴力. 马克思经济学数学模型研究［M］. 北京：中国人民大学出版社，2015.

［3］马克思. 马克思选集：第 1 卷［M］. 北京：人民出版社，1995：56.

［4］贝克尔. 家庭经济分析［M］. 北京：华夏出版社，1987.

［5］安德鲁·马斯-克莱尔，迈克尔·D. 温斯顿. 微观经济理论［M］. 北京：中国人民大学出版社，2014.

［6］张军，王世磊，高级微观经济学［M］. 北京：高等教育出版社，2009.

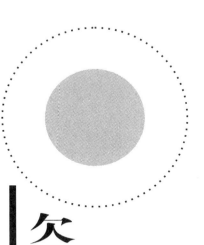

【下篇】

欠发达地区经济发展研究

QIANFADA DIQUJINGJI FAZHAN YANJIU

欠发达地区政策性水稻保险农户需求影响因素实证分析

——以贵州松桃县525户农户为例

张遵东　周海洋[①]

【 贵州大学经济学院 贵州 贵阳 550025 】

[摘要] 本研究以贵州松桃县525户稻农为例，在对样本数据进行描述性分析的基础上，运用Logit模型，对欠发达地区政策性水稻保险的农户需求意愿进行了系统研究。研究结果表明：农户文化程度、近三年遭灾次数、对政策性水稻保险了解程度以及对政策性水稻保险保障水平的评价与农户对政策性水稻保险的需求意愿呈显著正相关；农户中外出务工人数、农业收入占家庭总收入的比重以及对农险公司的政策性水稻保险推广支持力度与农户对政策性水稻保险的需求意愿呈显著负相关。基于此，进一步提出了针对欠发达地区提高农户对政策性农业保险需求意愿的建议。

[关键词] 政策性农业保险　农户需求　Logit模型　影响因素　欠发达地区

一、引言

农业保险作为一项重要的农业风险管理工具，在稳定我国农业生产、顺利实现农业现代化方面具有重要意义。在自然灾害频发的欠发达地区，

---

① 作者简介：张遵东，女，贵州大学经济学院教授，硕士生导师。研究方向：区域经济可持续发展；农业经济理论与政策。周海洋，男，贵州大学经济学院2015级区域经济学专业硕士研究生。基金项目：贵州省政策性农业保险实施效果评价研究（贵州省高校人文社会科学研究基地项目，课题编号：JD2013024）。

农业保险对于当地农户实现农业脱贫更是具有深远的现实意义。自 2004 年我国实施政策性农业保险以来，我国农业保险规模和覆盖面不断拓宽。2015 年，实现保费收入 374.7 亿元，参保农户约 2.3 亿户次，提供风险保障近 2 万亿元。① 然而，作为一项准公共物品，当前我国政策性农业保险与农户的需求之间仍然存在脱节，尤其是在欠发达地区，需求不足是政策性农业保险发展面临的主要困境。

国内对于欠发达地区农业保险需求的研究主要集中在以下两个方面。①需求不足的原因，欠发达地区农户收入不足、农业保险手续烦琐抑制了有效需求（李诗源，2011）；②摆脱需求困境的对策，如创新经营模式，按照政策性业务商业化运作的模式，实行委托经营（卢姗姗，2008）。也有学者认为中央财政应加大对欠发达地区政策性农业保险的支持力度（罗向明等，2011）。对于种植业保险需求的研究主要集中在以下方面。①影响因素的研究。国外学者主要有如下观点：一种观点认为，农户是否购买种植业保险更多地取决于农户的风险偏好程度，而大量农户是风险偏好者，更倾向于不购买农业保险（Sarris，2002）。另一种观点认为，影响农业保险的需求因素主要有初始财富、产量均值、产量标准差（Shaik，2005）。国内学者对种植业保险需求的影响因素研究更加丰富。王尔大等（2009）通过对辽宁盘锦市水稻保险的研究，认为风险偏好、务农年限、年家庭纯收入对农户购买政策性水稻保险的支付意愿有重要影响。彭可茂（2012）基于广东 34 地对 1 772 户水稻种植户的研究，得出产量变异系数、风险损失频率等七个因素对水稻保险的需求意愿不足影响最为显著。其余种植业保险需求影响因素主要有农业经营背景与文化水平（Andrew Dorward & MariaMaucer，2006）、个体偏好和年龄（John G. Mcpeak and Cheiyl R. Doss，2006）、对农业保险的了解程度以及对政府的信任程度（杜鹏，2011）、是否购买过其他诸如养老保险、医疗保险等（聂荣，2013）、是否参加过农业专业化合作组织（周振，2012）。②种植业保险需求不足形成的原因。由于种植业遭受自然灾害的频繁性及连贯性，因此种植业保险定损困难，农户与保险公司常存在纠纷（覃祚锋，2015）。在种植业保险试点阶段，农户对农业保险这一风险转移手段的认知需要一个过程，当前认知水平较低（周美琴等，2012）。③提高种植业保险有效需求的手段。对种植业保险产品和补贴体系进行改革（周县华，2012）；拓宽支持种植业保险的领域和范围，设计多层次的种植业农险产品（赵长保

① 数据来源：中国保险监督管理委员会公告 http://www.circ.gov.cn/web/site0/tab5168/.

等，2014）；实行高保障、适度补贴模式，保障种植业农户收入稳定增长（宗国富等，2012）；加大种植业保险宣传、提升农业保险服务质量（李琴英，2014）。

国内外对农业保险的研究成果较多，但相对零散化、针对性不足，尤其对于欠发达地区种植业保险的需求意愿研究较为匮乏。为此，本研究在对国内外相关研究进行系统评价的基础上，通过实地调研，以欠发达地区贵州省松桃县 525 户水稻种植户为例，运用计量模型对政策性水稻保险的需求意愿影响因素进行实证分析，以期对欠发达地区政策性农业保险的进一步研究提供理论参考及政策指导。

二、描述性分析

为了更好地了解欠发达地区农户种植业保险投保意识及需求意愿，课题组对贵州松桃县主要乡镇的水稻种植户进行了调研，松桃县是政策性水稻试点地区，农险业务发展相对成熟。调研范围主要包括农户基本信息、受灾经历及风险管理策略、对政策性农业保险的认知和接受程度、对政策性农业保险产品和服务的需求及效果评价。本次调研共发放问卷 600 份，有效回收 525 份，问卷有效回收率达到 87.5%。根据问卷调研过程中的实际情况，选取与政策性水稻保险中农户参保率关系较大的 11 个指标进行详细分析。

（一）文化程度

教育水平在一定深度和程度上影响着人们认识、接受新事物的能力。贵州松桃县农民受教育水平普遍较低。受教育水平不同，直接导致农户对农业风险的理解及农业保险的认知不同（如表 1 所示）。

表 1　　　　　　　　　农户受教育程度与参保意愿

农户受教育程度	小学及以下	初中	高中	大专及以上
参保户数及比例	92（54%）	205（73%）	44（13%）	4（36%）
未参保户数及比例	78（46%）	77（27%）	18（10%）	7（64%）

表 1 统计结果显示，受过初中教育水平的农户参保意愿较强，受过初中教育水平的农户中，73% 的农户更愿意购买政策性水稻保险。其次是受过小学教育水平及以下的农户，其中 54% 的农户愿意购买政策性水稻保险。随着受教育水平的提升，进城务工相对务农可获得更多的收益，因此受过高中及以上教育水平的农户的参保意愿相对较低。欠发达地区农村农民文化素质低下，文盲半文盲、小学及初中文化程度的农民占了绝大多

数。在调查对象中初中文化程度与小学及以下文化程度占比高达86%，这也说明贵州农村居民文化素质总体上偏低。

（二）被访农户从事农业生产的人数

农户中从事农业生产的人数可以在一定程度上反映出一个家庭的经济结构。从事农业生产的人数越多，说明该农户经济结构较为单一。从事农业生产的人数越少，在面对农业风险的过程中，越显得势单力薄，因而具有更强的购买水稻保险的意愿。随着家庭中农业生产的人口增加，在面对农业风险时，可以通过家庭成员之间的团结协作来尽力规避农业风险，因而购买水稻保险的意愿也相对较弱。从表2也可看出，随着家庭中从事农业生产人数增加，农户有更多的时间和空间应对农业风险，农户参保意愿也逐渐减少。

表2　　　　　　　农户从事农业生产人口与农户参保意愿

从事农业生产人口（人）	1	2	3	4
参保户数及比例	105（74%）	158（70%）	58（59%）	27（46%）
未参保户数及比例	36（26%）	68（30%）	41（41%）	32（54%）

（三）被访农户外出务工人数

贵州省是外出务工人口输出大省，农民兼业化现象普遍。在被调查农户中，有88%的农户家庭中至少有一人外出务工。从表3可以看出，农户中有一人外出务工时，农户购买水稻保险的意愿较强，达到71%。从整体上来看，随着农户外出务工人数的增加，农户购买水稻保险的意愿逐渐减少（见表3）。

表3　　　　　　　农户外出务工人数与农户参保意愿

外出务工人数（人）	0	1	2	3	4
参保户数及比例	42（66%）	186（71%）	96（62%）	15（45%）	9（69%）
未参保户数及比例	22（34%）	75（29%）	58（38%）	18（55%）	4（31%）

（四）农户近三年年均收入

消费者的有效需求受到收入水平、购买能力、行为意识等的影响，一般农户当前的收入水平和财富层次会对家庭未来的消费决策产生影响。当家庭收入水平和财富层次较高时，农户更容易承担因参加农业保险产生的费用，购买水稻保险的可能性也就越大。但同时，随着农户收入水平的增高，农户的自救自保能力也随之增强，导致其投保的意识也相对减弱。从表4可以看出，随着农户年均收入的不断提高，农户总体上更倾向于购买水稻保险。

表4　　　　　　　　农户年均收入与农户参保意愿

家庭年均收入	1 万元及以下	1 万-3 万	3 万-5 万	5 万以上
参保户数及比例	89（65%）	146（62%）	86（75%）	27（73%）
未参保户数及比例	47（35%）	91（38%）	29（25%）	10（27%）

（五）农业收入占家庭总收入比重

随着市场经济的发展，农户家庭收入来源更加广泛。一般情况，当家庭总收入中农业收入所占比例较大时，农户对农业生产的依赖性越强，则自然灾害等风险对其构成的威胁越大，导致农户对水稻保险的需求欲望越强烈。表5显示，被访农户中，当农业收入占总收入比例发生变化时，农户的参保意愿基本没变，参保率在66%左右。原因可能是：贵州省农民生活水平大多不富裕，农户比较在乎农业收入。

表5　　　　　农户农业收入占收入比重与农户参保意愿

农业收入占收入比重	0-10%	10%-20%	20-30%	30%-40%
参保户数及比例	65（67%）	194（65%）	68（69%）	21（66%）
未参保户数及比例	32（33%）	103（35%）	31（31%）	11（34%）

（六）农户遭受风险状况

农户当年购买水稻保险的需求随着过去年份受灾害次数增多而愈加强烈。因为以往受灾严重的农户在心理上对自然灾害等风险更加敏感，使其更加意识到规避风险的重要性，农户投保的意愿将会更强烈。从表6显示，在所有被调查者中，在过去三年中，当受灾次数为3次时，有76%农户参加政策性水稻保险，而受灾次数为0次时有54%农户购买政策性水稻保险，即农户参加政策性水稻保险的可能性因受灾次数的增多而增大。

表6　　　　　　　近3年遭灾次数与农户参保意愿

灾害次数	0 次	1 至 2 次	3 次	4 次及以上
参保户数及比例	13（54%）	203（62%）	90（76%）	42（74%）
未参保户数及比例	11（46%）	122（38%）	29（24%）	15（26%）

（七）被访农户对农业保险的了解程度

农业保险是灾后补偿机制，农户只有在充分认识和了解农业保险的基础上才有可能进行投保。在欠发达地区，农业保险发展水平还很低，农户对农业保险的认知不足，这也导致了农户对农业保险的不信任。但从农业保险发展的整体来看，随着农户对政策性水稻保险的认识程度逐渐加深，农户购买水稻保险的意愿也相对强烈。从表7可以看出，随着被访农户对农险的了解程度加深，当地农户也更愿意购买政策性水稻保险。

表7   农户对农业保险的了解程度与参保意愿

了解程度	不了解	了解一些	非常了解
参保户数及比例	34（28%）	289（78%）	25（74%）
未参保户数及比例	86（72%）	82（22%）	9（26%）

（八）政策性水稻保险对生产生活的影响

政策性水稻保险对于稳定欠发达地区农业生产有着重要作用。一般来说，政策性水稻保险对农户的生产生活影响越大，则农户更倾向于购买政策性水稻保险。从表8可以看出，当水稻保险多被访农户的生产生活非常重要时，有89%的农户更愿意购买政策性水稻保险。

表8   农业保险重要性与农户参保意愿

农业保险对生产生活的重要性	不重要	一般重要	非常重要
参保户数及比例	27（59%）	181（56%）	140（89%）
未参保户数及比例	19（41%）	140（44%）	18（11%）

（九）农户对农业保险推广的态度

农业保险公司的有效宣传推广会有效促进农户购买农业保险的意愿。因此，农业保险公司的宣传推广方式是否适当、农户对农险推广的态度直接决定了农户对农业保险的接受程度。从表9可以看出，被访农户中支持农业保险推广的政策性水稻保险参保农户达到78%。

表9   农户对农业保险推广的态度与参保意愿

是否支持农业保险推广	反对	既不支持也不反对	支持
参保户数及比例	0	32（28%）	316（78%）
未参保户数及比例	4（100%）	83（72%）	90（22%）

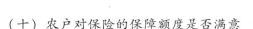

（十）农户对保险的保障额度是否满意

农业保险的保障额度反映了灾后农险公司对农户的补偿力度。当农业保险的保障额度大于农户的风险损失时，农户购买政策性农险的意愿更加强烈。从表10我们可以看出，在被访农户对农险保障额度满意的农户中，愿意购买政策性水稻保险的农户占比达到88%。

表10　　　　　农业保险保障额度满意度与农户参保意愿

农业保险保障额度满意度	保额太低	保额偏低	一般	满意
参保户数及比例	7（23%）	47（62%）	126（56%）	168（88%）
未参保户数及比例	23（77%）	29（38%）	101（44%）	24（12%）

（十一）农户对保单保障水平的评价

农户对于当期农险保单保障水平的评价对于农户下期是否愿意再次购买农业保险有重要影响。当期评价越高，在下一期，农户越倾向于购买农业保险。表11显示，从整体来看，随着被访农户对保单保障水平的评价越来越高，农户购买政策性水稻保险的比例也逐渐增加。当完全满足时，农户购买政策性水稻保险的比例为87%。

表11　　　　　农户对保单保障水平的评价与参保意愿

农业保险保障水平评价	完全不满足	较少满足	正好满足	完全满足
参保户数及比例	4（10%）	136（67%）	92（62%）	116（87%）
未参保户数及比例	37（90%）	66（33%）	57（38%）	17（13%）

三、计量模型

（一）模型选取与设定

二元选择模型主要有基于正态分布函数的 Probit 模型和基于逻辑概率分布函数的 Logit 模型。相对 Probit 模型，Logit 模型更加简便，能更好地反映各解释变量的显著性水平，在计算上也相对更加简单。因此，文章选取 Logit 模型进行计量分析。农户对政策性水稻保险的需求意愿有两种可能，投保或者不投保。本文将投保赋值为1，没有投保赋值为0，运用 Logistic 模型，进行二元回归分析。如果农户的投保概率为 P（0<P<1），则农户没有投保的概率为1-P，引入发生比 odds（the odds of experience an event），则 odds＝P/1-P，则：

$$Ln(odds) = Ln\frac{P}{1-P} = \beta_0 + \beta_1 X_1 + \beta_2 X_2 + \cdots \beta_m X_m \qquad (1)$$

记： $Logit(P) = Ln(\frac{P}{1-P})$ （式 5.2）

则模型变形为： $Logit(P) = \beta_0 + \beta_1 X_1 + \beta_2 X_2 + \cdots \beta_m X_m$ （2）

$$P = \frac{e^{\beta_0 + \beta_1 X_1 + \beta_2 X_2 + \cdots \beta_m X_m}}{1 + e^{\beta_0 + \beta_1 X_1 + \beta_2 X_2 + \cdots \beta_m X_m}} \qquad (3)$$

（二）变量选取与说明

模型被解释变量为农户是否愿意购买农业保险，记为 Y。结合实地访问情况和问卷的数据整理，选取 11 个主要因素作为解释变量：包括文化程度、年家庭收入、家庭受灾次数、对农业保险的了解程度和对农业保险保障评价等多方面的因素，具体赋值与含义参见表 13。

表 13 变量选取与设置

变量名称	变量符号	变量含义及赋值	预期影响方向
农户是否参加政策性水稻保险	Y	不愿意参加 = 0，愿意参加 = 1	
文化程度	X_1	小学及以下 = 1，初中 = 2，高中 = 3，大专及以上 = 4	+
从事农业生产人口	X_2	1 人 = 1，2 人 = 2，3 人 = 3，4 人及以上 = 4	+
外出务工人数	X_3	1 人 = 1，2 人 = 2，3 人 = 3，4 人 = 4	+
近三年农户平均年收入	X_4	1 万元以下 = 1，1 万-3 万元 = 2，3 万-5 万元 = 3，5 元万及以上 = 4	+
农业收入占收入比重	X_5	1 成 = 1，2 成 = 2，3 成 = 3，4 成上 = 4	+
近 3 年遭灾次数	X_6	0 次 = 1，1-2 次 = 2，3 次 = 3，4 次及以上 = 4	+
对农业保险了解程度	X_7	不了解 = 1，了解一些 = 2，非常了解 = 3	+
农业保险对生产生活的重要性	X_8	不重要 = 1，一般重要 = 2，非常重要 = 3	+
对推广农业保险的支持力度	X_9	支持 = 1，既不支持也不反对 = 2，反对 = 3	-
对保险的保障额度是否满意	X_{10}	保额太低 = 1，保额偏低 = 2，一般 = 3，满意 = 4	+
对保险保障水平的评价	X_{11}	完全不能满足 = 1，较少满足 = 2，正好满足 = 3，完全满足 = 4	+

（三）回归结果及检验

运用 SPSS20.0 对数据进行逻辑回归，表 14 为逻辑回归结果，在 Wals 观测值下，若影响因素即变量对应的显著性水平 Sig<0.01，表明此因素显著地影响农户对农业保险需求意愿；若影响因素即变量对应的显著性水平 Sig<0.1，表明此因素较显著地影响农户对农业保险需求意愿；若影响因素即变量对应的显著性水平 Sig>0.1，显著性水平值越大，表明此因素对农户的投保需求影响越不显著。

表 14　　　　　　　　　　　变量在模型中的回归结果

步骤	B	S. E	Wals	df	Sig.	Exp（B）
X_1	0. 322	0. 186	2. 976	1	0. 084	1. 379
X_2	−0. 109	0. 108	1. 026	1	0. 311	0. 897
X_3	−0. 277	0. 14	3. 925	1	0. 048	0. 758
X_4	0. 207	0. 165	1. 572	1	0. 21	1. 23
X_5	−0. 278	0. 169	2. 714	1	0. 099	0. 757
X_6	0. 328	0. 181	3. 296	1	0. 069	1. 388
X_7	1. 553	0. 248	39. 144	1	0	4. 724
X_8	0. 164	0. 246	0. 444	1	0. 505	1. 178
X_9	−1. 908	0. 295	41. 77	1	0	0. 148
X_{10}	0. 243	0. 17	2. 05	1	0. 152	1. 275
X_{11}	0. 766	0. 157	23. 932	1	0	2. 152
常量	−3. 325	1. 068	9. 696	1	0. 002	0. 036

对模型系数进行综合检验，结果显示，卡方值为 221. 556，远远大于卡方临界值为 24. 725（自由度数为 11）；并且相应的 Sig=0<0.01，表明当显著性水平取 0.01 时，此模型中的所有解释变量均通过检验，与被解释变量之间的线性关系显著。其次，对回归方程的拟合优度进行检验，从检验结果，可以看出卡方统计量为 12. 943，而临界值为 CHINV（0. 05，8）= 15. 507，卡方统计量<临界值；从 sig 角度来看：0. 114>0.05，说明模型能够很好地拟合整体，不存在显著的差异，且模型的正确预测率均在 80% 以上。

（4）结果分析

通过以上分析我们可以看出，从事农业生产人口、近三年农户平均年收入、农业保险对生产生活的重要性以及农户对保险的保障额度是否满意在 Wald 观测值下对应的显著性不明显，因此，这 4 个因素对政策性水稻保险的需求解释能力较差。原因可能是：首先，此次调查中发现，松桃县农户大部分文化水平较低，农户对农业保险的认识普遍具有一定的局限性，农户对政策性水稻保险存在不信任感，因此直接导致农户中从事农业生产的人口对政策性水稻保险需求意愿影响不明显。其次，在政府政策支持下，农户需要交纳的保费资金大部分由各级政府负担，尤其是"基本保险+补充保险"模式实施后，此种情况更为明显，此外，问卷调查过程中，大多农户的农业生产经营规模较小，家庭生活水平并不过于贫穷，需要交纳的保费占家庭收入的比重较小，这些影响均可能导致家庭年均收入与农户对政策性水稻保险需求意愿关系不明显。同时，农户一定比例的收入可能来源于家庭其他成员的非务农收入，因此，即使农户有较高的收入水平，对政策性水稻保险的购买意愿也并不强烈。再次，无论农户是否意识到农险对生产生活具有重要性，由于险种较少等因素影响，即使农户认为该险种对农业生产重要，由于保险公司不经营，农户不具备自主选择权，导致农业保险对生产生活的重要性这一指标对政策性水稻保险需求影响并不显著。最后，由于保险公司供给的保单额度较单一，并没有具体划分不同层次的保障额度，农户对农险保障额度没有多样选择性，因而农户对保险的保障额度满意度对政策性水稻保险的需求影响不具备解释能力。

政策性水稻保险需求主要受以下几个因素的影响：①农户对政策性水稻保险的了解程度。松桃县偏僻的地理位置使得当地农户对新事物的获取存在障碍。由于保险公司宣传推广不到位等因素使得一部分农户对政策性水稻保险并不了解，其购买欲望因而并不强烈，而一旦农户认识到政策性水稻保险对农业风险的规避作用之后，即会踊跃购买政策性水稻保险。②对推广政策性水稻保险的支持力度。农户对保险公司的推广活动表现出不支持甚至是厌恶态度时，农户自然不会主动购买政策性水稻保险。当农户打心底里接受保险公司的推广活动并表示支持时，这部分农户对政策性水稻保险的购买欲望相对强烈。③对政策性水稻保险保障水平的满意度。农户对上一期政策性水稻保险保障水平较为满意时，在下一期继续购买政策性水稻保险的概率也就更大。当保险公司没有及时对受灾的稻农进行补偿时，农户对政策性水稻保险的满意度就会大打折扣，在下一期政策性水稻保险也就会降低支付意愿。

四、主要结论与建议

(一) 结论

通过对贵州松桃县 525 户稻农的政策性水稻保险的需求意愿的分析, 并结合基于 Logit 模型的实证分析, 可得出如下结论: ①农户中外出务工人数、农业收入占家庭总收入的比重以及对农险公司的政策性水稻保险推广支持力度与农户对政策性水稻保险的需求意愿呈显著负相关。农户中外出务工人数越多, 对农业生产越不重视, 防范农业风险的意识淡薄, 购买政策性水稻保险的意愿不足; 农业收入占家庭收入的比重越大, 往往农户没有其他家庭收入, 家庭生活水平普遍较低, 无力购买政策性水稻保险, 不能形成有效需求; 当农户对政策性水稻保险推广呈反对态度时农户投保的意愿不强烈, 即农户越支持政策性水稻保险推广越有可能参加农业保险。②农户文化程度、近三年遭灾次数、对政策性水稻保险了解程度以及对政策性水稻保险保障水平的评价与农户对政策性水稻保险的需求意愿呈显著正相关。农户的高文化水平决定了农户对政策性水稻保险的高认知状态, 农户对政策性水稻保险的了解程度越高, 也就更容易产生需求意愿; 农户受灾次数较高时, 会对农业风险形成恐惧, 也就有更强的欲望寻求通过购买政策性水稻保险来规避农业风险。③从事农业生产人口、近三年农户平均年收入、农业保险对生产生活的重要性以及农户对保险的保障额度是否满意对政策性水稻保险农户需求意愿不显著。

(二) 政策建议

基于以上的分析结论, 为有效地提高欠发达地区政策性水稻保险的农户需求意愿, 从政策性水稻保险农户需求主要影响因素的角度, 进一步提出如下的针对性建议: ①提高欠发达地区农户参保意识并形成需求意愿。农险公司积极开展欠发达地区的针对性宣传推广, 并考虑到欠发达地区农户文化水平普遍较低的因素, 宣传推广应力求通俗易懂, 并尽可能的聘用当地有文化的农户作为农险的推介员。基层政府与农险公司的宣传进行配合, 主动为农险公司的宣传推广站台, 并利用自身公信力呼吁农户支持农险公司的宣传推广, 力求让政策性农业保险发挥出最大的效力, 极大可能的保护欠发达地区农户的经济利益。②多角度增加农户经济收入提高农户购买能力。针对欠发达地区的特殊经济情况, 首先, 政府应对欠发达地区农户进城务工提供各种保障, 提高欠发达地区农户的非务农收入。其次, 以欠发达地区的文化历史为基础, 着力培育农村优势产业, 提高农户的就业本地化水平, 使农户兼顾农业生产与非农收入。如在课题组调研地贵州省松桃县可大力发展旅游扶贫项目。最后，政府要提高对欠发达地区农户政策性农业保险的补贴额度，完善欠发达地区农村金融体系，避免"一刀切"政策。③设置多层次的政策性农业保险保障水平。对于调研中发现的农户普遍反映的政策性水稻保险保障水平单一的问题，保险公司应设置不同层次的政策性农业保险保单，满足不同收入水平农户政策性保险的需求意愿。对于收入水平较高的农户可相应提高保费水平，从而提高保障额度。整体上提高不同收入水平的农户对政策性农业保险保障额度的评价水平。

参考文献

[1] 李诗源，刘尚荣.欠发达地区农业保险发展困境及对策——以青海省为例 [J].改革与战略，2011（8）：93-95.

[2] 卢珊珊.中部欠发达地区发展农业保险的模式选择 [J].武汉金融，2008（10）：47-48.

[3] 罗向明，张伟，丁继锋.收入调节、粮食安全与欠发达地区农业保险补贴安排 [J].农业经济问题，2011（1）：18-23.

[4] Alexander Sarris. The Demand for Commodity Insurance by Developing Country Agricultural Producers: Theory and an Application of Coca in Ghana [J]. Proceedings of the 25th International Conference of Agricultural E-conomists, 2003（8）：1517-1523.

[5] Shaik S, Cohle K. H., Knight T. Revenue Crop Insurance Demand [A]. Selected Paper Presented at AAEA Annual Meeting. Providence, Rhode Island, 2005：24-27.

[6] 王尔大，于洋.农户多保障水平下的作物保险支付意愿分析 [J].农业经济问题，2010（7）：61-69.

[7] 彭可茂，席利卿，彭开丽.农户水稻保险支付意愿影响因素的实证研究——基于广东34地1 772户农户的经验数据 [J].保险研究，2012（4）：33-43.

[8] Andrew Dorward. Market and Pro-poor Agricultural Growth: Insights from Livehood and Informal Rural Economy Models in Malawi [J]. Agricultural Economics, 2006（35）：157-169.

[9] John G. Mcpeak, Cheryl R. Doss: Are Household Production Decisions Cooperative? Evidence on Pastoral Migration and Milk Sales from Northern Kenya. A men J. Agr. Econ. 88（3）（August 2006）：525-541.

[10] 杜鹏.农户农业保险需求的影响因素研究——基于湖北省五县市342户农户的调查 [J].农业经济问题,2011 (11)：78-83.

[11] 聂荣,王欣兰,闫宇光.政策性农业保险有效需求的实证研究——基于辽宁省农村入户调查的证据 [J].东北大学学报（社会科学版）,2013 (5)：471-477.

[12] 周振,沈田华.农业巨灾保险的需求意愿及其影响因素 [J].保险研究,2012 (4)：25-32.

[13] 覃祚锋.浅谈藤县政策性水稻种植保险现状及对策 [J].农业与技术,2015 (2)：221-222.

[14] 周美琴,叶涛,史培军,等.我国种植业政策性保险制度：由设计到实践的挑战——以湖南省为例 [J].农业经济问题,2012 (2)：44-49.

[15] 周县华,范庆泉,周明,等.中国和美国种植业保险产品的比较研究 [J].保险研究,2012 (7)：50-58.

[16] 赵长保,李伟毅.美国农业保险政策新动向及其启示 [J].农业经济问题,2014 (6)：103-109.

[17] 宗国富,周文杰.农业保险对农户生产行为影响研究 [J].保险研究,2014 (4)：23-30.

[18] 李琴英.农户政策性农业保险需求意愿实证分析 [J].河南社会科学,2014 (12)：73-77,124.

重庆市五大功能区
发展现状及问题分析

李晓燕

【 重庆邮电大学移通学院，工商管理系，重庆，401520 】

[摘要] 本文通过对五大功能区经济发展战略和现状进行分析，分别得到五大功能区综合、相对、动态三个特征。根据五大功能区的区域划分标准，对区域发展现状、特点、问题进行了探讨和研究，最后提出措施和建议。

[关键词] 五大功能区　现状　原因　对策

重庆五大功能区发展战略是市政府对过去几大战略的继承、发展和创新，充分分析重庆市地理自然环境等的经济因素、环境、资源等各方面特征，因地制宜，注重差异化发展，走出一条重庆特色经济发展道路。

一、重庆市五大功能区简介

2013 年 9 月，重庆市委在四届三次全会上，提出了重庆五大功能区的区域划分和功能区行政体制改革工作。根据资源、经济、人口、社会、环境、文化等因素，把重庆划分为以下五个区域：都市功能核心区、都市功能拓展区、城市发展新区、渝东北生态涵养发展区、渝东南生态保护发展区。至此，重庆区域发展战略迈入 4.0 时代。此会提出加快建设五大功能区的重大决策，明确了五大功能区的定位、重点方向和主要任务。

区域图见图 1、图 2 所示；

图 1

图 2

二、重庆市五大功能区发展现状

自重庆直辖以来，经济的发展之战略先后经历了四个不断优化的时代："1.0 时代（三大经济发展区）""2.0 时代（四大工作板块）""3.0 时代（一圈两翼）""4.0 时代（五大功能区）"。五大功能区发展战略是对前三个时代的继承细化、更深度化的创新，细化和具体化了对重庆区域发展的认识，更加符合了重庆经济的要求和社会发展新要求。

（一）经济持续较快发展

1. 2015 年全市主要经济指标较快增长

全市地区生产总值达 15 719.72 亿元，同比增长 10.2%。农业生产形势较好。粮食、油菜、蔬菜、水果总产量均实现稳定增长，分别同比增长 0.9%、6.1%、5.4%、8.1%。工业经济稳定增长全市规模以上工业总产值达到 21 404.66 亿元，同比率增长了 12.4%。居民收入较快增长的全体居住人民实现人均可支配收入 20 110 元，同比增长了 9.6%。货币信贷平稳增长的截至 2015 年 12 月全市金融重中的相关机构实现本外币和存款余额 28 778.80 亿元，同比率增长了 12.6%。

2. 各功能区经济平稳增长

自直辖以来的经济在全市经济实现较快发展，各功能区的相关经济实力同步实现快速的或者较快增长。2015 年，"核心区"地区生产总值是 1996 年的 7.2 倍、"拓展区"地区生产总值是 1996 年的 28.3 倍、"发展新区"地区生产总值是 1996 年的 11.4 倍、"涵养"区地区生产总值是 1996 年的 12.1 倍、"保护"发展区 GDP 分别是 1996 年的 12.3 倍。1997—2015 年，各功能区经济总量增长速度上都达到了两位数。

（二）产业结构不断优化

重庆自建立直辖市以来，坚持稳定第一产业，提升第二产业，壮大第三产业的发展战略。2015 年，三次产业占全市经济总额分别为 7.3%、45%、44.7%，同 1996 年的三次产业比重 21.9%，43.3%，34.8%比较有了大幅改观。其中，都市功能核心区的现代服务业发展态势较好，2015 年第三产业增加值达到 2 551.90 亿元，占地区生产总值的 82.5%；都市功能拓展区和城市发展新区工业主导地位逐步强化，在汽车、笔电、装备制造等产业支撑下，2015 年分别实现工业增加值 1 787.64、2 289.45 亿元，分别占各自地区生产总值的 47.1%、43.7%；"两翼"大生态区是全市重要的生态屏障，旅游业资源也很丰富，长江三峡旅游带和大仙女山旅游度假区在国内外的知名度不断上升。

1996 年和 2015 年全市及五大功能区产业布局如表 1 所示。

表 1　　　　　　　　1996 和 2015 年五大功能区产业情况布局

	1996 年		2015 年	
	产业结构	结构特征	产业结构	结构特征
全市	21.9：43.3：34.9	二、三、一	7.3：45：44.7	二、三、一
都市功能核心区	3.5：51.7：44.8	三、二、一	0：17.5：82.5	三、二、一

表1（续）

	1996 年		2015 年	
	产业结构	结构特征	产业结构	结构特征
都市功能拓展区	22.8：42.1：35.1	二、三、一	2.8：55.1：42.1	二、三、一
城市发展新区	29.7：41.5：28.8	二、一、三	10.5：54.1：35.4	二、三、一
渝东北生态涵养区	34.5：34.4：31.1	一、三、二	13.5：44.8：41.7	二、三、一
渝东南生态保护区	39.9：34.0：26.1	一、二、三	14.3：44.3：41.4	二、三、一

二、五大功能区发展特征

（一）实现一体化科学发展

五大功能区新战略是我市实现"五位一体"现代化城市建设的重要目标和基础方面的台面。表现以下三方面：

1. 科学发展：全力推动发展，不搞地区生产总值至上

五大功能区根据各自不同的发展条件、发展基础和发展要求，因地制宜制定出了各自符合实际的发展新思路。如："保护"地区秀山县把突出修复生态、保护环境、维护生态多样性等贯穿了到经济社会发展的各个方面，积极推动了环境经济方面的可以承载的生态特色农业发展，主要发展更有特色和更有效益的农业、商贸物流业和绿色加工业；渝东北地区的梁平县主动将地区生产总值五年预期增长目标下调 2.5 个百分点，目标也调整为"全面建成小康社会"并确立了走"生态涵养"发展之路。

2. 差异化发展：寻比较优势，激发创造力

科学的划分功能区域位置、更将明确不同的环境地区和功能发展定位，对不同地区给予了不同的发展定位和区域政策，激发了各区县差异化发展、特色经济环境的不同发展的动力、活力和创造力。如：核心区的渝中区为全域实现国家 5A 景区的创建目标，给自己确定了"三区两带"的区域布局。城市发展新区也根据功能定位，立足自己的资源优势，积极探索差异化、特色不同的经济化发展道路。

3. 绿色发展：把生态优势转化为发展优势

市政府重点在功能区发展意见中提出了"生态产品"的概念，将不同经济地区明确了不同的可持续的国土空间发展格局。"一圈和两翼"的首要任务分别是：集聚人口和经济，提供工业品和服务产品，提供财政税收源，保护农业空间、生态空间；坚持"面上保护、点上开发"提供农产品和生态产品，因地制宜发展特色产业。五大功能的区域经济环境方面的发

展战略政策出台之后，"涵养"地区的巫山把发展路径调整到"生态加立县式"，产业融合发展，建设重点经济立县生态经济环境产业经济体系，走生活宜居型，生产集约高效型，生态环境友好型的"绿色崛起"的新路。

（二）呈现出一张产业规划图

市级区县在制定经济社会发展、主体重点功能区间、环保以及各种专项规划时都主要充分体现体现了五大功能区的定位方面的各个要求要求，从规划上主要保障了定位导向目标的实现；体现了战略引领，规划先行。"全市一盘棋、规划一张图"，五大区各区县根据重点区域功能主体功能的定位和划分，从空间层面上完善功能、基础设施、产业和人口布局，逐步形成了一张更精细和更具操作性的规划图。

都市功能核心区：2015年全年第三产业增加值达到了902.49亿元，同比率增长了9%。占到该区经济总量的70%。服务业经济达到了国家一流水平。

都市功能拓展区：规模以上的工业发展增速为15.7%，带领了全市的发展，实现各区减缓，同时工业方面的更少消耗实现了同期不同的同比下降，达到了其高端制造业的产业目标。

城市发展新区：工业经济环境方面的重点投资占主要稳定资产投资比重达到46%，其中重庆的战略工业要求的主战场也正在加速形成。

"涵养""保护"两区：能源消耗增长速度分别与去年同期相比有一定下降，另外，两区的招商引资项目大部分布局到了电子产业、现代农业和生态旅游业。按照"面上保护、点上开发"的要求，都相继抬高了门槛，并杜绝污染企业进入。

（三）各功能区的突出特点

1. 都市功能核心区：服务业增加占比超80%

核心区主要还是重点打造现代化服务型产业，重点实施都市精细化方面的管理，着力引导发展现代金融服务、现代国际化商务、现代高端化商品贸易、现代文化创意服务、现代都市旅游业等新型服务业。

2. 都市功能拓展区：战略性新兴产业值占全市近60%

拓展区重点发展龙头带动型先进制造业、高技术产业和现代物流业，战略性新兴产业，增加值占全市的比重近60%，推动了"重庆制造"向"重庆智造"方向的转型。2015年前三季度，都市功能拓展区完成规模工业总产值6254亿元，增长9.6%。规模工业实现利润总额333亿元，增长13.5%。

3. 城市发展新区：工业投资占全市比重超 56%

城市发展新区以建设重要经济指标的基地和全市主要重点产业的配套设施产业基地为主要发展目标，2014 年该区工业增加值方面的和工业投资额占全市经济方面的比重为 40% 和 56%，2015 年此两项指标数更高。城市发展新区已成为全市工业经济增速最快的区域。

4. "涵养"区："涵养"换来库区"一库清水"

"涵养""保护"两区，重点发展特色方面面的经济工业、特色方面的效益农业、生态文化旅游业等资源经济环境可以承受的超过承载的特色产业，2014 年两地区接待游客人数分别增长 18.5% 和 22.4%，成为全市特色旅游增长最快的区域。2015 年，处于长江干流段的 15 个断面均达到了Ⅲ类水质要求；处于长江支流上的 146 个断面有 81.5% 满足了Ⅲ类以上水质要求，同比上升了 4.8%，"一库清水"已逐步实现。

5. "保护"发展区："保护生态"换来"绿色回报"

渝东南地区各区县突出保护生态，经济社会发展与保护生态环境并重，建设生产空间集约高效、生活空间宜居宜业、生态空间山清水秀的美好家园。

三、五大功能区发展过程中存在的问题

1. 发展差异仍然较大

一是整体经济规模仍然较小。二是内部差异仍较大。

2. 经济总量仍需提升

与 2020 年规划的目标比较，各区域的经济总量离目标还有显著差距。

3. 服务业、技术产业发展缓慢

（1）都市功能核心区服务业发展较慢

"核心区"是重庆城市的重要中心，第三产业是重庆区域发展的主要阵地，但其增长速度并不乐观。

（2）都市功能拓展区高技术产业支撑不足

从高新经济技术方面的技术制造产业的比值占经济总经济产值的比重看，2015 年"拓展区"为 19.4%，比"核心区"和"发展新区"分别低了 22.6% 和 0.3%。

（3）与主要指标差距较大

这几年重庆区域经济发展取得了不错成果，但与规划设定的主要目标距离仍然较大。

四、对策及建议

（一）细化发展路径

1. 都市功能核心区，注重提升软实力

为强化核心区经济软实力的提升，必须高度重视服务业的发展，提升发展速度，提高份额占比。

2. 都市功能拓展区，注重产业高端化

都市功能拓展区必须找准定位，注重产业规划，不断发展提升经济总量，同时发展产业特色，重点发展高端化产业，形成自身优势，区别于"发展新区"。

3. 城市发展新区，注重产业基地打造

根据区域发展规划，"发展新区"要推进全市"新四化"的发展，必须不断提升制造产业水平，逐步打造现代新型制造产业发展基地，不断完善配套产业基地建设。

4. "涵养""保护"区，注重特色产业发展

"涵养"和"保护"两区需进一步认清定位，生态在前，发展在后。

（二）政府推动功能区间协调发展

1. 出台产业扶持政策，优化产业结构

根据功能目标的定位，出台产业政策引导区域间形成主体功能，制定的产业政策要相对细致，指向要明确，主要是依据不同的主体功能区以及相应的资源环境承载能力的强弱，实施有差别的产业政策。

2. 建立对口帮扶机制，缩小区域差距

根据五大功能区的精神，对口帮扶机制是由都市功能两区和城市发展新区等有对口帮扶任务的区县带头，重点重大企业，高校以及科研单位等多方面的参与。通过实施融资政策支持、建立产业之间的联动机制、开展劳务用工合作、加大人口迁移承接、开展教育资源共享等帮扶工作。

3. 优惠的财政政策，促进资金平衡

制定主要的重点的财政功能方面政策主要是为了实现功能经济措施及补偿和财政分配方面的利益调节，通过专项的财政支持，促进重庆主体的功能区的快速形成。

4. 人口引导政策，促进人口集聚

为了促使人口方面分布更加合理，使其与经济社会方面发展布局相互适应，使城市化地区增强人口的集聚，破除限制人口转移制度的障碍；还要防止人口向特大城市过度集聚。

（三）市场推动功能区间协调发展

1. 实行区域分工，促进优势产业发展

都市功能核心区：吸引高端服务业再次集聚形成西部服务业集聚地。都市功能拓展区：打造总部基地。城市发展新区：充分利用承接发达国家和地区先进制造业转移作用。渝东北生态涵养区利用区域的优势，积极引进电子、生物等高技术产业。渝东南生态保护区充分利用资源优势，努力打造农林产品基地。

2. 形成区域共同市场，提高要素流动性

（1）建立商品自由流动共同市场

重庆在推动五大功能区间协调发展的过程中，可以借鉴欧盟的成功经验逐步消除行政壁垒，构建区域共同市场。

（2）统一市场准入门槛

加强开发发展，加大市场开放力度，同时规范市场准入机制，坚决打破传统的区域内行政区的限制，把条件、程序、服务、监管统一，企业可以进行异地冠名，简化申办流程和手续等。

（3）构建一体化区域基础设施

一体化市场必须有一体化基础设施，主要的是交通基础设施，完善交通基础设施可以减少劳动力和产品的流动成本，是打破市场空间限制的基本手段。

（四）社会推动功能区间协调发展

在政府和市场同时失灵的领域，应该将更多的注意力转向社会机制的作用，主要有以下三方面：

1. 在社会上完善信息的知情和表达机制

行政机关应该建立健全信息处理机制，严格按照规定进行信息的披露并及时反馈公众的意见和建议；公众应当通过正当的途径消化、吸收、传播相关信息，保障信息正确、高效的传播，正确引导舆论舆情。

2. 完善公众监督机制

政府严格按照程序执行公众参与决定的重大事项。

3. 完善责任追究机制

建立健全相关法律制度，完善责任追究机制，保障公众依法参与公共事项，责任明确，确保各项事业顺利推进。

五、结论

为了解五大功能区的发展状况，本论文从收集资料、分析数据和案例的分析进行了现状和特点的研究以及存在问题的分析。最终得出重庆五大功能区现行的经济情况处于不断上升，优化的状态。也了解到各个功能区的经济情况，自身的资源优势是未来提升经济的重要途径并能解决经济发展的不足之处。

参考文献

［1］陈易.重庆市委研究进一步推到五大功能区域建设工作［N］.重庆日报，2014.09.12.

［2］宁海涛.重庆五大功能区区域经济协调发展研究.［D］.重庆：重庆工商大学，2014.

［3］励娜.重庆五大功能区发展现状、差距及对策［J］.重庆经济报，2014（3）.

［4］杨庆育.主体功能区规划实践和政策因应：重庆样本［J］.改革，2011（3）.

［5］田禾.区域互动与我国区域经济协调发展研究［D］.武汉：武汉理工大学，2007.

［6］李尊实，张炜熙，高铭杉.区域发展协调高度评价［J］.经济论坛，2006（12）.

贵州省城镇化与农业现代化
协调发展的思路和对策

石虹

【 贵州大学经济学院 】

[摘要] 本文主要通过分析贵州省城镇化发展现状、农业现代化发展现状，找出贵州"两化"协调发展的相关制约因素，以此提出贵州城镇化与农业现代化互动发展的总体思路，并给出具体实施对策。

[关键词] 城镇化　农业现代化　总体思路

贵州作为我国西南内陆欠发达省份，经济发展相对落后，城乡二元结构特征明显，城镇化与农业现代化协调发展效果不突出。2010 年，贵州提出"工业强省"战略，全省着力发展工业，发展速度较之前有了很大提升，进一步推进城镇化进程，而城镇化发展对农业现代化的带动作用并不显著，农业现代化发展缓慢。

一、贵州城镇化发展现状及分析

从世界范围来看，城镇化发展阶段一般要经历三个时期，前期的初始发展阶段，城镇化率处于零至 25% 之间；中期的快速发展阶段，城镇化率处于 25% 至 75% 之间；后期的平稳发展阶段，城镇化率大于 75%；整个发展历程如同一条被延伸的"倒 S"形曲线（如图 1 所示）。贵州近十年来城镇化率从 25% 上升至 40%，处于城镇化快速发展阶段，但离 75% 以上的平稳发展阶段仍有很大差距，主要原因不仅在于贵州省城镇化发展水平整体不高，还在于省内各市州城镇化发展状况存在差别。

一方面，由城镇化动力机制理论可知，第一产业是城镇化发展的内生动力，第二产业是城镇化发展的直接动力，第三产业是城镇化发展的后续

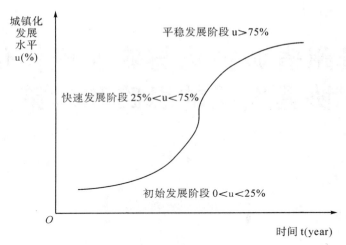

图 1　城镇化发展阶段"倒 S"曲线图

动力，其中二、三产业发展程度的强弱决定了城镇化经济水平的高低，而经济增长又是保证城镇化向前推进的前提基础，国内生产总值（GDP）是衡量一国或地区经济发展情况的重要指标，人均 GDP 又是显示一国或地区人民生活水平的基本评价标准，二者能够凸显城镇化的经济发展水平。2015 年《中国统计年鉴》显示，2014 年我国国内生产总值 636 138.7 亿元，国内人均 GDP 达 46 629 元，贵州省内生产总值 9 266.39 亿元，省内人均生产总值达 26 437 元，贵州生产总值仅是我国 GDP 的 1/68，贵州人均生产总值刚过我国人均 GDP 的一半，经济发展落后是贵州城镇化发展水平低于全国和其他省市平均水平的根本原因。

另一方面，从三类产业结构来看，贵州第二、三产业产值占生产总值比重较大，第三产业产值占生产总值比重略大于第二产业，第一产业产值占生产总值比重较小，且与第二、三产业差距过大（如图 2 所示），截至2015 年年底，第一产业产值主要来源于农业，农业增加值占地区生产总值比重 62.6%，林业、畜牧业、渔业和相关服务业占比较小，第二产业产值主要来源于工业，工业总产值占地区生产总值比重 33.6%，第三产业产值主要来源于其他服务业，产值占地区生产总值比重 18%，其中非营利性服务业产值占地区生产总值比重 11.4%，贵州当前的三类产业格局形成了"三二一"发展结构，这是贵州近年来产业结构逐渐合理化的发展结果，特别是第三产业对生产总值的贡献突出，第三产业每增加 1 个百分点时，贵州省内生产总值增加 0.4 个百分点，第一、二产业增加 0.2 和 0.3 个百分点。产业结构优化有利于贵州城镇化的发展，但三类产业就业人员分布

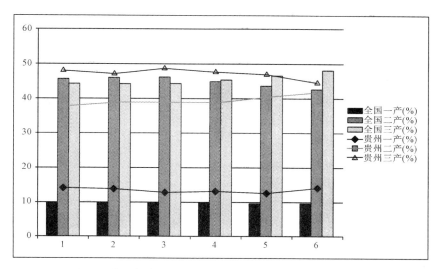

图2　贵州与全国"三类"产业产值占生产总值比重图

数据来源：笔者通过整理贵州省2015年、2012年、2010年统计年鉴以及《中国统计年鉴》2015年相关数据，计算得出图中所需比重。

不合理增加了贵州城镇化发展的难度。截至2015年年底，贵州第一产业就业人数占全省就业总人数的61.3%，第二产业就业人数占全省就业总人数的15.3%，第三产业就业人数占全省就业总人数的23.4%，第一产业就业人员所占比重过大，与二、三产业就业人员比重拉大差距，成为延缓城镇化进程中农业剩余劳动力向城镇地区转移的重要原因。

再一方面，劳动力素质普遍低下也是抑制贵州城镇化发展的重要原因，虽然城镇化加快了农业剩余劳动力的转移，但这部分人口多是文化素质低下、技术水平不高和思想观念落后的群体，城镇工业部门需要具备一定科学素养和知识技能的劳动者，第三产业部门需要具备一定服务技能和服务意识的劳动者，所以劳动力素质成为贵州城镇化发展的重要瓶颈。毛入学率是衡量一国或地区教育发展水平的重要指标，也能相对体现劳动力素质培养状况。截至2015年年底，贵州省内各级各类学生初中阶段毛入学率是102.5%，高中阶段毛入学率是78%，高等教育毛入学率是29.4%，初中阶段教育覆盖程度高，高中阶段教育覆盖程度较高，仍有待提升，高等教育覆盖程度偏低，不足30%，上升空间还很大，所以提高贵州劳动力素质教育整体水平对推进城镇化进程迫在眉睫。

最后，从国家和地方政府对贵州城镇化发展的投入来看，截至2015年年底，贵州全社会固定资产投资9 025.75亿元，中央投入605.6亿元仅占

6.7%，资金来源合计 9 955.33 亿元，国家预算内资金 644.4 亿元，且近年来增幅不明显。城镇化发展过程中需要大量的资金投入，不仅仅需要城镇第二、三产业的建设资金，更需要城镇基础公共设施建设和基本民生保障资金，所以政府的资金投入小增大了城镇化发展的集资困难，然而地方政府的资金投入是贵州省城镇化发展资金来源的关键，由于贵州经济发展水平落后于全国及其他大多数省市，造成地方政府财政收入偏低，城镇化发展投入资金短缺，影响了贵州城镇化发展水平的提高。

二、贵州农业现代化发展现状及分析

贵州农业现代化发展处于发展阶段的第二步即起步阶段，对于这种现象的解释，可以从贵州人口与耕地的关系、农业基础设施条件和农民生活水平三个方面进行剖析。在人口与耕地的关系上，截至 2015 年年底，贵州省内耕地总面积 4 548 100 hm²，农村总人口数 2 104.47 万人，折算得农村每人耕地面积约为 0.22 hm²，即 3.3 亩地，可以看出分摊到农民身上的农业土地耕种面积小，这样不利于调动农民耕种土地的积极性。除此之外，贵州第一产业就业人数占全省就业总人数比重 61.3%，高于同期城镇常住人口比重 40.01%，相差近 22 个百分点，过高的农业就业人数比重与过低的城镇常住人口比重说明第一产业就业人员多聚集在农村，城镇化发展对第一产业劳动力剩余的转移吸收效果不明显。土地耕种面积少，农村聚集大量第一产业就业人员，很容易出现农业劳动生产率低下的现实局面。2014 年，贵州第一产业生产总值 1 280.45 亿元，第一产业就业人数 1 171.02 万人，计算得出农民劳动生产效益为 10 934.48 元/人，离标准参考值还有很大差距，印证了贵州农业劳动生产效率偏低的事实，延缓了农业现代化的发展进度。

在农业基础设施条件上，贵州农业现代化发展的物质条件有待改善，首先，农业生产的机械化水平偏低，不仅一公顷耕地面积机械总动力数低，仅为 5.41 kw/hm²，只接近标准参考值的三分之一，而且农业机械装备油耗过高，废弃物排放量大，利用效率低下，弱化了贵州农业现代化的机械耕作能力，因此降低农业机械作业的能耗和污染物排放应该作为贵州农业现代化发展的重要目标。其次，农用基本物资使用量过小，一公顷耕地面积化肥施用量 222.71 kg/hm²，仅接近标准参考值的一半。贵州地处西南内陆，土壤类型以黄壤居多，第二是石灰土。有研究显示土壤有机质含量最高的三个省份是贵州、西藏和黑龙江，但农用化肥的不合理施用会导致土壤有机质含量降低，化肥施用量偏低不利于提高土壤产出能力，化

肥施用量过多抑制耕地自我修复，所以贵州的农用基本物资使用上要结合耕地和土壤类型注重量的控制。最后，农业水利设施建设能力薄弱，全省耕地有效灌溉面积 31.43%，仅到标准参考值的三分之一，证明耕地灌溉效率低下，大面积耕地无法得到水利设施的完全灌溉，耕地灌溉覆盖面小说明了贵州农业耕种主要依靠气候变化，只有在温和湿润的天气下有利于降水并灌溉农田，但寒冷干燥的天气就增大了耕地的干旱程度，加强水利设施建设，提高有效灌溉率也是改善贵州农业基础设施条件的重要举措。

在农民生活水平上，贵州城乡居民贫富差距过大，农村居民人均纯收入远远低于城镇居民人均可支配收入。截至 2015 年年底，贵州城镇居民人均可支配收入 22 548 元，农村居民人均纯收入 6 671 元，城乡居民人均收入比 3.38，大幅度超过标准参考值，同期城镇居民恩格尔系数 34.9%，农村居民恩格尔系数 41.7%，城镇居民生活富裕程度明显高于农村居民。城乡居民人均收入比例和农村居民恩格尔系数基本上能够反映一国或地区的城乡居民生活水平差异，城乡居民人均收入比例越高说明城镇居民人均收入水平高于农村居民，城镇居民消费能力强于农村居民，城镇相对富裕，农村恩格尔系数值越大说明农村居民在日常生活中对食品类必需品支出较大，且是家庭主要支出，农村相对贫穷。贵州农村居民人均收入低，恩格尔系数高，农民生活水平普遍偏低，与城镇居民形成鲜明反差。农业现代化不仅是科技设施的现代化，更是农民生活条件改善的现代化，只有缩小城乡差距，提高农民收入水平才能为贵州农业现代化的实现注入源源不断的动力。

三、贵州"两化"协调发展的相关制约因素分析

贵州省农业现代化在一定程度促进城镇化的发展，但城镇化对农业现代化进步的拉动力度不强，"两化"的良性发展存在着一系列制约因素。

（1）我省农业现代化对城镇化的发展具有一定促进作用，但由于农业现代化整体水平不高，农业生产投入、农业生产产出、农村社会发展和农村生态发展都达不到平均参考标准，所以这种作用产生的效果还需加强。农业现代化综合发展程度的提高可以看作是"两化"互动发展的基础，也是重要制约因素，只有现代农业的经济发展、社会发展与生态发展水平的全面提升才能实现农业现代化，从而进一步促进城镇化发展。

（2）我省城镇化对农业现代化的拉力不足，基本上没有产生推动影响，主要是省内地区间城镇化的发展水平差异，综合发展来看的城镇化并没有促进农业现代化，所以增强城镇化的拉动力也成了"两化"互动发展

的制约因素，其中城镇户籍制度的改革，保障农业剩余劳动力转移到城镇后的户籍归属，是解决互动发展阻碍的一个核心因素。

（3）我省城镇化与农业现代化的互动发展制约还有一个关键性因素，即是劳动人口素质问题，由于城镇工业和第三产业的快速发展，农村剩余劳动力大量向城镇转移，但多数劳动人口并没有具备现代化的生产生活素质，无法更好地适应城镇发展，所以劳动人口素质是制约"两化"发展的重要因素，"以人为本"的社会大观念下，提高贵州劳动人口素质能够促进我省城镇化与农业现代化的互动发展。

四、贵州城镇化与农业现代化协调发展的总体思路

1. 政府政策引导方面

2015年中央一号文件针对社会经济发展的全新态势，提出城镇化发展深入的同时稳妥转变农业发展与经营模式，努力推动现代农业发展；2015年年底，贵州省国民经济和社会发展第十三个五年规划纲要出台，重点指出"两化"在互动发展时面对的机遇与困难要学会取长补短，实现城镇化对农业现代化的整体推进；紧接着2016年中央一号文件再次强调要发展新时期适应经济形势的新型城镇化，引导农业走高产高效、节约资源、保护环境的现代农业发展道路；同时发布的2016年我国国民经济和社会发展第十三个五年规划纲要也对城镇化与农业现代化的互动发展高度重视，纲要明确表示城镇化要大力发展新机制，提高城镇发展的综合水平以拉动农业现代化向前进步，提高城镇化的拉力作用。

历年来，国家和各级政府对城镇化与农业现代化的发展状况一直密切关注，多项政府工作文件和报告都显示了要把"两化"协调发展好的坚定决心，贵州在城镇化与农业现代化的互动发展上，重点解决的问题是城镇化对农业现代化的拉动影响，因为我省当前面临着城镇化对农业现代化发展几乎无明显推动效果的现实局面，所以更应该坚持政府有关城镇化带动战略的相关引导政策，要一致强调发展城镇化，带动农业现代化，实现二者的良性互动，这对于缩小我国社会城乡差距具有积极意义，由此在我省城镇化与农业现代化的互动发展思路上要切实把握好国家和政府的政策引导，努力完成各项政策指标。

2. 社会经济体制方面

社会经济体制对城镇化与农业现代化的协调发展有着关键的影响，从城镇化来看，新的经济体制主要体现在国企的有效改革、市场的健全机制、行政管理的简化体制等；从农业现代化来看，则体现在现代产权制度的建立、国家税收制度的监管、农村经济环境的宏观调控等；城镇与农村经济体制的完善与改革对城镇化与农业现代化的互动发展产生强大助力。新的经济体制为城镇化的发展提供了有效的经济制度保证，时下国企的有效改革活跃了我国社会各类企业间的积极发展氛围，为现代农业产业化发展注入了新的经济活力；市场的健全机制有利于城镇和农村经营要素的合理有效流动，让城镇化提高了农业的现代商业化水平，实现城乡市场的高度融合与开放统一；行政管理的简化体制则主要是简明优化政府服务机构，提高政府职能部门的工作效率有力支持农业现代化建设。农业现代化发展中，现代产权制度的建立更加清晰地分辨权责所有，维护农业现代化在城镇化推进过程中农民的经济权益；国家税收制度的监管有效调节了现代农村企业税收的征收与减免，让城镇化的经济拉动有了国家财政保证；农村经济环境的宏观调控是政府对农村建设和农业发展的主力，只有经济发展环境好，城镇化才能在推动现代农业发展中发挥有力作用。

坚持基本的公有制，社会经济体制的创新改革与发展是我国城镇化与农业现代化互动的体制基础，贵州只有在适应经济体制的改革与创新下才能实现城镇化的又好又快发展，同时拉动农业现代化的前进，因此在我省城镇化与农业现代化的互动发展思路上同样要准确认定适应国家经济发展情况的社会经济体制。

3. 产业经济结构方面

我国改革开放以来，各行各业的产业经济结构经过多番调整，逐渐为社会经济的发展打下良性框架，城镇化与农业现代化的互动发展对产业经济结构的升级优化具有迫切需求。"两化"发展过程中，工业、农业、第三产业的产业经济结构好坏直接决定了社会发展的方向和现代化程度，所以重视产业经济结构调整是城镇化与农业现代化互动发展的有力保障。

三次产业的生产发展水平对城镇化与农业现代化的互动前进具有内在的推动作用。贵州只有各产业经济结构合理，才能做到农业在工业推进其现代化发展时，农业自身的经济结构基础优化使得推动加速，第三产业更进一步激发这种拉动力，所以在我省城镇化与农业现代化的互动发展思路上必须要高度重视产业经济结构的问题。

4. 自然生态环境方面

当下自然生态环境的保护对于城镇农村经济社会的发展面临着重点突出的几个问题，只有解决好这些问题才能为城镇化和农业现代化的互动建立起健康的生态发展环境。第一，党和国家对自然生态环境的政策偏向和保护，政府每年都会针对自然生态环境出台各项政策和保护措施，但政策

的执行力和措施的反应效果还有待提升，贵州 2014 年全省平均森林覆盖率
49%，但与上年相比森林妨害能力下降 9.3 个百分点，同时工业用水的污
染排放也比上年增加 6.4 个百分点，说明贵州的自然生态环境保护还需努
力，要落实好相应的政策指导。第二，自然生态资源的非合理利用，城镇
化进程中工业进步多依赖不可再生资源，而资源的浪费和无效运用严重影
响工业发展的物质资源供给，同时农村因为自然资源利用不当引起的多种
自然灾害现象也降低了农业生产能力，城镇化进程受阻，农业现代化基础
薄弱，城镇化对农业现代化的拉动更加困难。第三，加强治理自然生态环
境污染，城镇工业部门生产废弃物与污水排放对生态是个致命的伤害，农
业部门农作物种植中化肥施用量过高加速了耕地的荒漠化情况，城镇居民
与农村居民未妥善处理的生活垃圾也对生态环境污染雪上加霜，只有各自
控制好污染才能谈经济的发展，才能做好城镇化对农业现代化的进一步
推动。

生态环境的保护是人类社会经济发展得以可持续进步的基本条件，环
境保护好是发展的前提，发展做得好也会为保护环境更尽心尽力，环境与
发展合二为一，因此在我省城镇化与农业现代化的互动发展思路上要对自
然生态环境进行不遗余力的保护。

五、贵州城镇化与农业现代化协调发展的对策

1. 坚持政府政策导向，加强政策实施效果

首先，从坚持政府政策导向出发，贵州要在 2015 年、2016 年中央一
号文件的指导下继续重视城镇化与农业现代化的互动发展，大力统筹城镇
和农村各项基础设施建设，把城镇化对农业现代化的拉动作用提升到经济
发展的重心上来，同时审视贵州"十二五"规划以来所取得的成果与不
足，结合刚发布的贵州"十三五"规划，着力解决城镇化与农业现代化的
发展瓶颈，处理好贵州城镇体系建设问题，以城镇化发展较好的贵阳、黔
南州和六盘水带动周边市州发展，促进农村地区山地农业和家庭农业的产
业生产与销售，走一条城镇化带动农业现代化发展的互动道路。其次，从
加强政策实施效果出发，贵州不仅要把用城镇化促进农业现代化发展的政
策落到实处，更要进行政策实施的后续监督，省内各级政府应提高对各项
政策的监管力度，加强涉及"两化"发展的各政府职能部门人员的稽查意
识，时刻保持对违纪和违法行为的严厉打击，特别是城镇化发展中对农村
地区的专款补贴和农村环境改善问题，要让城镇化对农业现代化的拉动出
成果、出效果。最后，坚持政府政策导向，加强政策实施效果的双向结合

能在贵州城镇化与农业现代化的发展道路上发挥一个国家和社会引路人的角色。

2. 打好现代农业基础，提高城镇化拉动力

打好现代农业发展基础，是农业现代化实现的最基本条件，也能为城镇化的拉动做好准备工作，贵州当前的农业发展现状是水平不高，农业基础设施不健全，农业生产投入水平、农业生产产出水平、农村社会发展水平均达不到农业现代化要求的标准参考水平，所以增强农业的基础建设，优化农村生产和经营体系，改善农村风貌，增加农民收入，提高农业劳动生产效益成为发展贵州农业现代化的必经之路，其中应重点强调发展贵州山地农业，建立农村山地产业园区，打造我省特色农业品牌，多培育现代产业化农民，在保证基本粮食作物生产种植的前提下加大对茶叶、烤烟、中药材类经济作物的投入，并与生态渔业相结合，实现农业的循环发展。提高城镇化的拉动力，不仅能促进城镇化的自身发展，而且能对农业现代化释放推力。我省城镇化发展对农业现代化的拉力明显不够，在于省内地区间城镇建设体系不完善，多数城镇主要集中在个别大城市周围，省会贵阳的城镇化水平与其他市州相比比重过高，换句话说就是贵州在城镇化发展上忽略了"综合发展、共同进步"这一发展宗旨，经济偏向主要城市，并没有兼顾全省的城镇化协调发展，所以我省城镇化对农业现代化拉动力的提高还要回到缩小省内城镇发展差距上来。

3. 转变农业迁移人口，加快融入城镇建设

转变贵州农业迁移人口，我们第一步要做的是提高农业转移人口自身综合素养水平，对这部分农民加强生产技能培训，接受现代化科学技术知识灌输，树立正确的城镇化建设价值观，我省农业转移人口多为到城镇务工的劳动人员，大多数没有受过专业的技能学习，只会传统的农业耕作，所以注重知识技能教育能为城镇化对农业现代化的拉动加入"人"的助推力。同时，营造城镇化发展中的城镇文化氛围也能对农业人口的转移产生良性推动，原因在于初入城镇的农业转移者一时无法适应现代化的城镇生活，觉得与城镇居民相比有心理上的落差和忧虑，所以加强农村生活基础设施建设，宣扬城镇生活文化有利于农业人口向城镇的迁移。我们第二步要做的是落实农业迁移人口城镇户籍化，即使农民在城镇参与生产生活，如果没有城镇户籍，没有城镇身份，也意味着无法享受和城镇居民一样的医疗、教育、卫生和基本生活保障的同等待遇，所以对转移人口的城镇户籍落实是国家和各级政府的城镇化与农业现代化工作重心，我省同样面临这个棘手的问题。现下只有加强政府监管，保障转移农民的基本权益，做

到让符合条件的农业转移者得到城镇户籍，使更多的农业劳动人口接受新技术新技能，融入城镇建设，实现城镇化对农业现代化的拉动。

4. 保护自然生态环境，创造绿色发展屏障

任何事物的发展都具有两面性，社会经济亦是如此，人类的生产生活必然会对自然生态环境造成影响，无论是良性的还是恶性的，我们都不可轻视，要认真对待。基于社会经济处于生态系统内，所以保护自然生态环境不仅能促进城镇化与农业现代化的互动发展，更能为我省城镇化对农业现代化的促进创造一个绿色发展屏障，实现生态经济发展的可持续。

贵州虽是我国自然资源丰富的省份之一，2014 年森林覆盖率排名在全国 31 个省级地区中相对靠前，保山造林面积也比上一年度有所提升，但退耕还林面积却比 2013 年下降近 60 个百分点，同期森林有害生物防治率也比去年下降，工业固定污染物和废水的排放量比去年增加，这些迹象表明贵州在自然生态环境保护力度上还有待加强，只有保护好我省自然资源丰富的生态环境，才能为城镇化拉力作用的提升创造有利的条件。当下，贵州要做好自然生态环境保护工作，一方面是在政府有力引导的同时要进一步增强城镇和农村地区企业和居民的自我意识，地区内森林木场的违章砍伐，城镇工业部门生产污染物的随意排放，城镇居民生活垃圾的胡乱处理，农村农产品加工生产废弃物的非法安置，农村居民垃圾的任意堆砌都是破坏生态环境的罪恶之源；另一方面是提高工业和农业生产技术，走信息化工业和现代化农业的发展道路，提升工业的技术生产效率并带动农业生产科技能力的提升，增加农民的劳动生产效益，以最少的资源投入得到最大的产出，让城镇化能在一个良好的生态环境中促进农业现代化发展。

参考文献

［1］贵州统计局. 贵州统计年鉴 ［J］. 北京：中国统计出版社，2001 -2015.

［2］国家统计局. 中国统计年鉴 ［J］. 北京：中国统计出版社，2015.

［3］伍国勇. 基于现代多功能农业的工业化、城镇化和农业现代化 "三化" 同步协调发展研究 ［J］. 农业现代化研究，2011 （4）：385-389.

［4］西奥多·舒尔茨. 改造传统农业 ［M］. 梁小民，译. 北京：商务印书馆，1987：85-100.

［5］辛岭，蒋和平. 我国农业现代化发展水平评价指标体系的构建和测算 ［J］. 农业现代化研究，2010 （6）：647-649.

备注：

1. 本文属贵州省教育厅高等学校人文社会科学研究基地项目"贵州省城镇化与农业现代化互动发展的路径研究"。

2. 作者简介：石虹（1976—　），女，汉族，贵州贵阳人；副教授，在贵州大学经济学院任教，主要从事区域经济研究；Tel：0851 - 88293778，E-mail：569955040@qq.com

贵州省城镇化进程与金融
支持耦合协调发展研究

熊晓炼

【 贵州大学经济学院 】

一、引言

党的十八大明确提出了加快推进国家新型城镇化建设的战略任务。作为一个西部多民族、城乡二元结构突出的落后省份，贵州省充分认识到实施新型城镇化带动经济发展战略是改变城乡"二元结构"、解决"三农"问题、统筹城乡发展的根本途径，是转变经济发展方式、扩大投资消费、带动经济增长的重要措施，是推动区域协调发展的动力，是扩大就业、改善民生的必然要求。结合省情，贵州省对新型城镇化建设进行了科学合理的布局，出台了《贵州省山地特色新型城镇化规划（2015—2020 年）》和《贵州省国家新型城镇化综合试验区建设实施方案》，并从新型产业进行培育、生态保护和文化传承、完善基础设施建设和实现公共服务均等化、产业结构优化调整、农村人口加快转移等多方面努力，加快推进贵州省新型城镇化进程。然而仍然依靠传统的政府投融资体制难以满足新型城镇化对大量资金的需求，资金瓶颈是制约新型城镇化进程的一大障碍。为满足不断增长的城镇化资金需求，有必要探索多元化的金融支持方式，发现金融支持贵州省城镇化进程中存在的不足，使金融支持与城镇化发展保持协调的增长速度，实现新型城镇化更好地发展。

二、贵州省城镇化进程现状

（一）城镇规模明显扩大，城镇化水平仍相对较低

从图 1 可看出，2000 年以来，贵州省城镇常住人口从 896.49 万人增加

到 2015 年的 1 482.74 万人，城镇化率也呈现持续上升的态势，从 23.87% 提高到 2015 年的 42.04%，城镇化水平获得了较大的提高。受城乡户籍制度、社会基本医疗与保障等因素制约，增长速度一直远远低于全国平均水平，截至 2015 年与全国平均水平仍有 14.06 个百分比的差距，列全国倒数第二。

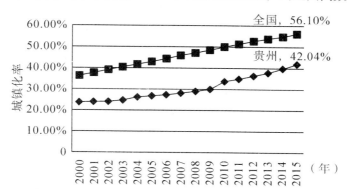

图 1   2000—2015 年贵州省与全国城镇化率

数据来源：《贵州省统计年鉴》（2001—2015）；《中国统计年鉴》（2001—2015）；《2015 年国民经济和社会发展统计公报》；《2015 年贵州省国民经济和社会发展统计公报》。

（二）城镇化发展不均衡，地区差异明显

2015 年全省 9 个市州常住人口城镇化率均在 30% 以上，但各地区发展很不均衡（见图 2）。仅贵阳市城镇化率超过 50%；遵义市、六盘水市、黔南州和安顺市城镇化率高于全省平均水平，但均未超过 50%；黔西南州、铜仁市、黔东南州和毕节市低于全省平均水平。全省城镇化水平最高的贵阳市与城镇化水平较低的毕节市相差 42.30 个百分点，差距十分明显。

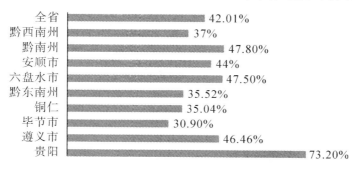

图 2   2015 年全省分市州城镇化率

数据来源：《2015 年国民经济和社会发展统计公报》；《2015 年贵州省国民经济和社会发展统计公报》。

（三）产业结构不断优化，二、三产业吸纳就业能力不足

从图3看到，从2000年到2015年贵州产业结构比看，第一产业增加值占比从2000年的26.33%逐步下降到2012年的12.35%，下降比较明显，2015年又上升到15.62%；第二产业增加值占比变动不大，基本维持在40%左右的水平；第三产业历经多年的调整和发展，增加值占比逐年上升，从2000年的35.68%上升到2011年的48.78%，2012年后比重有所回落，2015年达到44.89%。2000—2005年第二产业的比值还高于第三产业，2005年后第三产业占总产值比重就一直超过第二产业，第一产业产值占GDP的比重不断下降，产业结构也从"二三一"演变到2005年以后二、三产业均衡发展的"三二一"。这说明贵州省第三产业有较好的发展基础，发展潜力较大，第三产业对贵州省经济发展的拉动最大。2015年实现城镇新增就业72.68万人，比上年增长6.3%。

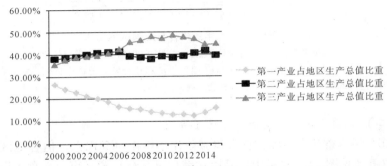

图3　2000—2015年贵州省三大产业占地区生产总值的比重
数据来源：wind资讯

从三大产业从业人数占总人口比重看，第一产业从业人数占比呈现明显的下降，从2000年的69.95%下降到2014年的61.32%，但从业人数占比与其产值贡献出现明显地不均衡；第二、三产业从业人数占比呈现缓慢上升的趋势，就业结构的变化说明，从第一产业中分离出来的剩余劳动力大多数进入了第二、三产业，这是工业化过程的体现。但第一产业从业人员占比六成多，而二、三产业仅四成不到，就业结构与产业结构出现明显偏离，贵州省城镇化进程相对有所滞后。

（四）城乡居民收入不断增加，城乡收入差距缩小

随着贵州省经济发展，城乡居民收入快速增加，城乡居民生活水平得到改善。2000—2015年贵州省城镇居民收入从5 121.22元提高到24 579.64元，增长4.8倍；农村居民收入从1 374.16元提高到7 386.87元，增长5.37倍，可见贵州省农村居民收入的增长速度快于城镇居民收入

增长。城乡居民收入之比由 2000 年的 3.73 倍下降为到 2015 年的 3.33 倍，收入差距不断缩小。这是贵州省在以城镇化推动城乡一体化，取得的成绩。

三、贵州省城镇化进程与金融支持的耦合协调度实证

城镇化进程与金融支持是具有内在结构的两个综合系统，应由众多指标构成的指标体系进行整体评价。为定量考察贵州省城镇化进程与金融支持两个系统之间的协调性，需在对两个系统进行综合评价的基础上再对两者的协调状况进行有效评价，并引入协调模型进行定量分析，探寻金融支持与城镇化进程协调发展中存在的问题。

（一）评价指标体系的构建

为客观反映贵州省城镇化进程及金融支持体系的发展情况，遵循指标的科学性、系统性、可比性与可获取性原则，对新型城镇化及金融支持进行衡量。

1. 城镇化指标体系

结合当前新型城镇化坚持以人为本，强调城乡基础设施一体化与公共服务均等化，注重可持续发展和协调性的特征，在城镇化综合指标体系下选取了人口、经济、生活及空间等方面的 4 个二级指标和 15 个三级指标。

人口城镇化方面涉及城镇人口数量、城镇人口占总人口比重（即城镇化率）、城镇人口增长率、人口自然增长率等指标，其中城镇人口数量与城镇人口占总人口比重反映城镇人口数量的增长状况，考虑新型城镇化是可持续发展的城镇化，因而需结合城镇人口的增长速度以及人口自然增长率的发展情况。

经济城镇化是城镇化的重要推动力，主要指经济总量方面的提升以及经济结构的非农化，即由农业转向工业、制造业、服务业等。第三产业的发展是城镇化程度的重要表现，因而选取人均地区生产总值、第二产业产值占地区生产总值比重、第三产业产值占地区生产总值比重等指标，而二、三产业就业总人数可反映二、三产业所吸纳的城镇就业水平，间接说明城镇化发展水平。

生活城镇化方面选取非农业人口占总人口比重、城镇人均住宅面积（平方米）、每万人拥有执业医师数、普通高等学校在校学生数等指标，它们可分别反映真正享受城镇化发展水平的人群、城镇化基础设施以及公共服务发展水平，集中体现新型城镇化以人为本的核心。

空间城镇化指城镇空间的不断扩大，选取建成区面积、人均拥有城市

道路面积、人均公共绿地面积等指标，体现了城镇空间的拓展程度以及新型城镇化要求下的空间集约利用的程度。

2. 金融支持指标体系

由于当前贵州省城镇化建设资金主要来自于银行信贷以及政府的投入，所以城镇化建设资金主要依赖金融业资金的支持。在金融支持指标体系的选取上，考虑用金融支持规模、金融支持结构与金融支持效率指标。

金融支持规模借鉴戈德·史密斯提出的金融相关率这一狭义指标，用全部金融资产价值与该区域经济活动总量之比。一般情况下金融相关率越高，该地区金融市场越发达，金融支持规模越大。由于全部金融资产价值缺乏相关统计口径，用金融机构存贷款总额来替代全部金融资产总值，用地区生产总值替代经济活动总量。

金融支持结构指金融市场各个组成部分的分布情况、相对规模及其相互关系与配合状况。由于城镇化建设从金融机构获取的资金主要是中长期贷款，因而用中长期贷款额与总贷款额之比衡量城镇化金融支持结构。

金融支持效率是体现金融机构营运效率的指标，主要指金融机构将储蓄转化为投资，以及转化的力度与方式等，新增存贷比能较好地反映金融机构将新增存款转化为城镇化建设贷款的情况，因而用金融机构新增贷款量与金融机构新增存款量之比衡量金融支持效率。

（二）数据来源及指标权重的确定

构建的城镇化指标体系与金融支持指标体系如表 1 所示，相关三级指标来源于《贵州省统计年鉴》《中国统计年鉴》及 Wind 资讯，由于部分城镇化指标 2015 年数据尚未公布，因而实证分析仅采用 2000—2014 年的数据。

由于评价指标存在着量纲上的差异，先对指标进行了无量纲化处理，指标体系中各指标权重的确定采取均方差权值法，计算得到各指标的权重。

（三）城镇化指数与金融支持指数计算与分析

1. 指数计算

综合指数 X 、Y 的计算公式如下：

$$X = a_1 X_1' + a_2 X_2' + \cdots + a_m X_m';$$

$$Y = b_1 Y_1' + b_2 Y_2' + \cdots + b_n Y_n'.$$

式中，X 和 Y 分别是金融支持和城镇化综合发展水平指数，X_m'、Y_n' 分别为二者的下属指标标准化值，a_m、b_n 分别为下属指标对应的权重，m、n 分别为金融支持与城镇化下属指标数量。

表 1　　　　城镇化指标体系与金融支持指标体系及权重值

一级指标	二级指标	三级指标	权重
城镇化综合指数	人口城镇化	城镇人口数量（万人）	0.119 4
		城镇人口占总人口比重（%）	0.290 7
		城镇人口增长率（%）	0.002 2
		人口自然增长率（%）	0.057 1
	经济城镇化	人均地区生产总值（亿元）	0.303 1
		第二产业产值占地区生产总值比重（%）	0.000 2
		第三产业产值占地区生产总值比重（%）	0.000 3
		二、三产业就业总人口（万人）	0.011 4
	生活城镇化	非农业人口占总人口比重（%）	0.057 9
		城镇人均住宅面积（平方米）	0.037 3
		每万人拥有执业医师数（人）	0.028 4
		普通高等学校在校学生数（万人）	0.030 2
	空间城镇化	建成区面积（平方千米）	0.019 7
		人均拥有城市道路面积（平方米）	0.035 3
		人均公共绿地面积（平方米）	0.024 2
金融支持综合指数	金融支持规模	金融相关率	0.544 23
	金融支持结构	中长期贷款额/贷款总额	0.320 74
	金融支持效率	金融机构新增贷款量/金融机构新增存款量	0.135 03

2. 城镇化指数

从表 2 可以看出 2000—2014 年贵州省城镇化综合指数呈现上升趋势，反映出贵州省城镇化发展水平不断提高。从各项指数变化情况看，空间城镇化指数在 2005 年以前为负，之后转为正值，但数值一直较小，说明城镇空间在逐渐扩大；2009 年以前新型城镇化指数、人口城镇化指数、经济城镇化指数、生活城镇化指数均为负值，2009 年及之后指数转为正数且逐年上升，呈现良好趋势，也说明经济及生活城镇化对贵州省城镇化进程有重要影响。

表2 城镇化二级指标指数及综合指数

年份	新型城镇化综合指数 Y	人口城镇化指数 Y_1	经济城镇化指数 Y_2	生活城镇化指数 Y_3	空间城镇化指数 Y_4
2000	−1.014 780	−0.028 955	−0.983 992	−0.003 675	−0.001 832
2001	−0.996 863	−0.042 649	−0.952 794	−0.003 398	−0.001 420
2002	−0.956 089	−0.035 608	−0.919 607	−0.002 745	−0.000 874
2003	−0.887 075	−0.023 779	−0.862 417	−0.002 339	−0.000 880
2004	−0.793 295	−0.009 293	−0.783 245	−0.001 796	−0.000 758
2005	−0.667 353	−0.022 177	−0.644 829	−0.001 821	−0.000 347
2006	−0.545 430	−0.017 830	−0.527 661	−0.001 658	0.000 061
2007	−0.339 182	−0.013 785	−0.325 697	−0.001 092	0.000 300
2008	−0.078 692	−0.006 828	−0.071 949	−0.006 495	0.000 085
2009	0.069 547	−0.002 050	0.071 401	0.003 198	0.000 197
2010	0.364 890	0.017 491	0.347 108	0.009 877	0.000 291
2011	0.796 218	0.025 872	0.769 925	0.012 425	0.000 420
2012	1.231 970	0.038 376	1.192 984	0.016 783	0.000 610
2013	1.688 423	0.051 851	1.634 640	0.036 942	0.001 932
2014	2.127 711	0.069 365	2.056 133	0.047 158	0.002 213

3. 金融支持指数

2000—2014 年金融支持综合指数整体呈上升趋势，说明贵州省金融支持力度在不断加大。但金融支持综合指数仍小于贵州省城镇化综合指数，在一定程度上说明贵州省金融支持水平落后于城镇化发展进程。金融支持规模指数呈逐年增长趋势较为明显，金融支持结构指数除 2008—2010 年有相对下降外，其余年份均呈上升趋势，说明贵州省金融支持规模和金融支持结构均出现良好发展状态；而金融支持效率指数正负交错，且数值很小，说明贵州省金融支持效率较低，有待提升（见表3）。

表3 金融支持二级指标指数及综合指数

年份	金融支持综合指数 X	金融支持规模指数 X3	金融支持结构指数 X4	金融支持效率指数 X5
2000	−0.985 875	−0.748 945	−0.223 401	−0.000 003

表3(续)

年份	金融支持 综合指数 X	金融支持 规模指数 X3	金融支持 结构指数 X4	金融支持 效率指数 X5
2001	−0.936 332	−0 724 631	−0.210 731	−0.000 007
2002	−0.887 832	−0.631 809	−0.201 203	−0.000 007
2003	−0.812 768	−0.589 734	−0.189 456	−0.000 007
2004	−0.731 214	−0.553 792	−0.178 343	−0.000 004
2005	−0.645 485	−0.479 614	−0.163 959	−0.000 003
2006	0.539 858	0.392 311	0.146 637	−0.000 001
2007	0.419 210	0.299 616	0.118 534	0.000 001
2008	0.252 521	0.167 523	0.082 270	−0.000 008
2009	0.021 207	0.020 412	0.025 648	0.000 004
2010	0.339 015	0.292 517	0.045 334	0.000 005
2011	0.678 947	0.537 015	0.146 519	−0.000 002
2012	1.133 970	0.835 617	0.289 716	0.000 004
2013	1.533 495	1.103 831	0.449 560	0.000 007
2014	2.004 460	1.157 239	0.609 052	0.000 002

(四) 协调度模型的建立及结果分析

1. 协调度模型与协调度类型

利用协调度模型可以判断两个经济系统之间协调发展状况，模型的表达式为

$$C = (X + Y) / \sqrt{X^2 + Y^2}$$

式中，C 为城镇化进程与金融支持两系统间的协调度，X 为金融支持综合指数，Y 为城镇化进程综合指数。C 的取值范围为 −1.414 ≤ C ≤ 1.414。X、Y 均大于等于 0 时，C 取得最大值 1.414；X、Y 均小于等于 0 时，C 取得最小值 −1.414；其他情形的 C 值均介于这二者之间。

协调度类型可根据 X、Y 值的变化划分为六种类型。当 0 ≤ C ≤ 1.414，且 X ≥ 0，Y ≥ 0 时，协调度为正值是高度协调类型，表明城镇化进程与金融支持协调发展处于相对优化状态；当 0 ≤ C ≤ 1.414，且 X ≥ 0，Y ≤ 0 时，协调度为正值是基本协调类型，但城镇化进程低于金融支持水平，系统趋向优化；当 0 ≤ C ≤ 1.414，且 X ≤ 0，Y ≥ 0 时，协调度为正值是弱协调类型，此时城镇化进程高于金融支持发展，城镇化进程将促进金融支持水平

的提高；当$-1.414 \leqslant C \leqslant 0$，且 $X \geqslant 0$，$Y \leqslant 0$ 时，协调度为负值是欠协调类型，城镇化进程低于金融支持发展水平，金融支持将推进城镇化发展，系统具有优化趋势；当$-1.414 \leqslant C \leqslant 0$，且 $X \leqslant 0$，$Y \geqslant 0$ 时，协调度为负值是不协调类型，城镇化进程水平高于金融支持发展水平，说明城镇化进程得不到所需的金融支持；当$-1.414 \leqslant C \leqslant 0$，且 $X \leqslant 0$，$Y \leqslant 0$ 时，协调度为负值是失调类型，城镇化进程与金融支持发展水平均较低，两者的协调状态很差。

2. 贵州省城镇化进程与金融支持协调状况分析

利用关联协调度模型对贵州省城镇化进程与金融支持发展水平协调度计算与判断如表 4 所示。

表 4　　　　　贵州省城镇化进程与金融支持协调度及协调等级

年份	金融支持 综合指数 X	城镇化 综合指数 Y	C 协调度	协调类型 （协调等级）
2000	−0.985 875	−1.014 780	−1.414	失调 6
2001	−0.936 332	−0.996 863	−1.414	失调 6
2002	−0.887 832	−0.956 089	−1.413	失调 6
2003	−0.812 768	−0.887 075	−1.413	失调 6
2004	−0.731 214	−0.793 295	−1.413	失调 6
2005	−0.645 485	−0.667 353	−1.412	失调 6
2006	0.539 858	−0.545 430	−1.262	欠协调 4
2007	0.419 210	−0.339 182	−0.422	欠协调 4
2008	0.252 521	−0.078 692	1.252	基本协调 2
2009	0.021 207	0.069 547	1.248	高度协调 1
2010	0.339 015	0.364 890	1.413	高度协调 1
2011	0.678 947	0.796 218	1.410	高度协调 1
2012	1.133 970	1.231 970	1.413	高度协调 1
2013	1.533 495	1.688 423	1.414	高度协调 1
2014	2.004 460	2.127 711	1.413	高度协调 1

从表 4 显示的协调度及对应的协调类型来看，贵州省城镇化进程与金融支持整体呈现出由失调逐步向协调到高度协调演变的趋势，可以大体分为三个阶段。2000—2005 年为失调阶段，贵州省城镇化综合指数与金融支

持的综合指数均为负数，说明两者的发展水平很低，协调状态差；2006—2008 年为过渡阶段，贵州省城镇化进程与金融支持呈现欠协调和基本协调的状态，体现随着金融支持水平的提高推动城镇化发展的效果开始显现，两者关系由非协调向基本协调转变；2009—2014 年，贵州省城镇化进程与金融支持呈现高度协调状态，反映金融支持经过调整后的持续发展，发展水平提高较快，为贵州省城镇化进程提供了良好的基础，使贵州省城镇化进程在 2009 年后出现不断增长的趋势，两者在此阶段相互影响相互促进。但二者在达到高度协调后金融支持综合指数一直小于城镇化综合指数，说明贵州省金融支持发展水平未能满足城镇化进程发展的需要，城镇化进程下巨大的资金需求需要融资的多元化发展。

四、促进金融支持贵州省城镇化发展的对策

从构建金融支持综合指数的金融支持规模、金融支持结构与金融支持效率指标看，金融支持规模虽然相对高于金融支持结构与金融支持效率，但仍滞后于贵州省城镇化进程，随着贵州省新型城镇化建设的推进，城镇化建设的资金需求将更大，当前的金融支持规模难以满足日益扩大的资金需求；贵州省目前城镇化建设资金主要通过银行间接融资的方式，金融支持结构的单一、不合理制约着城镇化资金的供给；贵州省金融支持效率作用小、波动性大，有待进一步提高。为促进金融支持贵州省城镇化进程，提高二者的相互协调与促进作用，提出如下对策建议。

（一）扩大金融支持规模与城镇化进程相适应

由于城镇化进程中大量基础设施与公共事业项目资金需求巨大，而项目具有的公共产品性质难以获得商业性金融资金，应充分发挥政策性金融的引领作用，合理引导商业性金融机构资金流向，共同参与城镇大型基础设施建设。在未来的城镇化建设中实施金融开放政策，鼓励省内外、境内外银行机构信贷合作业务的发展，不断创新金融产品，积极运用银团贷款、联合贷款、融资租赁、项目融资等方式，发展信托融资、票据融资等为城镇化建设提供资金支持。建立城镇化发展投资基金、产业发展投资基金以及创业风险投资基金，扶持重点产业与中小企业发展，推动产业结构优化发展，为城镇化建设拓宽融资来源。

（二）优化金融支持结构，促进城镇化融资主体多元化

在贵州省城镇化建设中应加大对政府存量资产的管理，在适当条件下对部分竞争性强的资产进行出售或互换，资金收入用于城镇化建设项目的投入；充分发挥政策性金融在基础设施、基础产业和支柱性产业的融资作

用，对城镇化基础设施中的重要项目以财政担保的方式提高商业性金融参与的积极性；大力发展资本市场，积极推动企业上市融资，提高政府发债规模，推行资产证券化；优化投资环境，完善投资管理体制，通过 PPP 等模式吸引社会资本参与城镇化建设。

（三）提高金融支持效率，提升投融资管理水平

为提高金融资源在城镇化建设进程中的有效性，贵州省应结合国家相关规定探讨省内财政资金、债务资金与社会资本在城镇化建设邻域投资的地方性法规；对城镇化重要来源的财政资金应加强预算管理、统筹使用，提高资金使用效率；

建立完善的城镇化投融资的决策机制、运营机制、监督机制与补偿机制，提高资金的管理水平；推进信用体系建设，创造良好的信用环境，有利金融资源的优化配置。

参考文献

［1］杨慧，倪鹏飞. 金融支持新型城镇化研究——基于协调发展的视角［J］. 山西财经大学学报，2015（01）.

［2］郭敏，覃琪，韦庆锋，陈观锐，刘影. 金融支持西部地区新型城镇化路径选择研究：广西实证［J］. 区域金融研究，2014（09）.

［3］马青，蒋录升. 欠发达地区金融支持城镇化建设的调查与思考——基于铜仁地区个案分析［J］. 区域金融研究，2011（01）.

［4］周宗安，王显晖，汪洋. 金融支持新型城镇化建设的实证研究——以山东省为例［J］. 东岳论丛，2015（01）.

［5］陈雨露. 中国新型城镇化建设中的金融支持［J］. 经济研究，2013（02）.

［6］张肃，许慧. 吉林省新型城镇化进程中的金融支持研究［J］. 长春理工大学学报（社会科学版），2015（09）.

［7］王涛. 新型城镇化导向下的金融支持体系研究［D］. 济南：山东财经大学，2014.

通讯地址：贵州省贵阳市花溪区贵州大学（北区）经济学院　熊晓炼（收）

邮编：550025

邮箱：xun-lilu@163.com

电话：13595109296

保险助推脱贫攻坚
理论与贵州实践①

马红梅　邓桢柱

[摘要] 贵州是全国扶贫攻坚的主战场和决战区，保监会决定在贵州建立全国首个"保险助推脱贫攻坚"示范区，探寻贵州脱贫金融扶贫模式。本文介绍了贵州贫困现状和保险业现状，梳理了保险助力脱贫已取得的成效，列举了现阶段保险脱贫实施情况，发现了保险脱贫中存在的问题与不足。本文提出贵州早日实现脱贫任务的措施：第一，完善保险扶贫组织体系建设；第二，注重精准扶贫机制；第三，加大保险扶贫方式创新；第四，建立健全保险扶贫的保障服务机制；第五，加快推进扶贫各项配套政策实现供给侧转变。

[关键词] 保险　扶贫　对策

根据 2015 年中共中央、国务院发布的《中共中央国务院关于打赢脱贫攻坚战的决定》（中发〔2015〕34 号）和中央扶贫开发工作会议精神，指出我国应充分发挥保险行业体制机制优势，创新保险助推脱贫攻坚的思路和途径。2016 年中国保监会与贵州省人民政府共同制定了《关于在贵州建设"保险助推脱贫攻坚"示范区的实施方案》（保监发〔2016〕59 号），贵州在全国率先建设"保险助推脱贫攻坚"示范区，助力贵州"坚决打赢扶贫攻坚战、确保同步全面建成小康社会"。贵州省是全国贫困人口最多、贫困面积最大、贫困程度最深的省份，是全国扶贫攻坚的主战场和决战区。为坚决打赢脱贫攻坚战，顺利完成第一民生工程，"十三五"时期贵州省重点实施大扶贫战略行动，聚力精准脱贫，确立了脱贫攻坚"两步

① 本文系国家自然科学基金项目"农村异质性劳动力内生资本与市民化互动机制研究——以西南民族地区为例"（编号：71663012）的阶段性研究成果。
作者简介：马红梅，教授，贵州大学经济学院、马克思主义经济学发展与应用研究中心，贵州贵阳，550025，jjxymhm@163.com。邓桢柱，贵州大学经济学院金融硕士专业学位研究生。

走"目标任务，确保 2020 年与全国同步全面建成小康社会。

保险作为市场经济的重要产业和风险管理的基本手段，具有经济补偿、融资增信、防损、资金运用等功能。保险与扶贫均以互助互济为基本原则，在扶贫开发上能够有所作为。贵州示范区，是保监会第一次、也是目前唯一一次保险行业全力支持一个省区脱贫攻坚。充分发挥保险功能，拓宽保险领域，探索保险助力脱贫的金融扶贫新经验、新做法，对于贵州金融脱贫模式的研究及推广，具有深远而重大的现实意义。

在贵州建立全国首个"保险助推脱贫攻坚"示范区的背景下，本文介绍了贵州脱贫攻坚现状和保险业现状，梳理了现阶段保险助力脱贫已取得的成效及现阶段推广实施情况，发现实施中存在的问题与不足，结合实际情况为更早实现脱贫任务提出相应对策。

一、相关文献综述

王鸾凤等（2012）认为农村金融发展水平低下会限制金融业对扶贫工作的作用，不健全的保险制度是造成农村金融服务抑制的根本原因之一，同时造成了农村贫困人口排斥金融。因此，提高农业保险制度的质量以提高农村金融发展水平，可以增加贫困群体的收入，提高农村金融扶贫的效力。洪大用（2003）提出我国扶贫政策的缺陷来源于预防性扶贫政策的失灵，失灵的原因包括失业保险范围窄且不规范、医疗保险的"双重缺失"等，加大力度完善社会保障体系有助于扶贫的完成。谭正航（2016）指出农业保险的稳定农民收入、化解农业风险、防控农民因灾致贫与返贫等基本功能，是推进我国农村精准扶贫、精准脱贫和全面建成小康社会战略实施的内在需求。我国农业保险应在合理配置农民保险权利、准确定性农业保险等中解决扶贫对象识别不精准、项目安排不精准、保险补贴不精准以及扶贫到户措施不精准等问题。何学松、孔融（2017）总结保险产品的普遍应用确实提升"因病致穷"等风险冲击的抵御能力，通过削减金融产品成本以增强农民使用金融产品的意愿和能力等途径将有效减缓农村贫困。王雨飞、常璇（2016）以保险业服务扶贫搬迁为切入点探索保险扶贫的精准方式，包括分担社会保障压力、抵御自然意外风险以及创新金融支持形态等。潘国臣、李雪（2016）研究发现，保险可以提供全面的措施以应对脱贫过程中的各类风险，确保较好地发挥风险管理作用。并从政府和保险公司两个角度探讨了推动保险扶贫的体制和机制创新思路。由于扶贫是我国提出的实现全面建成小康社会的重点工作，保险与扶贫的结合是一个有着中国特色的课题，没有看到保险脱贫相关的外文文献。

二、贵州保险扶贫的历史沿革

1. 贵州贫困及保险业状态概述

（1）贫困现状。一是贫困面积大。2015 年末全省农村贫困人口约为493 万人，占全国农村贫困人口的 8.84%，所占比重在各省市中最高，同时在全省 88 个县（区）中，国家扶贫开发工作重点县就有 50 个，占全国的 8.45%，共有 934 个贫困乡，9 000 个贫困村。全国"11+3"个集中连片特困地区中，贵州省涉及 65 个片区县，如：乌蒙山区、武陵山区、滇桂黔石漠化区等。二是贫困程度深。2015 年农村贫困发生率高达 14.3%，仅次于西藏和甘肃，位居全国第三，高出全国平均水平 8.6 个百分点。农村常住居民人均可支配收入 7 387 元，仅为全国平均水平的 65%，比全国贫困地区农村居民人均可支配收入水平（7 653 元）还低，仅高于甘肃，位居全国倒数第二。三是脱贫攻坚难度大。农村致贫成因复杂，贫困人口集中分布的三大集中连片特困地区生态环境极其恶劣、自然灾害频繁，土地资源、水资源等农业资源匮乏，农村教育、医疗卫生等社会公共设施落后，农村市场发育不足，自我发展能力差。以 2014 年末数据为例，全省无业可扶、无力脱贫的"两无"贫困人口有 158 万人，占比 25.4%；居住在深山区、石山区等"一方水土养不活一方人"地方的贫困人口有 142 万人，占比 22.8%，脱贫难度大。

（2）保险业现状。一是总体规模小。2016 年全行业总资产 446.34 亿，年度提供风险保障 9.85 万亿，分别是 2010 年的 2.5 倍和 3.5 倍。从业人员超过 11 万人，较 2010 年的 4 万人翻了一番多。"十二五"期间，全省保费收入从 116.8 亿增长到 257.8 亿，年均增长 17.2%，排名全国第四。但是截至 2015 年年底我省保险深度为 2.45%，远低于全国、西部地区地的1.14 和 0.73 个百分点；2016 年年末保险密度为 924.13 元/每人，仅为全国、西部地区平均水平的 53% 和 73%。二是服务体系不完善。2016 年才获批筹建首家保险法人机构——华贵人寿，全省保险主体只有 32 家，远低于全国、周边省（区、市）49、45 家的平均水平，专业性保险主体仅有 3家，也没有外资和中外合资保险机构。保险覆盖面仍较窄，作用发挥极其有限。三是社会保险意识不强。我省城乡居民保险意识总体薄弱，人均寿险保单持有量仅 0.1 件，远低于全国的 0.3 件；企业投保企财险的比例仅为 9.7%，低于 16.17% 的全国平均水平。各方面运用保险机制的主动性不强，如我省农作物投保农业保险比重仅为 20%，仅为全国平均水平的 58%。

2. 保险扶贫已取得的成效

（1）广覆盖、保险产品费率下浮程度强，贫困地区投资和资助力度加大。

①广覆盖。保险机构承办大病保险已覆盖全省9个市（州），为3 471万城乡居民提供大病保险服务，向34.6万人兑现保险赔付15.1亿元，参保患者实际报销比例提升13.72个百分点；全省890万农户常住农房实现"户户有保障"，保险责任涵盖除地震以外的所有自然灾害和意外事故；全省农险品种从"十二五"初期的5个扩展到22个，保费规模年均增长123.9%，排名全国第一。②费率降低。为防范因病、因灾、老年返贫等风险，对五保户、精准扶贫户开发黔惠保、脱贫保、"一元民生""金农贷"借款人履约保证保险等系列产品和民生产品，费率大幅降低，如：普定县试点开展针对"特惠贷"的借款人小额人身意外险"特惠保"产品，对建档立卡贫困户降费20%。③加大对贫困地区投资和资助力度。在印江、长顺、平塘3个贫困县试点开展政府全额出资的自然灾害公众责任保险和见义勇为救助责任保险，为102.5万户籍人口提供了588亿元风险保障，分担当地政府的救助压力。多家公司采取捐赠物资、保险等方式，对贫困地区的少儿、老人、妇女等群体给予教育、健康、民政等方面物资。中央财办与人保财险总公司联合出资200万元，在黔东南剑河县建立"中央财办－中国人保剑河县教育扶贫基金"，对剑河县优秀贫困生提供奖学金。开展"支农信贷"业务，向贫困地区项目提供直接融资已达120万元。保险资金投资贵阳轨道交通1号线、贵州高速公路等重大项目，累计金额超过300亿元。

（2）创新保险模式

①在2011年启动烤烟保险试点基础上，2015年省政府办公厅出台全省烤烟保险实施方案，采取"烟草公司补贴保基本，县级财政补贴和农户自交保费买补充"的方式，推动承保全省覆盖。烤烟保险开办至今已为36.23万户次烟农承担风险保障近35亿元，累计赔款1.6亿元，受益烟农10.15万户次，为灾后烟农补栽补种提供资金支持。②探索水稻保险"基本+补充"模式，目的在于通过降低基层财政和农户缴费负担，以促进水稻保险"能保尽保"，并导致承保率从2013年的不足5%提高到2015年85%水平以上。③小额贷款保证保险探索开展了"保险+担保+贷款企业"三方共同分担贷款损失的模式。在解决"黔茶联盟"涉农会员"融资难、融资贵"的问题上，由"黔茶联盟"为其成员企业贷款提供担保，当贷款企业发生违约时，保险公司、"黔茶联盟"和企业按4.5∶4.5∶1的比例

共同承担贷款损失。通过这种模式，2015年"黔茶联盟"11家会员企业获得融资达2 400万元。黔西南州探索的政、银、保、企"四位一体"运行模式，由农业部门牵头设立"资金池"，遇到风险时由保险公司、银行和"资金池"按7∶2∶1的比例分担风险。④农村小额保险助推民生保障。2014年，黔西南州开展"好花红"农村扶贫小额保险试点工作，以"政府出资+专项扶贫+公司让利+贫困户参与"的模式，每人每年保费30元，享受2万元意外伤害以及1 000元意外医疗的风险保障，其中贫困户由财政扶贫资金全额承担。

（3）探索保险扶贫精准化。①精准保险。为提高农村贫困人口精准医疗救助保障水平，形成了对贫困人口的"基本、大病、救助"三重医疗保障体系。毕节市、铜仁市分别对11类精准扶贫对象的大病保险补偿标准在原有基础上提高1个百分点，补偿起付线由6 000元降为5 000元。开展"一县一品""一县数品"特色农产品保险、价格指数保险、天气指数保险、原产地保真保险产品开发，对建档立卡贫困户降低费率10%～20%。为缓解"融资难、融资贵"问题，向小微企业、三农提供融资增信服务。校园方责任险覆盖近900万学生，医疗责任险覆盖5 136家公立医疗机构。②保险公司和政府精准对接。2016年12月，人保财险、太平洋保险等6家公司与贵州省人民政府签署战略合作协议，公司部署专人对接总公司资产管理部，政府优化项目推介流程，各资产管理机构对接具体项目。③精准服务。保险机构在承办大病保险过程中，充分利用网点、系统、专业等优势，简化报销流程、加快审核，改进服务水平。为政府部门提供费用审核、医疗控费等专业服务，中国人寿受托支付盘县民政医疗救助资金，实现新农合"基本医保+大病保险+民政医疗救助"三项政策"一站式"结报。

三、当前贵州保险扶贫实施情况

一是加强政保联合、部门协作联动，夯实各方面建设示范区。①政府与贵州保监局共同选择了2～3个集中连片特困县，设立"保险业精准扶贫示范县"。贵州保监局成立了保险服务贵州扶贫开发工作领导小组，设立2个扶贫相关业务科室，为推动"农险扶贫、大病扶贫、补位扶贫和产业扶贫"提供组织保障。②省扶贫办与中国人寿保险股份有限公司贵州分公司决定签订保险扶贫合作协议，建档立卡贫困户保险费率与同地区、同种类保险产品相比至少优惠20%。③省农业保险工作联席会议成员，努力完成与建档立卡贫困户参保相关的各项任务，联合开展政策性农业保险督查工作，对全省农业保险承保情况、投保方式、资金管理、存在问题及政策建议等进行实地督查。

二是严格监管、防风险，确保保险业在快速发展中保持健康有序。坚持依法科学有效监管，开通 12378 投诉热线、建立消费者权益保护总站、公布保险理赔测评情况，重点治理社会关注的销售误导、理赔难等问题，从严查处市场违法违规行为，确保不发生系统性、区域性风险的底线。

三是坚持创新机制。省农委、贵阳市政府开展蔬菜、生猪目标价格保险试点，蔬菜目标价格保险入围"全国农村金融创新项目"。分别承保 2 660 公顷、10 万头，探索将传统保物化成本的"损失保险"向保市场风险的"价格保险"拓展。积极开发探索天气指数、目标价格，寻找脱贫效果好、种植范围广、市场有需求的其他农产品目标价格保险或价格指数保险。探寻更多保险扶贫模式。

四是制定优惠政策。省金融办等 5 家单位联合印发了《贵州省 2016 年政策性农业保险工作实施方案》（黔府金发）〔2016〕6 号），明确"对于自愿参保的建档立卡贫困户个人自缴 15%的保费，从切块到县的财政扶贫专项资金中统筹安排"，为促进贫困户早日增收脱贫，让建档立卡贫困户享受特殊待遇，可以"零负担"参加各类政策性农业保险。

五是继续落实精准扶贫。①按照省政府金融扶贫工作"十延伸"要求，2017 年将在现有县域覆盖基础上新开设 120 个三农营销服务部和 50 个专属乡镇门店，选聘三农保险服务人员 500 人，通过农网队伍建设，提高扶贫干部的待遇，推动"人往扶贫一线走"。②推广普惠金融扶贫，启动支农融资业务，破解贫困地区农业经济发展中普遍存在的贷款难、贷款贵难题。③通过在示范县实施"保险资金优先安排，需求产品优先开发，新型险种优先试点，分支机构优先批设，定点扶贫优先考虑"，在剑河等示范县的因灾、因病、因伤、因学方面的保险需求，将重点做好农业保险、大病保险、民生保险以及产业扶贫帮扶，打造保险扶贫的"样板间"和"试验田"。

四、贵州保险扶贫面临的困难和问题

一是农户参保不积极。长期以来，受思维方式和经济能力的影响，居住在偏远地区的贫困农户缺乏农业保险品种风险购买意识，购买能力不足，更没有为贷款购买保证保险的习惯。保险扶贫宣传力度不够，贫困户普遍接受需要很长一段时间，投保积极性不高。

二是客观环境制约、保费补贴实现难。贵州省县级政府负债较高，贫

困县区财力通常有限，通过县级政府对贫困地区、贫困农户、扶贫龙头企业、村级合作经济组织和农民专业合作组织的保险需求难以扶持，给予的保费补贴难度大。如中央政策性农业保险，县级财政补贴配套困难，造成覆盖面难以拓宽。

三是保险产品服务跟不上。产品往往是"一张保单卖全国"，卖给贫困地区、贫困人群与卖给非贫困地区、非贫困人群的产品费率、保险责任、保障程度一个样，保险扶贫缺少"私人订制"。贫困地区基层保险机构网点不足、基础设施薄弱，人员队伍、技术设备跟不上，保险服务扶贫的能力亟待提升。

四是农业保险品种偏少。扶贫龙头企业、农民专业合作社、贫困农户普遍反映，由于农业保险品种少，不能更好地为建档立卡贫困户发展特色产业服务。

五是政府运用不够。地方政府部门对保险功能作用还不够熟悉，在扶贫开发工作中利用保险机制还不够广泛。对保险扶贫的政策支持和激励机制不够，造成保险机构参与扶贫的积极性不高。

六是贫困治理的边际效益逐渐递减。"大水漫灌"的粗放式扶贫方式，使得资金和政策难以渗透到尚未脱贫的贫困人口，金融扶贫、产业扶贫等受益多的往往是贫困地区中高收入农户，而贫困户由于其个人能力和环境条件等限制很难得到真正的帮扶，造成扶贫开发的投入越来越大，但成效越来越低。

七是贫困状态呈现松散性、脆弱性和动态性特征。由于家庭微观统计体系不健全等方面的影响，标准不统一，缺乏对脱贫人口的动态跟踪、精准管理。缺少对整个行业扶贫资源的统筹考虑，配合不够。

五、对策建议

1. 完善保险扶贫组织体系建设

①做好顶层设计。针对建档立卡贫困户保费补贴，出台一个专门的管理办法，各级政府和相关部门将相关保险服务纳入精准扶贫政策项目，纳入政府购买服务的范畴，通过保险机制，增强贫困人群的抗风险能力，为贫困人群兜住基本生产生活的底线。②加快健全多元化、多层次的保险市场体系。按照"金融机构＋延伸"要求，增设机构，继续铺设村镇级营销服务部，发挥银保合作优势，推动保险网点"覆盖到县、延伸到乡、服务到村到户"。打通保险扶贫服务"最后一公里"，凸现方便和快捷，服务好。③支持设立本土保险法人机构，吸引全国性保险公司到贵州设立省级

分支机构。推动华贵人寿开业和多彩财险申筹，选好发起人、完善股东结构，加大指导，在满足法定条件下，开设绿色通道，优先筹建审批。优先授予经营农业保险、大病保险等与扶贫开发密切相关业务的企业的经营资质。④对于能带动贫困人口就业的新型农村经营主体、农业示范园区、农村小微企业，探索开展农业生产、加工、销售全产业链的保险业务，提供全方位风险保障。⑤吸收贫困人员，实现创业扶贫。坚持外部引进与自身培养相结合，加强行业管理、技术、营销人才队伍建设。如国寿财险计划招收贫困大学生为公司农业保险专员，解决贫困大学生就业问题。⑥做好宣传发动工作。通过增设人员、优化扶贫岗位设置等方式，组织各地扶贫部门通过报纸、扶贫政策宣传专栏等一线渠道，采取群众会等多种形式，开展保险助推扶贫政策宣讲培训，扶贫特岗工作人员进村入户进行宣传，做到贫困户家喻户晓。

2. 注重精准扶贫机制

①制定精准扶贫责任清单、健全精准扶贫动态监管。加快完善专项扶贫、行业扶贫、社会扶贫的多元协作机制，研究制定专项扶贫和行业扶贫责任清单。根据现有总体目标，明确扶贫办、金融办、保险公司及各相关责任部门精准扶贫的每一项责任，形成详细的责任清单，包括时间、进度及相关负责板块，避免扶贫任务重叠、界限不清和低效，提高扶贫资源配置与资金使用成效。建立脱贫户生计特征定期监测体系，对脱贫户的生计状态实施动态监测和评估，将返贫农户及时纳入扶贫对象，及时提供相应的扶持措施。②完善贫困户建档立卡信息，建立多维贫困识别体系。建立贫困人口识别与评判综合指标体系，对贫困户进行分类分层识别。研究构建适用于贵州省省情、特色的贫困综合测度方法，积极探索多元化的精准扶贫、精准脱贫评价指标体系和考核办法，为精准扶贫、精准脱贫提供基础支撑。③创建贫困户退出机制。应在现有建档立卡基础上，建立贫困村、贫困户"有出有进"可识别退出与再进入机制，谨防摊指标、造数字、"被脱贫"。

3. 加大保险扶贫方式创新

①加大保险产品服务和经营模式创新，开发推广新型保险产品，简化承保理赔手续。推行委托专业合作社、供销合作社、农技畜牧站代办保险合作机制，运用现代信息技术，解决保险服务延伸的问题。②争取到2020年中央补贴品种"愿保尽保"，推进由"保成本"向"保收入"升级，大力发展贵州特色山地优势高校农业保险，引导保险公司开发针对农产品的保险产品，如茶叶、中药材、火龙果、猕猴桃、茶叶、草地生态畜牧、乡

村旅游、农产品加工等，为农民脱贫致富保驾护航。③结合农村电商、休闲农业等农业新业态，开发物流、仓储、农产品质量保证保险等保险产品。④创新保险品种设置方式，增加扶贫产业项目基地建设专项农业保险，为扶贫龙头企业、农民专业合作社、贫困农户通过利益联接机制共同实施的产业基地提供保险支持。

4. 建立健全保险扶贫的保障服务机制

①建立保险扶贫工作联动机制。加强与发改、财政、卫计、人社、民政、农委、扶贫、医改等部门的沟通协调，加强政策互动、工作联动和信息共享，推动把保险机制更多地融入扶贫攻坚项目和政策措施之中。②建立保险扶贫考核评价机制。运用利润指标考核，核算扶贫业务经营成效，调整费率水平。定期评估保险机构脱贫攻坚保险服务的工作进展及成效，评估结果作为市场准入与差异化监管的重要依据。③推进保险信息对接贵州"扶贫云"。运用大数据、互联网技术，实现保险信息与建档立卡的信息衔接，使建档立卡贫困人口能够真正享受到更低的保险费率和更便捷的保险服务。④搭建保险扶贫工作监测评估机制，不断完善保险扶贫的政策措施。⑤加强保险扶贫业务监管。从严从重查处保险扶贫业务中的违法违规行为，切实维护贫困户的利益，督促公司提供优质服务。⑥多角度多领域服务民生保障。重点推进环境污染、食品安全、医疗责任、贷款保证保险、个人储蓄型养老保险等领域责任保险发展。对建档立卡贫困人口的农业生产、生活设施以及重大疾病、意外伤害等方面的保障需求，采取政府购买、财政补贴保费、鼓励企业捐赠等方式，运用经济杠杆化解民事责任纠纷，搭建起风险防范屏障。

5. 加快推进扶贫各项配套政策实现供给侧转变

①引导保险资金通过股权、债权等方式，组织筛选好项目、创新融资交易结构，吸引更多保险资金投资贵州省交通、水利、农网等重大基础设施和大数据、大健康、大旅游等新兴产业，力争"险资入黔"规模早日突破 1 000 亿。②保险机构参与贵州各级政府建立的扶贫产业基金。采取市场化运作方式，专项用于贵州贫困地区资源开发、产业园区建设、新型城镇化发展，基金投资比例与贵州脱贫攻坚任务相适应。③出台保险扶贫优惠政策。重点在产品、费率、资金等领域给予倾斜和支持。在"费率要低、责任要宽、保障要高、费用要省"的原则上，在国家法律政策范围内，继续增设扶贫业务的税收减免等优惠政策。制定低保线、贫困线划定标准，保证"两线合一"顺利实施。④资金用途转换。扩充省市级保险发展专项资金规模，调整奖补政策，放宽或取消县级财政配套的规定，结余

资金用于提高保障水平、降低或免除贫困县的财政补贴资金。⑤做细板块保险。开发针对性的保障适度、保费低廉的小额人身保险产品。服务特殊群体，重点关注"三留守"人员、"两保一孤"、残障人士等人群的保险产品。对农村外出务工人员开辟异地理赔绿色通道。完善农村房屋、农业、畜牧等财产险和政策性保险，减轻或避免重大自然灾害对受灾人口的经济冲击。由贫困地区政府出资补助特困人口来购买新型农村医疗、养老保险。推动大病保险向贫困人口倾斜，进一步提高11类救助保障对象的大病医疗费用的报销比例。

近年来我省脱贫取得巨大成就，但剩余贫困地区、贫困人口脱贫任务更为艰难。贵州省已成为全国区域保险市场典型代表之一，但保险行业发展仍处于初级阶段。要在服务全局中挖掘保险核心优势加快保险业发展，并结合贵州省的省情推动保险脱贫工作，更好落实保险业助力脱贫任务，才能更快实现2020年我国全面脱贫，全面建成小康社会的中国梦。

参考文献

[1] 王莺凤，朱小梅，吴秋实.农村金融扶贫的困境与对策——以湖北省为例 [J].国家行政学院学报，2012（6）：99-103.

[2] 洪大用.中国城市扶贫政策的缺陷及其改进方向分析 [J].江苏社会科学，2003（2）：134-139.

[3] 谭正航.精准扶贫视角下的我国农业保险扶贫困境与法律保障机制完善 [J].兰州学刊，2016（9）：167-173.

[4] 何学松，孔荣.普惠金融减缓农村贫困的机理分析与实证检验 [J].西北农林科技大学学报（社会科学版），2017，17（3）：76-83.

[5] 王雨飞，常璩.保险业的精准扶贫 [J].中国金融，2016（22）：22-23.

[6] 潘国臣，李雪.基于可持续生计框架（SLA）的脱贫风险分析与保险扶贫 [J].保险研究，2016（10）：71-80.

[7] 黄英君，胡国生.金融扶贫、行为心理与区域性贫困陷阱——精准识别视角下的扶贫机制设置 [J].西南民族大学学报（人文社科版），2017（2）：1-10.

[8] 朱兆文.金融扶贫的着力点——以重庆市为例 [J].中国金融，2015（23）：82-83.

[9] 庹国柱.论农业保险市场的有限竞争 [J].保险研究，2017（2）：11-16.

［10］周正.发挥保险在地方扶贫开发中的作用——以安徽省寿县为例［J］.商，2016（28）：186-186.

［11］郑瑞强，王英.精准扶贫政策初探［J］.财政研究，2016（2）：17-24.

［12］邓维杰.精准扶贫的难点、对策与路径选择［J］.农村经济，2014（6）：78-81.

［13］贵宣，网宣.创新开展"舆论扶贫"助推贵州脱贫攻坚——全国网络媒体"脱贫攻坚看贵州"主题采访活动综述［J］.新闻窗，2016（1）：8-9.

欠发达地区后发赶超面临的
困难分析与对策建议
——以贵州为例

蔡云[1,2]；李玉娟[1]；明承毅[1]；杨舒雯[1]

【(1. 贵州大学 经济学院，贵州 贵阳 550025；
2. 四川大学 经济学院，四川 成都 610064)[①]】

[摘要] 近年来，贵州省的经济从纵向比较来看取得了较大的发展，但从横向比较来看发展差距却较大，经济发展水平不仅始终落后于西南四省（市），更是远远落后于中、东部省（市）。理论研究与实践均表明，后发优势可以促进经济的赶超，因此，为促进贵州经济的发展，有必要研究贵州后发赶超与加快转型有机结合，促进贵州经济较快增长。文章通过对贵州省经济发展现状、后发赶超与加快转型有机结合中面临的问题进行分析，探讨后发地区经济跨越式发展的途径与对策。

[关键词] 后发赶超 加快转型 地方经济发展 新型投融资平台

不可否认，近年来，贵州省的经济社会发展取得了较大的成绩，但在看到成绩的同时，必须更清醒地认识到贵州省与全国的差距。作为中国较

① 收稿日期：2015-12-10 基金项目：贵州大学重点学科及特色学科重大科研项目"欧债危机对我国地方政府债务问题的启示与防范机制研究"（编号：GDZT2012004）；贵州省科技厅软科学项目"贵州 PPP 模式发展研究"（编号：黔科合 R 字〔2015〕2017-1 号）；国家社科基金项目"地方政府融资平台治理下西部城镇化投融资困境分析与融资模式设计研究"（编号：13BJY177）。
作者简介：蔡云（1973—），男，湖南邵东人，贵州大学经济学院教授、硕士生导师，四川大学经济学院博士研究生，贵州省高校哲学社会科学学术带头人，贵州大学学科带头人。研究方向：区域经济、地方政府投融资等。李玉娟（1977—），女，贵州遵义人，贵州大学经济学院教授、硕士生导师，贵州省高校哲学社会科学学术带头人，研究方向：区域经济等；明承毅，男，硕士，研究方向：金融理论与政策；杨舒雯，女，硕士，研究方向：金融理论与政策。

为典型的贫穷落后省份之一，地处西南的贵州省与我国东部和中部地区在经济社会发展方面存在着明显的差距，贵州省经济发展赶超问题刻不容缓。在此背景下，对贵州省如何实现后发赶超、加快转型进行系统、深入的研究具有重要的现实意义，对其他欠发达地区而言也具有借鉴意义。

一、贵州省经济发展现状

贵州省作为我国经济发展较为落后的省份，长期以来呈现出"欠发展、欠发达"的落后态势，一定程度上而言成为我国经济稳步加速发展的"后腿"。但贵州省各族人民在历届省委省政府的带领下，艰苦奋斗，奋发图强，经济社会取得了较大发展。近年来，贵州省努力克服了自然灾害和金融危机等不利因素带来的负面影响，重点实施工业强省和城镇化带动战略，大力推进工业化、城镇化、农业现代化以及信息化"四化"同步发展，经济发展取得了较为显著的成绩，呈现出发展提速、转型加快、效益较好、民生改善、后劲增强的良好态势，这对贵州省进一步提高在全国经济发展中的地位，与全国同步建成全面小康社会，推动我国区域经济协调稳步发展具有重要的意义。具体而言，贵州省经济取得了以下发展：

（一）经济总量较快增长

从贵州省地区生产总值、三次产业产值、人均消费、全社会固定资产投资等指标（表1）来看，总体而言，各项指标均呈现出较快发展的态势，人均消费水平从2003年的1 770元增加到2014年的9 303元，增长了5.26倍；全社会固定资产投资从748亿元增加到9 025亿元，增长了12.07倍。

表1　　　　　2003—2014年贵州省部分宏观经济经济指标①

指标 年份	地区 生产总值 （亿元）	第一产业 （亿元）	第二产业 （亿元）	第三产业 （亿元）	人均 消费水平 （元）	全社会 固定资产 投资 （亿元）
2003	1 426.34	298.37	579.31	478.43	1 770.00	748.12
2004	1 677.80	334.11	714.66	543.13	1 946.00	865.2
2005	1 979.06	368.94	826.63	783.49	3 140.00	998.3
2006	2 282.00	393.17	980.78	908.05	3 499.00	1 197.40
2007	2 741.90	446.38	1 148.27	1 147.25	4 057.00	1 488.80

---

① 数据来源：根据《国研网统计数据库》和历年《贵州省国民经济和社会发展统计公报》整理而得，下同。

表1(续)

指标 年份	地区 生产总值 (亿元)	第一产业 (亿元)	第二产业 (亿元)	第三产业 (亿元)	人均 消费水平 (元)	全社会 固定资产 投资 (亿元)
2008	3 333.40	547.85	1 408.71	1 376.84	4 426.00	1 864.50
2009	3 912.68	550.27	1 476.62	1 885.79	5 044.00	2 412.02
2010	4 602.16	625.03	1 800.06	2 177.07	5 879.00	3 104.92
2011	5 701.84	726.22	2 194.33	2 781.29	7 388.54	4 235.92
2012	6 802.20	890.02	2 655.39	3 256.79	7 588.03	7 809.05
2013	8 086.86	998.47	3 276.24	3 734.04	8 288.00	7 373.60
2014	9 251.01	1 275.45	3 847.06	4 128.50	9 303.35	9 025.70

在固定资产投资增长的拉动下，地区生产总值同时呈现大幅度增长。从 2003 年的 1 427 亿元增长到 2014 年的 9 251 亿元，而且增长幅度不断增大，尤其是近 3 年来呈现出高速增长的趋势，2012 年同比增长 13.6%，2013 年同比增长 18.89%，2014 年同比增长 14.40%，增速在全国均处于前列水平，经济呈现跨越式发展的态势不断增强。

(二) 产业结构逐步优化

在贵州省三次产业快速发展进程中，长期以来，贵州省三次产业一直处于"二三一"状态，2003 年三次产业产值分别为 298 亿元、579 亿元、478 亿元，到了 2008 年三次产业产值仍然分别为 548 亿元、1 409 亿元、1 377亿元，但是，从 2009 年开始贵州省三次产业产值分别为 550 亿元、1 477亿元与 1 886 亿元，① 三次产业结构由"二三一"转变为"三二一"，产业结构逐步优化。详见图1。

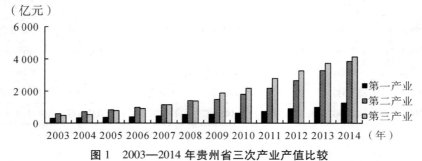

图 1　2003—2014 年贵州省三次产业产值比较

---

①　数据来源：根据历年《贵州省统计年鉴》整理而得。

三次产业总量也呈现快速增长的势头，第三产业与第二产业的产值占贵州省地区生产总值的比重不断提升，尤值一提的是第三产业占贵州省地区生产总值的比重（图1）在不断提升并逐步占据了主导地位，某种程度上来说体现了贵州省在工业强省战略的指引下，充分利用自身的资源优势，在工业取得较大发展的同时，带动了第三产业的良性互动发展，三次产业结构在不断得到优化，第三产业支撑经济快速发展的作用在逐步得到增强，经济发展转型加快。

（三）工业推动经济加快发展

在"十二五"规划的指引下，贵州省经济发展增长点重点转向工业，即开始走"工业强省"的发展道路，从全省地区生产总值中的第二产业增值来看，工业对于拉动贵州省经济的快速发展起到了重要的作用（见表2）。

表2 2003—2014 年贵州省工业生产总值增长情况及在地区生产总值中的比重

年份＼指标	地区生产总值（亿元）	工业生产总值（亿元）	工业产值占地区生产总值比重（％）	工业产值增长比（％）
2003	1 426.34	457.12	32.05	—
2004	1 677.80	574.62	34.25	25.70
2005	1 979.06	714.24	36.09	24.30
2006	2 282.00	855.56	37.49	19.79
2007	2 741.90	1 007.75	36.75	17.79
2008	3 333.40	1 242.56	37.28	23.30
2009	3 912.68	1 252.67	32.02	0.81
2010	4 602.16	1 516.87	32.96	21.09
2011	5 701.84	1 829.20	32.08	20.59
2012	6 852.20	2 217.06	30.22	21.20
2013	8 086.86	2 686.52	33.17	21.17
2014	9 251.01	3 140.88	33.95	16.91

从 2003 年到 2014 年，贵州省地区生产总值从 1 426.34 亿元增加到 9 251.01亿元，增长了 6 倍多，而同期工业产值从 457.12 亿元增加到 3 140.88亿元，[①] 也增长了 6 倍多，贵州省地区生产总值与第二产业中的工

---

① 数据来源：根据历年《贵州省统计年鉴》整理而得。

业较长时期以来处于同步快速增长的阶段，而且第二产业中工业产值在地区生产总值中的比重长期以来处于比较稳定增长的态势，对于推进地区生产总值的平稳较快增长，工业产业总值有着不可低估的重要作用。

（四）城镇化水平有所提高

城镇化水平同样是体现一个地区经济社会发展程度的重要指标，城镇化水平既能促进当地社会经济发展，也能以当地社会经济发展为基础来促进地区的城镇化进程。通过近9年贵州省城市建成区面积和城市人口密度数据对比可知，贵州省建城区面积与城市人口密度呈现逐年递增，尤其是近几年增长速度稳步向上。从2014年贵州省国民经济和社会发展统计公报来看，贵州省常住人口中，居住在城镇的人口为1 403.57万人，占年末常住人口比重为40.01%。自身纵向对比来看，成绩较为显著，但贵州省城镇化水平与全国平均水平对比来看，同年全国人口城镇化率达到54.77%，差距仍然较大，与东部省市对比差距更大。

二、贵州省经济发展中存在的困难分析

（一）地区生产总值横向比较差距较大

为了更清楚地表明贵州省与其他省市横向比较的差距，本文选取了同处西南的其他三省一市、经济发展模式与贵州颇具相似之处的内蒙古以及经济发达省份广东省来与贵州省做对比分析，详见表3。

表3   2007—2014年 贵州、云南、
四川、内蒙古、广东地区生产总值情况   单位：亿元

省市 \ 年份	贵州	重庆	云南	四川	内蒙古	广东
2007	2 741.9	4 122.51	4 772.52	10 562.39	6 091.12	31 084.4
2008	3 333.4	5 096.66	5 692.12	12 601.23	7 761.8	35 696.46
2009	3 912.68	6 530.01	6 169.75	14 151.28	9 740.25	39 482.56
2010	4 602.16	7 925.58	7 224.18	17 185.48	11 672	46 013.06
2011	5 701.84	10 011.37	8 893.12	21 026.68	14 359.88	53 210.28
2012	6 802.2	11 459	10 309.47	23 872.80	15 988.34	57 067.92
2013	8 086.86	12 783.26	11 832.31	26 392.07	16 916.50	62 474.79
2014	9 251.01	14 265.40	12 814.59	28 536.66	17 769.51	67 792.24

从表3来看，贵州省的经济总量不仅远远落后于广东省，2012年的地

区生产总值还不及广东省 2007 年地区生产总值的 1/3，甚至与内蒙古相比，差距也非常显著，2012 年的地区生产总值才刚刚超过内蒙古 2007 年的地区生产总值。贵州省地区生产总值不仅在总量上与其他三省市的差距较大，而且这种差距有不断扩大的趋势。如 2007 年，广东地区生产总值为 31 084.4 亿元，贵州仅为 2 741.9 亿元，差距达 28 342.5 亿元；2008 年广东地区总产值 35 696.46 亿元，贵州仅为 3 333.4 亿元，差距为 32 363.06 亿元。到 2014 年，广东地区总产值 67 792.24 亿元，贵州仅 9 251.01 亿元，差距达 58 541.23 亿元，差距不仅没有缩小反而有拉大的趋势，与内蒙古做比较结果也类似。

（二）三次产业结构有待进一步优化

从第一产业来看，贵州省作为西南山地，第一产业平稳较快发展，如 2007 年为 446.38 亿元，2008 年为 547.85 亿元，直至 2014 年的 1 275.45 亿元，一直处于平稳发展的态势。

贵州省第一产业在地区总产值中比例在三次产业中的比重最小，但与广东、内蒙古等省区相比差距较大，表现为第一产业比重过大。2007 年，第一产业在地区生产总值中的比重贵州省为 16.28%，内蒙古 12.51%，广东省为 5.45%；2008 年，第一产业在地区生产总值中的比重贵州为 16.44%，内蒙古为 11.69%，广东为 5.52%，① 贵州省第一产业对地区生产总值的支撑作用相对过高（详见图 2）。

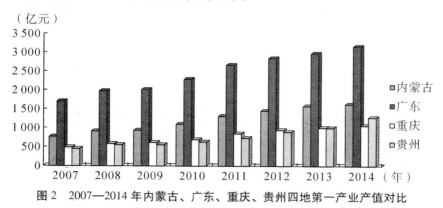

图 2　2007—2014 年内蒙古、广东、重庆、贵州四地第一产业产值对比

从第二产业来看，详见图 3，2007 年，贵州省第二产业产值为 1 148.27亿元，内蒙古为 3 154.56 亿元，广东省为 15 939.1 亿元，重庆为

① 数据来源：根据《国研网统计数据库》和各省（市）国民经济和社会发展统计公报整理所得。

1 892.1亿元；2008 年，贵州省为 1 408.71 亿元，内蒙古为 4 271.03 亿元，广东省为 18 402.64 亿元，重庆为 2 433.27 亿元；2014 年，贵州省为 3 847.06亿元，内蒙古为 9 119.79 亿元，广东省为 31 345.77 亿元，重庆为 6 531.86 亿元，贵州省与其他三省之间的差距几乎没有缩小，反而有增大之势。

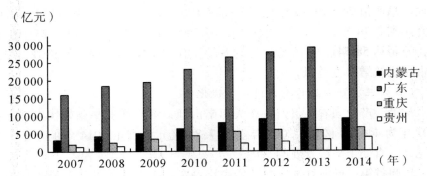

图 3　2007—2014 年内蒙古、广东、重庆、贵州四地第二产业产值对比

数据来源：根据《国研网统计数据库》和各地区国民经济和社会发展统计公报整理所得

虽然近几年贵州省再次提出了工业强省的口号，全省工业发展较快，工业带动其他产业发展的势头得到不断提高，对推动第二产业增速发展贡献出重要力量，但与同在快速发展的内蒙古、重庆等地相比仍显示出弱势。

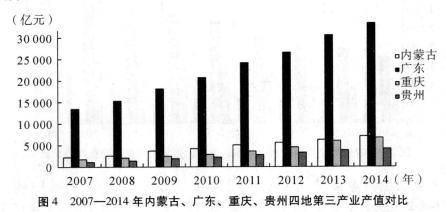

图 4　2007—2014 年内蒙古、广东、重庆、贵州四地第三产业产值对比

从第三产业来看，2009 年，贵州省第三产业产值为 1 885.79 亿元，第二产业产值为 1 476.62 亿元，该年贵州省第三产业产值开始超过第二产业

产值，成为全省地区生产总值的最大贡献者，且持续保持高速发展的势头。从图4可见，第三产业产值2007年贵州为1 147.25亿元，内蒙古为2 174.46亿元，广东省为13 449.73亿元，重庆为1 748.02亿元，2008年贵州为1 376.84亿元，内蒙古为2 583.79亿元，广东为15 323.59亿元，重庆为2 087.99亿元，2014年贵州为4 128.5亿元，内蒙古为7 022.55亿元，广东为33 279.8亿元，重庆为6 672.51亿元。贵州第三产业与同在高速发展的内蒙古、重庆尤其是广东地区相比，有着明显的差距。

总之，同外部省份相比，贵州省三次产业的发展相对滞后和缓慢。虽然在三次产业结构上近年来表现出优化态势，二、三次产业在年度地区生产总值中的比重逐渐上升，尤其第三产业发展表现突出，但与外省区相比较，如内蒙古和重庆第三产业虽然比重不高，但其发展势头更强劲，与同样作为旅游产业发展势头较好的云南省相比而言，贵州省第三产业发展程度不够。另外，在第二产业上，贵州省自身比重低于第三产业，发展明显滞后于广东、内蒙古等地，第二产业发展虽然年年有所提升，但发展缓慢。

（三）消费对经济的拉动作用有待加强

消费作为拉动地区经济增长的三驾马车中的一个重要因素，一定程度上来说反映了地区的经济发展动力。近年来，贵州省人均消费水平增长较快，增长速度跨越式提升，这也是贵州经济近几年来高速增长的重要推动力之一。为了反映贵州省的消费水平与其他省份的差距，笔者将内蒙古、广东、重庆和贵州近几年的人均消费水平做对比分析，详见图5。

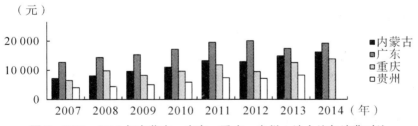

图5　2007—2014年内蒙古、广东、重庆、贵州4地人均年消费对比

从图5可以看出，贵州人均年消费水平逐年上升，但这种态势在国民经济平稳较快增长的背景之下，早已成为普遍现象。2007年，贵州为4 057元，内蒙古7 062元，广东12 663元，重庆6 545元；2008年分别为4 426、8 108、14 390、9 835元；2014年分别为9 303.55、16 258.12、19 205.5、13 810.62元。不管是相对于北部经济发展模式较为相似的内蒙古，还是东部的广东，或者同处西南地区的重庆，尽管贵州人均消费总量

纵向对比来看逐年增长，但横向比较总是处于低位，而且差距并没有缩减，反而有扩大的趋势。

（四）城乡居民收入差距较大

城乡居民收入差距在我国各地普遍存在，随着国民经济的快速发展，城乡居民收入差距虽在缩小，但仍存在较大的差距，且各地差距情况不一。比如内蒙古、广东、重庆、贵州4省区近六年城镇人均可支配收入和农民人均纯收入数据差距都比较大。详见表4与表5。

表4　　　　　　　　2007—2014 年内蒙古、广东、重庆、
贵州城镇人均年可支配收入（元）比较

年份＼省市	内蒙古	广东	重庆	贵州
2007	12 377.84	17 699.30	12 590.78	10 678.40
2008	14 432.55	19 732.86	14 367.55	11 758.76
2009	15 849.19	21 574.72	15 748.67	12 862.53
2010	17 698.15	23 897.80	17 532.43	14 142.74
2011	16 313.00	26 897.48	20 249.70	16 495.01
2012	23 150.00	30 226.71	22 968.00	18 700.51
2013	25 497.00	33 090.05	25 216.00	20 667.07
2014	28 350.00	32 148.00	25 133.00	22 548.21

从最近 8 年城镇人均可支配收入数据来看，贵州省的情况表现出逐年稳步上升的态势，城镇人均收入明显提高。如表4 所示，2014 年，城镇人均年可支配收入贵州为 22 548.21 元，内蒙古为 28 350 元，广东为 32 148元，重庆为 25 133 元，除了在 2011 年贵州城镇人均收入高于内蒙古外，其余年份均低于内蒙古，也长期低于其他三省（市），同重庆、广东地区相比较，差距更加明显。

表5　　　　　　　　2007—2014 年内蒙古、广东、重庆、
贵州农民人均年纯收入（元）比较

年份＼地区	内蒙古	广东	重庆	贵州
2007	3 953.10	5 624.04	3 509.29	2 373.99

表4（续）

地区 年份	内蒙古	广东	重庆	贵州
2008	4 656.18	6 399.79	4 126.21	2 796.93
2009	4 937.80	6 906.93	4 478.35	3 005.41
2010	5 529.59	7 890.25	5 276.66	3 471.93
2011	5 092.00	9 371.73	6 480.41	4 145.35
2012	7 611.00	10 542.84	7 384.27	4 753.00
2013	8 595.73	11 669.31	8 332.00	5 434.00
2014	9 975.30	12 245.56	9 489.82	6 671.22

贵州近 8 年农村人均纯收入均表现出逐年稳步快速增长的状况，但与同期贵州城镇人均收入相比差距巨大：一方面，这种差距不仅没有缩小，反而出现逐步扩大的态势；另一方面，相对于内蒙古、广东等地增长仍过于缓慢，且收入差距之大表现明显。如在农民可支配收入上，2007 年内蒙古为 3 953.10 元，广东为 5 624.04 元，重庆为 3 509.29；2014 年分别为 9 975.30、12 245.56、9 489.82 元，与贵州的差距 2007 年分别为 1 579.11、3 250.05、1 135.3 元，2014 年分别为 3 304.08 元、5 574.34 元、2 818.6 元，差距还在不断拉大。

（五）城镇建设有待进一步加快

城镇建设有利于促进劳动力的集中，能够更好地发挥经济发展的集群效应，在加速城乡一体化、现代化的同时能有力地推动经济高速发展。2010 年，贵州城镇化率为 33.81%，同期全国水平为 49.68%，差距为 15.78%；2011 年，贵州省城镇化率为 34.96%，同期全国平均城镇化率为 51.27%，差距为 16.31；2012 年，贵州省城镇化率为 35%，同期全国平均城镇化率为 52.57%，差距为 17.57%。2014 年，贵州省常住人口中，居住在城镇的人口为 1 403.57 万人，占年末常住人口比重的 40.01%，同期全国人口城镇化率达到 54.77%，差距为 14.76%。可以看出，贵州省城镇化率不仅远远低于全国水平，在全国的排名长期处于全国倒数地位，而且与全国平均水平的差距在逐年加大，更不用说中东部经济较为发达的地区了[1]。目前，贵州省城镇基础设施建设状况，还远未能够满足城镇化进程中新增城镇居民的需求，这对于贵州省经济社会实现跨越式发展，全面建设小康社会的目标相差甚远。

（六）集群经济功能有限

规模经济是经济高效发展的方式，产业集群是地区经济形成规模集聚效应的空间组织形式。从目前贵州省产业园区情况来看，由于以下原因贵州省还没有能够形成规模集聚效应：一是建设时间短，企业之间的纵向联系与横向联系都不多，尚处在企业集聚阶段，规模集聚效应尚未体现；二是中小微企业相对全国平均水平而言在数量上偏少，对产业集群的形成非常不利；三是产业结构的低加工度与粗加工使得产业链不长，产业部门的后向关联与前向关联不强，对产业间的分工协作不利。产业链不长是贵州省工业园区在现阶段来说很难形成规模集聚效应的重要原因之一；四是产业园区布局较为分散，整合度较低，同质化较为严重，缺乏特色，而且各园区内企业关联度弱，为完成招商引资任务，各园区存在着一些不良竞争，导致产业园区之间的相互辅助作用减弱，较难形成良好的产业集群来促进相互之间经济的发展。

（七）部分地区发展过度依赖矿产资源

区域产业结构变动通常有三种导向：一是资源导向，二是结构导向，三是技术导向[2]。而现阶段贵州省产业结构还处于资源导向阶段，这一阶段的典型特征是低加工度与低附加值的产业占比较高。从贵州省目前大力发展的重点产业来看，煤炭产业、冶金产业（金属采选业）、化工产业（磷矿石开采及加工）、有色金属（铝土矿开采及加工）等产业生产的产品大都属于非深加工产品，而且，煤炭开采和洗选业、冶金产业、化工产业与有色金属采选业均属于上游产业，其影响力系数都小于1，对其他产业所产生的关联影响程度较小，对其他行业的辐射力不强。产业结构的特性决定了其产业链较短，从而使得附加值低，加工度低，产业链短，导致这些产品被以较低廉的价格销往省外，在省外完成产品的深加工与精加工后，再以较高的价格从省外重新购入，形成附加值流失较为严重的状况。而以煤炭资源的开采作为支柱产业发展的六盘水、毕节、兴义等地区，经济发展长期形成了对煤炭资源的路径依赖，以煤矿资源作为地方经济发展的重要支撑，一旦煤炭资源被开采殆尽，资金被转移出这些地区，只能给当地的生态环境造成较为严重的破坏，留下较高的治理成本，使得经济发展的长期源动力不足，制约了地区经济的良性发展。

（八）地方经济发展融资难度大，融资方式单一且融资负债率高

目前，贵州省经济发展所需的资金缺口较大，尽管有了各类融资方式与融资渠道的综合运用，但各种类型的政府投融资平台仍然是重要的融资渠道。融资平台对外融资多以银行的中长期商业贷款方式进行，利用资本

市场直接融资比例过低，缺乏持续融资的顺畅通道。银行贷款占比过高，资金来源渠道单一，融资成本较高，且政府主导的项目一般建设周期比较长，政府融资中90%以上均为中长期融资：一方面，融资规模受宏观调控政策的影响极大，融资来源的稳定性受到影响；另一方面，中长期贷款比例过大，加大了银行贷款结构不平衡，商业银行资产负债期限错配问题突出，加剧了信用风险和流动性风险。贵阳、遵义、安顺、六盘水、毕节等城市，以及铜仁市、息烽县、开阳县等县级城市债务率较高，尤其是贵阳与遵义两地，其债务率已经接近或超过200%，政府存在较大的偿债压力。

三、欠发达地区后发赶超进程中的对策建议

欠发达地区后发赶超中的经济转型，涉及发展战略转型、经济增长方式转型、经济结构转型等问题。对于贵州当前经济发展的状况，贵州经济转型主要表现在对工业化、城镇化和产业结构优化的迫切需求。该"三化"间相辅相成，相互促进，要正确对待与处理"三化"的发展关系，加快实现后发赶超与经济转型。

（一）发挥后发优势，在发展模式上取长补短

贵州之所以拥有明显的后发优势，主要是因为贵州地区改革开放、开发起步较全国其他地区晚，经济发展表现出严重的滞后性。对此，贵州要充分发挥自身后发优势，积极借鉴全国其他快速发展省份或地区的发展模式，取长补短。不仅要认真学习看清自身的技术优势、结构优势、制度优势、劳动力资源优势、规模外延等优势，更重要的是要积极稳妥推进贵州省的矿产资源优势、民族多样性优势、生态环境优势、旅游产业优势等。首先，贵州要坚持大开放推动大发展策略。只有实行大开放，才能招商引资，引进外部先进技术与创新型人才，缩短与外部的发展差距，提高自我发展步伐；其次，积极落实工业强省战略，推进城镇化带动，优化农业发展结构。贵州要充分认识到自身的资源优势，大力发展工业，用工业发展拉动投资，同时带动内需增长，加强基础设施建设，推进贵州省全省城镇化进程，并在此主基调上进一步推动工业化与产业优化发展，促进农业发展的结构性优化；最后，大力培育特色产业优势。认真学习重庆、云南地区的发展模式，结合自身特色，充分发挥生态多样化、民族文化丰富化的特色优势，打造自我旅游特色品牌。同时，要坚持可持续发展，加强环境友好型发展理念。

（二）大力支持和鼓励内外创新，实现内涵式创新

对于贵州省而言，由于基本创新资源如重点大学、科研院所的严重缺

乏，致使创新的主要方式仍然是集成创新和再创新。这种创新难度较大，成果表现不够明显，效益比较低下，远远不能满足经济转型过程的多样式与高品质需求。因此，贵州省必须积极坚持人才引进和科技强省的发展理念，在此基础上把外延式创新与内涵式创新有机结合，双向推动，实现以自我为主的内涵式创新发展：首先，在大力支持和鼓励创新的背景下，积极集成、模仿、引进、吸收外来的实用型创新成果，尤其是在当前条件下自身难以创造和掌握的技术与能力。并在此基础上，一边进行二次创新，向符合自身需求的方面加以优化，一边加以利用，促进产业的效益性提升；其次，在不断引进和吸收外来先进创新成果的同时，要以自身为主体，集成现有创新成果、人才以及基础设施，在关键领域和重要环节实现突破性创新，掌握并运用其核心价值，实现内涵式创新，并最终将其产业化，促进产业结构的优化等。贵州省作为经济发展省份当中的后起之秀，既需要外延式创新，也需要内涵式创新，而外延式创新是内涵式创新的基础，内涵式创新是外延式创新的发展。因此，贵州必须充分利用外延式创新带来的技术、信息、知识等无形资源，在此基础上抓住机遇，推动以自我为主导的内涵式创新，最终实现内涵式创新与产业优化升级的完美结合。

（三）大力挖掘资源优势，发展特色产业

贵州省基于山区高地喀斯特地貌的原始生态环境比较明显，少数民族众多而分散，不同民族特色文化较为显著，是贵州省相对其他省份的特色产业优势所在。贵州省实现后发赶超还应积极根据自身的资源优势、民族特色等，大力发展具有贵州省特色产业，比如特色旅游业[3]，特色工业等。

（四）警惕竭泽而渔式的开发，推动经济可持续性发展

近年来贵州经济增速较快，取得此成绩固然可喜，但在产业结构调整过程中，尤其需要警惕的是，多年以来，在政绩考核主要依赖地区生产总值，经济发展较为落后地区普遍存在后发赶超心理的主导下，"工业强省"与"工业强县"往往能在较短期内就实现第二产业的增速较快增长，何况建设工业园区与产业园区这个过程，本身也能推动地区生产总值大幅度增加。

但需要明确的是，"工业强省"也好，"工业强县"也罢，本身没有错，但出现的一些异常情况需要引起警惕，比如许多县市，本身并不具备大力发展工业的基础与条件，由于种种原因，导致各地都在建设工业园区，大量良田沃土被侵占，工业与产业园区建成后，在全国各地都在推行

各种优惠措施进行招商引资的背景下，一些县市由于区位与地理优势不突出、交通不是非常便利，资源既不具备绝对优势也不具备相对优势的情况下，一窝蜂地普遍打造工业园区，园区建成后招商引资状况又不容乐观，违背经济与社会发展规律强行推进工业化的后果，可能就是短期内 GDP 有一定的增长，但园区建成之后入住企业有限，园区发展状况令人担忧、资源被掠夺性开采、青山绿水被破坏。从长远来看得不偿失，也与当前中央的相关决议与精神不相符合。欠发达地区在推进经济增长、优化产业结构调整过程中，切忌盲目上马一些短期有益但长远无益甚至是有害的项目，要充分认识到从长远来看"保住青山绿水更是政绩"，更是对历史负责，要做到与环境协调一致的发展，保持经济可持续发展。

（五）充分发挥集群经济优势

贵州省经济发展要充分利用集群经济的优势，吸引各种优秀资源，促进企业间的协作，使区域经济竞争力得以提高。同时也要考虑目前贵州省工业发展水平较低的现实状况，要建立产业集群区，带动企业发展，提高工业水平，以分工合作方式引领企业迈向集群、集体和集约的发展道路，加快贵州经济转型的步伐。同时要鼓励发展整合型制造业，改变企业过去松散不聚的状态，大力推动企业间形成紧密合作的战略联盟。构建贵州地区信息共享平台是发展整合型制造业的基础，同时要关注与联盟伙伴间的资源整合，实现企业共同发展，推动贵州发展整合型制造业。此外，发展服务型制造业，使产品的制造与客户的个性化需求有机结合起来，形成以客户为中心的经营模式。为此，企业需要建立起现代化管理系统和先进制造系统，加强自主创新能力和需求管理能力，从传统制造模式向整合型模式转型[4]。

（六）搭建新型投融资平台促进区域经济发展，防范地方政府债务风险

目前，贵州省处于一个重要的发展机遇期，无论是城镇化、还是工业化或者信息化均需要大量的资金，但传统的融资模式效率低下，银行的贷款信用条件严格，因此，需要政府积极引导搭建新型投融资平台，保证区域经济发展战略所需的资金。政府需要积极采取多种方式进行融资，比如当前比较盛行的 PPP 融资模式，一定程度能上做到公私一起分担项目风险、共享项目收益的互惠共赢局面，需要根据不同的行业或者产业，不同的项目属性采取灵活的方式搭建新型投融资平台[5]。投融资平台运行过程中，基础性和公益性项目由政府出面完成投资建设，竞争性项目应按照经济规律来进行设计和规划，引入市场竞争机制，以投融资平台为媒介，将商业资本和平台资本有效结合起来，优化贵州区域产业结构和经济结构。

构建各种投融资平台过程中，要研究建立债务风险预警指标体系，完善投融资风险预警体系，设计和实施债务风险监控预案；通过长期债务替换中短期债务，合理安排短、中、长期资金，优化债务结构，延后当期债务，提高政府当期偿债覆盖率；采用资产盘活、引入社会资本、售后回租等手段，补充资本金替换债务资本，加强与金融机构的合作，挖掘多元化的资金来源；根据项目效用、轻重缓急程度，合理规划未来投融资项目，优化政府投资规模和结构，使其与地方经济发展水平和债务承担能力相适应，避免政府过度负债；研究建立完备的债务应急管理机制，以应对政府投融资运作过程中出现的较大潜在风险，及时缓解投融资风险，重回再平衡状态。建立偿债基金机制，偿债基金用于弥补政府负债流动性风险管理的资金缺口，确定偿债基金启动条件，明确储备机构，用于违约时及时还款，确保政府信用不受损；建立资本金补充机制，明确资本金来源渠道、循环模式和管理机制，确保在建项目出现资本金配套困难时迅速获得替代来源，这对加快贵州工业化进程都将起到极为关键的作用。[6]

四、结语

"后发优势"理论认为，经济社会发展水平相对落后的国家（地区），在经济发展过程中由于其处于后发势态所具备了某种势能优势，后发优势提供了利用势能差距带来的优势机会，能够促进后发国家（地区）提高本国（地区）的经济发展，比如在边际报酬递减规律的作用下，先发国家（地区）的资本收益率将会出现一种下降趋势，而后发国家（地区）资本收益率的情况正好相反，处于不断增长过程，最终可能出现后发国家（地区）资本收益率高于先发国家（地区）的情况[7]；又如，先发国家（地区）经济发展对后发国家（地区）起到示范作用，从而能够推动后者在经济发展中充分发挥出其后发优势；此外先发国家（地区）的科技、制度与管理经验为后发优势提供了现实基础。使其可以通过模仿先发国家（地区）的发展模式，并不断创新开辟出适合本国（地区）实际情况的发展道路，逐步缩小与先发国家（地区）发展水平的差距，最终实现赶超先发国家（地区）的目标[8]。近年来，在贵州力图通过后发赶超战略实现经济社会跨越式发展的背景下，文章通过贵州与其他省市的经济发展状况进行对比分析，梳理出贵州经济社会发展面临的问题，从而为其他欠发达地区实现经济跨越式发展提供一些借鉴。

参考文献

[1] 李健. 呼吁国家支持贵州城镇化建设 [N]. 中国经济时报，

2013-03-11（08）.

　　［2］石奇.产业经济学［M］.北京：中国人民大学出版社，2011：162-131.

　　［3］周泓汛.贵州旅游资源开发的分析和建议——基于对贵州、云南、广西喀斯特旅游资源的对比［J］.城市旅游研究，2012（7）：90-92.

　　［4］张志远.东北地区制造业发展模式转型研究［D］.长春：吉林大学，2011：147.

　　［5］邹晓峰.基于产业特征的民族地区投融资平台建设方向——结合国内的制度演变和成功经验［J］.贵州民族研究，2012（6）：95-98.

　　［6］蔡云.宏观调控下地方经济发展融资困境分析与思考［J］.中央民族大学学报（哲学社会科学版），2014（3）：62.

　　［7］何国勇.比较优势、后发优势与中国新型工业化道路研究［D］.武汉：华中科技大学，2004：54.

　　［8］陈志刚.从后发优势理论看西部地区小康建设［J］.生产力研究，2006（6）：34-36.

民族地区经济跨越式
发展的金融支持研究
——以贵州为例

李玉娟[①]　饶珈[②]

【贵州大学经济学院，贵阳，550025】

[摘要] 贵州作为典型的欠发达西南民族省份，有着经济发展落后和民族分布广泛的双重特点。近年来，从纵向来看，尽管贵州民族地区的经济取得了较大发展，但从横向比较来看，不仅远落后于全国平均水平，甚至落后于贵州非民族地区。为了实现贵州民族地区经济跨越式发展，贵州各级政府制定了一系列的政策，但各项政策的实施，都离不开资金的支持，文章首先用翔实的数据描述了贵州民族地区经济发展状况及存在的不足，然后对贵州民族地区金融支持政策存在的问题进行分析，最后运用1990—2014年贵州三个民族自治州的统计数据，采用面板数据将贵州民族地区金融支持对经济发展的影响进行量化分析，最后提出贵州民族地区跨域式发展金融支持的途径与方式，这对贵州民族地区经济实现跨越式发展，具有一定的现实意义。

[关键词] 民族地区　经济跨越式发展　金融支持

---

① 收稿日期：2015-12-10

基金项目：贵州省教育厅高等学校人文社会科学项目研究成果，贵州省教育厅课题2013年硕士点项目"民族地区经济跨越发展的金融支持研究"（编号：13SSD016）；贵州省科技厅软科学项目"贵州PPP模式发展研究"（编号：黔科合R字〔2015〕2017-1号）；国家社科基金项目"地方政府融资平台治理下西部城镇化投融资困境分析与融资模式设计研究"（编号：13BJY177）。

作者简介：李玉娟（1977—），女，贵州大学经济学院教授，贵州省高校哲学社会科学学术带头人，贵州大学学术骨干，硕士生导师，近期主要从事区域经济发展等方面的研究。

② 饶珈（1989—），女，贵州大学经济学院研究生，从事区域经济的学习与研究。

贵州地处中国西南地区，是典型的经济欠发达民族省份，分布了除乌孜别克族和塔吉克族外的 54 个民族，作为典型的欠发达西南民族省份，具备经济发展落后和民族分布广泛的双重特点。近年来，贵州提出了"后发赶超"的跨越式发展战略，提出了"与全国同步实现全面建成小康社会"的目标，激发了贵州民族地区经济跨越发展的内在动力。但从民族地区资金需求方面看，受脆弱的生态、落后的基础设施建设以及低水平的经济发展等影响，民族地区的资金需求量巨大；从民族地区资金供给方面看，国家主要通过政策性银行贷款和财政投资，由于民族地区的投资回报率远远不及东南沿海地区，在项目投资方面难以与发达省份竞争，在实现跨越式发展过程中，资金成为发展的瓶颈。在此背景下，研究如何解决贵州民族地区经济跨域式发展过程中的金融支持问题具有重要意义。

一、文献回顾与综述

在民族地区跨越发展方面，国内学者起步较早。早在 1993 年，郭家骥（1993）以云南为例，提出了民族地区跨越式发展的理论思考[1]；杨振之等（2002）基于跨越式发展的理论论证了民族地区和贫困地区在实现旅游业跨越式发展存在的可能[2]；田原（2003）结合贵州农业结构现状，提出贵州民族地区农业结构调整的措施，并构建出农业结构调整的保障体系[3]；汪中华（2005）[4]、张艳秋（2009）[5]基于民族地区经济基础认识上，提出民族地区经济跨越发展的研究也逐步与时代接轨；刘尚希（2014）结合我国民族地区的特征及其发展环境，对跨越式发展战略内涵做了充分说明，进而提出了民族地区实现跨越式发展战略意义及对策建议[6]。

在民族地区金融支持方面，国外没有对特定的某一民族或者说民族地区的研究，更多的是贫困地区。在 IMF（International Monetary Fund）工作报告中，Paul Holden and Vassili Prokopenko（2001）就相对贫困地区的金融发展地区进行研究，认为金融发展与贫困减缓存在一定直接关系，基于金融不发达原因的分析，提出了金融支持缓解贫困及促进金融发展的相应政策[7]；Galindo and Miller（2001）基于拉丁美洲各国数据，研究发现良好的信用征信系统对金融发展的促进作用是显著的[8]；国内针对民族地区金融支持的研究已经有大量成果：赵晓芳（2005）[9]对甘肃民族地区、中国人民银行湘西州中心支行课题组（2007）[10]对湘西自治州、王毅（2008）[11]对吉林省民族地区都分别提出了该民族地区经济发展金融支持的建议；在民族地区金融支持对产业发展促进方面，李光（2011）从民族地区金融业发展现状着手，分析了民族地区金融业存在的问题，进而对民族地区金融支持政策展开了探讨[12]；在民族地区金融支持体系存在问题方面，周运兰（2012）通过分析我国民族地区金融支持体系存在的问题，针对民族地区企业融资构建了多层次金融支持体系[13]。

综合以上研究成果发现，民族地区跨越发展和民族地区金融支持的相关研究主要涉及定性分析，缺乏定量实证分析，同时缺少具有特殊意义的代表性民族地区的研究。为此，本文基于理论分析基础，选取了欠发达民族地区贵州作为案例，运用计量模型，对民族地区经济跨越发展的金融支持展开分析。这对于民族地区跨越发展及金融支持研究领域，有较大的补充价值。

二、贵州民族地区经济跨越发展的现状

民族地区即少数民族地区，一般指的是少数民族聚集居住的地区或行政区划上的民族自治地方。在我国民族自治地方包含省级、地级、县级和乡级四个区划，具体为少数民族自治区、自治州、自治县和自治乡。贵州民族地区指贵州省内少数民族长期聚居的地区或行政区划的民族自治地方，从行政区划看，主要指 3 州 11 县（见表 1）。

表 1　　　　　　　贵州民族自治地方选行政区划①

民族自治州（县）名称	成立时间	土地面积（平方千米）
黔西南布依族苗族自治州	1982 年 05 月 01 日	16 804
黔东南苗族侗族自治州	1956 年 07 月 23 日	30 337
黔南布依族苗族自治州	1956 年 08 月 08 日	26 197
道真仡佬族苗族自治县	1987 年 11 月 29 日	2 156
务川仡佬族苗族自治县	1987 年 11 月 26 日	2 773
镇宁布依族苗族自治县	1963 年 09 月 11 日	1 703
关岭布依族苗族自治县	1981 年 12 月 31 日	1 468
紫云苗族布依族自治县	1966 年 02 月 11 日	2 284
威宁彝族回族苗族自治县	1954 年 11 月 11 日	6 296
玉屏侗族自治县	1984 年 11 月 07 日	516
印江土家族苗族自治县	1987 年 11 月 20 日	1 961

① 资料来源：根据《贵州统计年鉴》（2015）整理得出。

表1（续）

民族自治州（县）名称	成立时间	土地面积（平方千米）
沿河土家族自治县	1987 年 11 月 23 日	2 469
松桃苗族自治县	1956 年 12 月 31 日	2 861
三都水族自治县	1957 年 01 月 02 日	2 384

新中国成立以来，贵州民族地区紧跟全国少数民族前进步伐，进入了历史性发展变化阶段。三十多年的改革开放，直接影响了沿海改革城市，也促进了贵州经济社会的整体进步。但多种因素造成贵州民族地区经济发展的内部差异和外部差距。

（一）经济总量较低，发展水平存在差距

从图1可以看到，2008—2014 年，全省经济总量和贵州民族地区经济总量逐年增长，且差距有拉大趋势。据《贵州统计年鉴》（2015）数据，2014 年贵州民族地区的地区生产总值为 2 855.13 亿元，占全省地区生产总值 9 266.39 亿元的 30.8%，与省内非民族地区相比，目前贵州民族地区经济发展水平总量较小，占比也小。

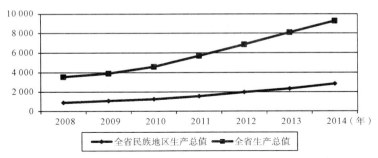

图1　2008—2014 年贵州民族地区地区生产总值
与贵州省地区生产总值总量①（单位：亿元）

虽然从 2008 年到 2013 年贵州民族地区人均地区生产总值呈逐年上升趋势，但是与全国民族地区人均地区生产总值相比，仍然存在很大差距（如图2）。从 2013 年数据看，贵州民族地区人均地区生产总值为 17 297 元，比全国民族地区人均地区生产总值 33 003 元低了 15 706 元。因此，与全国民族地区平均水平相比，贵州民族地区经济发展还存在较大差距。

---

① 数据来源：根据《贵州统计年鉴》（2009—2015）整理得出。

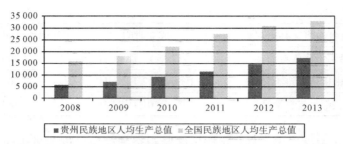

图2　贵州、全国民族地区人均地区生产总值①（单位：元）

从图3可以看出，2014年，贵州民族地区的3个自治州和11个自治县中，仅玉屏县的人均地区生产总值超过全省水平，其余13个民族自治地方均低于全省水平，且各民族自治地方之间存在差距。

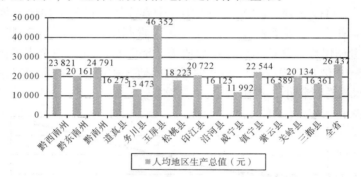

图3　2014年贵州民族地区及全省人均地区生产总值比较②

（二）经济发展不平衡，产业结构不合理

产业结构，即国民经济的部门结构，是反映一个地区经济发展结构合理性的重要指标。根据配第一克拉克定律：随着社会经济的发展和工业化过程推进，一个国家或地区的产业结构（包括产值结构和劳动力结构）会逐步由第一产业占优势比重发生明显变化，开始向第二产业和第三产业占优势比重演进。

如图4所示，2001—2004年间，贵州民族地区三大产业占地区生产总值比重大小为"一二三"型，第一产业占主导，二产和三产相对较低；经过2005年到2008年的调整，从2009年到2014年，贵州民族地区三大产业占地区生产总值比重转变为"三二一"型。从2001—2013年整个时间

① 数据来源：根据《贵州统计年鉴》《中国统计年鉴》（2009—2014）整理得出。
② 数据来源：根据《贵州统计年鉴》（2015）整理得出。

序列看，第一产业对国民生产总值的贡献率呈明显下降趋势，由 2001 年的
40.5%下降到 2013 年的 19.4%；第二产业相对稳定，而 2008 年以后第三
产业对地区生产总值贡献率明显上升，由 2008 年的 35%上升为 2009 年的
43.2%，2014 年达 47.2%。

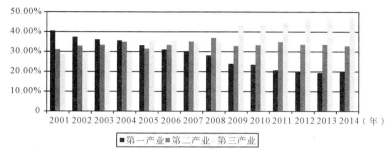

图 4　贵州民族地区三大产业占地区生产总值比重（2001—2014）①

从图 5 看到，2013 年贵州民族地区、贵州和全国的三大产业占地区生
产总值比重均为"三二一"型，产业结构基本合理，但是，贵州民族地区
和贵州省的第二产业的国民生产总值贡献率明显低于全国平均水平，相反
第一产业占地区生产总值比重则高于全国平均水平。

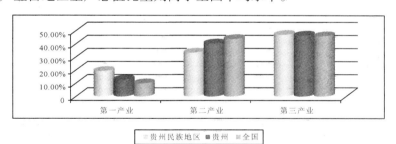

图 5　贵州民族地区、贵州省、全国三大产业占地区生产总值比重（2013）②

因此，从表面上看，贵州民族地区产业结构似乎是科学的"三二一"
型，但深入到单个产业内部，不难看出，贵州民族地区第二产业发展不仅
落后于全省，而且明显滞后于全国平均水平，而第一产业却偏高。

此外，从表 2 可以看到，贵州民族地区各自治州、县之间产业发展不
平衡，多数产业结构不合理。除 3 个自治州、松桃县、镇宁县和关岭县基
本符合合理产业结构"三二一"型外，其余地区产业结构均不合理。第一

①　数据来源：根据《贵州统计年鉴》（2002—2015）整理得出。
②　数据来源：根据《贵州统计年鉴》（2014）、《中国统计年鉴》（2014）得出。

产业整体占比偏高，其中道真、务川、印江、威宁的第一产业占地区生产总值比重竟达 30%以上。第二产业发展有待调整，其中道真、务川、印江、沿河、威宁、紫云、三都的第二产业较第一产业偏低，玉屏县第二产业较第三产业偏高。

表2　　　　　　　贵州民族地区和全省产业结构（2014年）①　　　　　单位:%

地区	第一产业比重	第二产业比重	第三产业比重
黔西南州	16.9	35.9	47.2
黔东南州	17.8	30.5	51.7
黔南州	18.9	36.8	44.3
道真县	34.6	18.8	46.6
务川县	35.2	19.9	44.9
玉屏县	10.6	56.3	33.1
松桃县	24.9	33.3	41.8
印江县	31.9	21.8	46.3
沿河县	27.3	18.6	54.1
威宁县	31.2	28.4	40.4
镇宁县	15.7	30.3	54.0
紫云县	29.7	19.7	50.6
关岭县	20.5	26.6	52.9
三都县	29.8	15.2	55.0
全省	13.8	41.6	44.6

（三）城镇化水平较低，城乡"二元结构"明显

城镇化水平，是衡量区域经济发展的重要内容，贵州省的城镇化水平一直处在较低水平，据《中国统计年鉴2015》数据显示，2014年贵州城镇化率为40.01%，比全国平均水平低了14.76个百分点。此外，从表3可知，以3个自治州为例，贵州民族地区的城镇化水平明显低于全省水平。同时，各民族自治地方的城镇化水平也存在较大差距，2014年黔东南州城镇化水平比黔西南州高出2.1个百分点，比黔南州城镇化水平低了1.7个百分点（见表3）。

---

① 数据来源：根据《贵州统计年鉴》（2015）整理得出。

表3　　　　2004—2013年贵州民族自治州及全省非农业人口比重①　　单位:%

年份	全省	黔西南州	黔东南州	黔南州
2004	15.8	9.8	11.3	13.5
2005	15.8	9.4	11.6	13.5
2006	16.0	9.7	11.7	13.7
2007	16.0	9.9	11.9	13.8
2008	16.1	9.9	11.9	13.9
2009	16.2	10.0	12.0	13.9
2010	16.1	10.0	11.9	13.7
2011	16.2	10.0	12.1	13.8
2012	16.3	10.0	12.2	13.9
2013	16.4	10.2	12.3	13.9
2014	16.4	10.2	12.3	14.0

（四）财政收入相对较低、差距较大

财政收入，是衡量一国政府财力的重要指标，同时也是体现地区经济的重要指标。它是政府为履行政府职能筹集的资金，也是政府为实施公共政策、提供公共物品和服务筹集的资金。从2008年到2014年，贵州民族地区财政收不抵支。财政一般公共预算收入虽然呈现逐年增长趋势，2014年其绝对值达313.82亿元，但是，从全省看，其所占比例处于较低水平，相对较高的2013年也仅为23.1%（见表4），低于当年年末常住人口比例（38.7%）15.6个百分点。因此，从省内情况看，虽然贵州民族地区的财政一般公共预算收入的绝对值有明显提高，但结合全省的相对值却仍处在较低水平。

表4　　　　贵州及其民族自治地方一般公共预算收支情况表②　　单位：亿元

年份	贵州民族自治地方		全省		A/B
	收入A	支出	收入B	支出	
2008	55.98	298.17	349.55	1055.39	16.0%

①　数据来源：根据各年《贵州统计年鉴》整理得出。
②　数据来源：根据各年《贵州统计年鉴》整理得出。

表4(续)

年份	贵州民族自治地方		全省		A/B
	收入 A	支出	收入 B	支出	
2009	73.76	370.82	416.48	1 372.27	17.7%
2010	99.34	500.77	533.73	1 631.48	18.6%
2011	155.85	653.56	773.08	2 249.40	20.2%
2012	227.65	830.43	1 014.06	2 755.68	22.5%
2013	278.43	940.82	1 206.41	3 082.66	23.1%
2014	313.82	1 053.88	1 366.67	3 542.80	23.0%

注：2012 年、2013 年贵州民族自治地方数据为公共财政收支。

以人均财政收入，即财政一般预算收入与年末人口数之比为考察指标，对贵州民族地区人均财政收入和全国民族地区人均财政收入进行比较分析（见表5）。2008 年至 2014 年，贵州民族地区人均财政收入逐年增加，2014 年达 2 315 元，但与全国民族地区人均财政收入水平相比，差距还很大，且 2013 年差距达 1 276 元。因此，从全国情况看，贵州民族地区人均财政收入虽有提高，但其与全国民族地区人均财政收入相差甚远。

表5　　贵州民族地区、全国民族自治地方人均财政收入情况表[①] 单位：元

年份	贵州民族自治地方	全国民族自治地方
2008	359	1 162
2009	480	1 386
2010	734	1 758
2011	1 153	2 298
2012	1 687	2 782
2013	2 055	3 331
2014	2 315	—

总而言之，贵州民族地区相对全省和全国，在经济发展水平、产业结构调整、城镇化水平、财政收入水平等均存在差距。此外，贵州民族地区各自治州、自治县之间发展也存在差距。贵州民族地区经济发展的差距和不平衡，使其经济落后成为不争事实。贵州民族地区有必要在金融支持下

---

① 数据来源：根据各年《贵州统计年鉴》《中国统计年鉴》整理得出。

寻求新发展，实现落后经济的后发赶超。

三、贵州民族地区金融支持特点分析

民族地区经济发展离不开金融支持，金融支持是实现民族地区经济跨越式发展的重要保障。近年来，受国家和地方政府的支持和指导，贵州民族地区的金融机构也在积极配合，从不同层面给予金融支持。但贵州民族地区金融支持存在以下特点：

（一）金融支持信贷投入量较小，金融发展总体落后

金融信贷支持对经济发展至关重要，一般情况下，发达地区的金融信贷规模比欠发达地区大，并且金融资金利用效率也比欠发达地区高，故而金融信贷对经济发展的贡献率也相对较大。贵州民族地区的信贷发展相对滞后，信贷市场表现不活跃，金融支持信贷投入量较小。如表6所示，2014年黔西南州、黔东南州、黔南州的金融机构人民币人均贷款余额分别为 19 207.81 元、17 646.30 元、18 698.42 元，除了比毕节市高以外，均低于其余各市和全省平均水平。其中，金融机构人民币人均贷款余额相对较高的黔西南州，其人均贷款余额比全省平均水平低了近 4.6 个百分点。

表6　贵州省各市（州）金融机构人民币（人均）贷款余额（2014)①

地区	金融机构人民币贷款余额（亿元）	金融机构人民币人均贷款余额（元）
全省	12 368.30	35 257.01
贵阳市	6 560.51	143 997.10
六盘水市	701.20	24 330.33
遵义市	1 527.74	24 821.52
安顺市	518.95	22 483.86
毕节市	689.48	10 540.57
铜仁市	601.65	19 305.31
黔西南州	539.97	19 207.81
黔东南州	613.65	17 646.30
黔南州	604.52	18 698.42

注：金融机构人民币人均贷款余额＝金融机构人民币贷款余额/年末常住人口

① 数据来源：根据 2015 年《贵州统计年鉴》数据整理得出。

戈德史密斯（Gold Smith，1969）研究表明，经济发展和金融发展是平行关系，而且，在许多快速增长时期，"一国的金融上层结构发展要快于该国国民生产和国民财富基础结构的发展"[14]。即一个国家或地区的金融资产总量与经济发展呈现平行姿态，金融资产规模不仅随经济总量增加而扩大，并且相比生产总值的增长，金融资产总量的增长会更快。

如图6，1993年以来贵州民族地区金融机构存贷款之和与地区生产总值比值明显低于全省、全国平均水平。2014年贵州民族地区该比值为187.68%，比全省同期低110.51个百分点，比全国同期低119.8个百分点。可以明确的是，贵州民族地区的金融发展总体落后，货币化程度较低。由于民族地区经济发展以自然经济居多，加上金融体系的不完善和不合理，从而影响了金融信贷和货币化的程度。

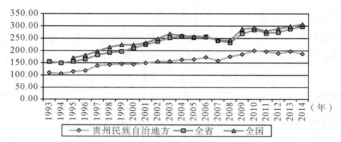

图6　贵州民族自治地方与全省、全国金融机构
存贷款之和与地区生产总值比值的比较①单位:%

（二）金融机构数量少且结构单一，缺乏多元化金融工具

金融机构是金融支持和发展的关键。贵州民族地区经济发展落后，金融机构数量少，办理业务简单。以中国建设银行为例，中国建设银行贵州分行资料显示，截至2015年年底，黔东南州、黔南州和黔西南州的支行网点分别为14家、17家和10家，合计41家，仅占全省（202家）的20.1%。其次，金融结构单一，主要是四大国有商业银行。由于金融机构数量少且结构单一的约束，贵州民族地区缺乏多元化的金融工具。很多地区主要是银行存款、贷款，而债券、股票很少涉及。这使原本局限的民族地区金融工具，在交易数量上更加紧缺。单一的金融结构，使贵州民族地区融资渠道狭窄，资金来源不足，从而严重抑制了金融支持作用。

（三）资本市场发展滞后

资本市场是一种直接融资方式，它能反映出金融市场的内部交易关

---

① 　数据来源：根据各年《贵州统计年鉴》和《中国统计年鉴》整理得出。

系。贵州民族地区资本市场的建立和发展，对其经济跨越发展和金融支持作用的发挥具有深远意义。总体而言，民族地区资本市场的发展具有这样的共性，即发展缓慢、直接融资渠道狭窄，具体表现有：①股票市场不发达。②债券市场发展落后。③证券经营机构数量少，发展程度低。[15]

一定区域资本市场的发展程度以该区域对国内外资本市场的介入和利用情况为依据。根据中国证券监督管理委员会贵州监管局于 2015 年 5 月 12 日公布的贵州辖区上市公司基本情况表，截至 2015 年 4 月底，贵州辖区上市公司合计 21 家，其中上交所 10 家，深交所 11 家。而 2014 年底我国的该数据已达 2 163 家，可以判定，2015 年贵州辖区上市公司数占全国上市公司数的比重低于 0.97%。可见，贵州上市公司数明显低于全国平均水平。而贵州辖区上市公司中没有一个公司源于贵州民族地区，这使股票债券市场成为贵州民族地区资本市场的重大空缺。资本市场发展的滞后，使贵州民族地区筹资渠道变得更加狭窄，金融对贵州民族地区经济跨越发展的支持作用变得更加有限。

（四）金融支持领域和范围相对单一

贵州民族地区金融支持领域和范围相对发达地区较为单一。据有关资料显示，贵州民族地区金融支持主要涉及城市建设、交通运输和能源等实体经济；相反，对社会保障和福利、医药卫生、科技教育等行业的支持力度较薄弱。据中国人民银行贵阳中心支行了解，2015 年 6 月底，全省交通运输、城市建设和能源三类项目的贷款余额分别为 502.5 亿元、448.6 亿元、386.9 亿元，较年初分别新增 154.5 亿元、181.8 亿元、100.1 亿元，贷款余额与新增额均在各类重点项目中位列前三位。以紫云县为例，其小城镇建设得到了金融机构积极的金融信贷支持。截至 2015 年 9 月末，人民银行紫云县支行累计向紫云农村商业银行发放支农再贷款 3 000 万元用于支持小城镇建设[16]。主要是涉及住房、种养、生产经营等行业。单一的金融支持领域和范围，使贵州民族地区的许多行业在发展中面临缺资金、融资难的问题。

四、贵州民族地区经济跨越发展的金融支持实证分析

由于单一使用横截面数据或者时间序列数据来说明变量间关系具有局限性，而面板数据不仅可以解决样本量小的问题，而且具有能解释同一时期不同地区和同一地区不同发展时期的金融发展程度对经济发展的支持差异。本文采用面板数据的单位根检验、协整检验和协整方程的估计来全面分析贵州民族地区经济跨越发展的金融支持状况，为贵州民族地区经济跨越发展提出可靠依据。

（一）模型的建立

首先建立如下多元线性回归模型。

$$Y_{it}=C+\alpha F_{it}+\beta X_{it}+\xi_{it} \tag{公式1}$$

其中 Y_{it} 表示因变量，F_{it} 表示金融发展变量，X_{it} 表示控制变量，C 为常数项，α、β 表示对应变量系数，ξ_{it} 表示残差。

对于因变量 Y_{it}，本文选取了经济总量（GDP_{it}）、产业结构（$CYJG_{it}$）和城镇化（CZH_{it}）三个指标，通过考察金融发展对这三个指标的支持作用来说明贵州民族地区经济跨越发展的金融支持状况。结合贵州民族地区实际，本文选取 1990—2014 年黔西南州、黔东南州、黔南州三个自治州的人均实际地区生产总值衡量贵州民族地区经济发展水平，用 GDP_{it} 表示。由于获取的是人均名义地区生产总值，故以 1990 年的不变价格进行调整得到人均实际地区生产总值。产业结构 $CYJG_{it}$ 采用三个自治州（黔西南、黔东南、黔南）第三产业占地区生产总值比重来反映贵州民族地区产业结构优化程度，城镇化指标 CZH_{it} 选取三个自治州非农业人口占年末总人口比重来反映贵州民族地区的城镇化水平。

对于金融发展变量 $JRFZ_{it}$，本文将主要利用 1990—2014 年贵州三个民族自治州金融机构各项存贷款余额之和与地区生产总值之比，作为反映贵州民族地区间金融资产的配置状况，体现其金融发展水平的指标，用 $JRFZ_{it}$ 表示。

对于控制变量 X_{it}，由于影响经济发展的因素很多，为了增强模型的说服力，文章将对一些必要的控制变量进行说明。主要有：反映政府对经济的贡献的指标，ZF_{it}=地方财政支出/地区生产总值；反映人力资本因素的指标，$RLZB_{it}$=普通高校在校人数/年末总人口；固定资产指标，$GDZC_{it}$=全社会固定资产投资额/地区生产总值。

为了防止虚假回归问题的出现，实证中通过协整理论，建立误差修正模型对贵州民族地区经济跨越发展的金融支持情况进行分析。

本文选取了其中的 Fisher-ADF 检验，对面板数据进行单位根检验。使用 EG 两步法。对各变量单位根进行检验后，如果各经济变量、金融发展变量和控制变量均为同阶单整，则对（公式1）进行回归，得到残差序列 E_{it}，建立回归方程：

$$\Delta E_{it}=\rho_i E_{i,t-1}+\sum_{j=1}^{\rho i}\theta ij E_{i,t-j}+\alpha_i+\varepsilon_{it} \tag{公式2}$$

再根据 ADF 单位根检验方法对残差序列的平稳性进行检验，倘若 E_{it} 原始序列是平稳的，则说明变量间存在长期均衡关系。

模型：$y_{it} = \alpha + X_{it}\beta + \mu_i + \nu_{it}$　$(i = 1, 2, \cdots, N; \ t = 1, 2, \cdots, T_i)$

（公式3）

其中，β 是 $k×1$ 维向量，μ_i 是不同的常数，μ_{it} 服从于 $N(0, \nu^2)$

μ_i 的差异反映横截面因素的影响，固定效应在如下四个模型中通过假设检验进行选择：

（1）$y_{it} = \mu + X_{it}\beta + \nu_{it}$　$(i = 1, 2, \cdots, N; \ t = 1, 2, \cdots, T_i)$

（2）$y_{it} = \mu_i + X_{it}\beta + \nu_{it}$　$(i = 1, 2, \cdots, N; \ t = 1, 2, \cdots, T_i)$

（3）$y_{it} = \mu + X_{it}\beta_i + \nu_{it}$　$(i = 1, 2, \cdots, N; \ t = 1, 2, \cdots, T_i)$

（4）$y_{it} = \mu_i + X_{it}\beta_i + \nu_{it}$　$(i = 1, 2, \cdots, N; \ t = 1, 2, \cdots, T_i)$

第一个假设检验，原假设 H_0：对所有的 i 和 j 都有 $\mu_i = \mu_j$，$\beta_i = \beta_j$；

备选假设 H_1：存在 $i \neq j$，使 $\mu_i \neq \mu_j$，或者 $\beta_i \neq \beta_j$；

第二个假设检验，原假设 H'_0：对所有的 i 和 j 都有 $\beta_i = \beta_j$；

备选假设 H'_1：存在 $i \neq j$，使 $\beta_i \neq \beta_j$；

第三个假设检验，原假设 H''_0：对所有的 i 和 j 都有 $\mu_i = \mu_j$；

备选假设 H''_1：存在 $i \neq j$，使 $\mu_i \neq \mu_j$；

首先进行第一个假设检验，若接受 H_0 就选择模型（1），拒绝则进行第二个假设检验；若接受 H'_0 就选择模型（2），拒绝则进行第三个假设检验；接受 H''_0 选择模型（3），拒绝则就选择模型（4）。

（二）实证结果分析

为了清晰反映实证结果，本文将从平稳性检验、协整检验和回归方程的估计对实证结果展开分析。

1. 平稳性检验结果

用 Eviews7.2 分别对因变量（GDP_{it}、$CYJG_{it}$、CZH_{it}）、金融发展变量（$JRFZ_{it}$）和控制变量（ZF_{it}、$GDZC_{it}$、$RLZB_{it}$）进行 Fisher-ADF 检验。通过检验发现除 GDP_{it} 是二阶单整序列外，其余变量均为一阶单整序列。因此，对因变量 GDP_{it} 进行调整，经对数处理后 log（GDP_{it}）为一阶单整序列。最终得到的单位根检验结果如表 6 所示。结果表明：变量 log（GDP_{it}）的序列和其他变量的原始序列均未通过 ADF 检验，而进行一阶差分处理后，均通过了 ADF 检验，故调整后的因变量 log（GDP_{it}）和其他变量均是一阶单整，即 I（1）。

表6   面板数据单位根检验结果①

变量②		ADF-Fisher Chi-square	是否平稳
因变量	$\log(GDP_{it})$	2. 865 08	否
	$\text{Dlog}(GDP_{it})$	17. 210 8 ***	是
	$CYJG_{it}$	7. 984 96	否
	$DCYJG_{it}$	31. 877 4 ***	是
	CZH_{it}	2. 209 88	否
	$DCZH_{it}$	33. 589 6 ***	是
自变量	$JRFZ_{it}$	9. 109 06	否
	$DJRFZ_{it}$	36. 014 0 ***	是
控制变量	ZF_{it}	3. 815 67	否
	DZF_{it}	18. 828 7 ***	是
	$GDZC_{it}$	0. 130 63	否
	$DGDZC_{it}$	16. 416 4 **	是
	$RLZB_{it}$	3. 499 50	否
	$DRLZB_{it}$	32. 365 9 ***	是

2. 协整检验及协整方程的估计

由于调整后，各变量均为一阶单整序列，因此可能存在协整关系。如果协整关系存在，则表示具有各自长期波动规律的变量间存在一个长期稳定的比例关系。用 Eviews7. 2 对（公式1）进行估计（注意其中一个因变量 GDP_{it} 调整为 $Ln(GDP_{it})$），进行协方差检验并选用等斜率模型较优，再运用 Redundant Fixed Effects 检验。

和 Hausman 检验。结果发现：选用截面固定效应和无时期效应模型较优。最终回归分析结果如表7所示，并且得到三个残差（E_{1it}、E_{2it} 和 E_{3it}），再对三个残差序列分别进行 Fisher-ADF 检验，如果残差序列平稳则表示变量之间存在长期均衡，即存在协整，相反则不存在协整。

从模型估计结果（表7）显示，F-statis 统计量都在 1% 水平下显著，

---

① 检验分析中 * * *、* *、*分别表示统计检验在 1%、5%、10% 水平下显著；表中数据为 t 统计量。

② 在原始变量或取对数变量前加 D，表示对该变量进行一阶差分处理后的新变量，即一阶差分变量。

且调整后的可决系数分别为 0.754、0.876、0.974，说明模型具有较强的解释力。金融发展变量在三个模型中的系数均为正值，并且均在 1% 的水平下显著，这表明贵州民族地区金融发展能有效促进经济总量增长、优化产业结构以及提高城镇化的水平。进一步说明贵州民族地区的金融部门发展，可以通过动员储蓄、优化资金配置效率、加速资本积累等功能，有效促进经济发展。但同时可以看到金融发展影响经济总量的弹性不大，影响产业结构和城镇化的绝对系数也较小，这说明贵州民族地区经济发展中的金融支持效率较低。

控制变量中，政府对经济贡献指标 ZF_{it} 系数均为正，并且在均 1% 水平下显著，贵州民族地区地方政府对经济发展的影响具有重要性，但可以看到其影响经济总量的弹性和影响产业结构、城镇化水平的作用不大，这说明贵州民族地区地方政府在经济发展中作用效率还有待提高。全社会固定资产投资指标 $GDZC_{it}$ 对因变量 $\ln（GDP_{it}）$ 和 $CYJG_{it}$ 影响系数均为正值，且在 1% 水平下显著，而对 CZH_{it} 影响不显著。这表明，经济相对落后的地区，其金融发展主要借力于资本积累。对贵州民族地区，这个结论同样适用，但同时可以看到，$GDZC_{it}$ 的影响系数较小，这表明贵州民族地区全社会固定资产投资对经济总量和产业结构的影响效率较低，对城镇化水平的影响无法判断。另一个控制变量人力资本因素 $RLZB_{it}$ 对经济总量弹性影响为负，对城镇化进程影响为正，且均在 1% 水平下显著。贵州民族地区经济发展相对落后，接受了高等教育的人更乐于流入较发达的其他地区，这极大可能给民族地区当地经济总量带来负面效应，同时给城镇化进程带来正面效应。但可以明显看到，$RLZB_{it}$ 的系数较小，说明效率较低。另外，人力资本因素 $RLZB_{it}$ 在被解释变量为 $CYJG_{it}$ 的回归中系数为负，但由于 t 统计检验不显著，所以无法判断人力资本因素对贵州民族地区产业结构的影响。

表 7　　　　　　　　　　　面板数据回归结果①

自变量　　　因变量	$\ln（GDP_{it}）$	$CYJG_{it}$	CZH_{it}
$JRFZ_{it}$	1.074***	0.113***	0.019***
	(10.792)	(5.852)	(8.749)

① 回归结果中的＊＊＊、＊＊、＊分别表示统计检验在 1%、5%、10% 水平下显著，括号内为 t 统计量。

表7（续）

因变量 自变量	$\ln(GDP_{it})$	$CYJG_{it}$	CZH_{it}
ZF_{it}	4.130***	0.299***	0.024***
	(10.682)	(3.553)	(2.803)
$GDZC_{it}$	0.663***	0.047***	−0.000 575
	(8.833)	(2.991)	(−0.343)
$RLZB_{it}$	−0.011***	−0.000 265	6.74E−05***
	(−11.546)	(−1.070)	(3.038)
C	5.177***	0.064***	0.071***
	(43.788)	(2.919)	(27.861)
R^2	0.774	0.886	0.976
Adjusted−R^2	0.754	0.876	0.974
F−statistic	38.871***	87.959***	467.043***
Redundant Fixed Effects Test（p）	0	0	0

表8是对三个残差（E_{1it}、E_{2it}和E_{3it}）进行平稳性检验的结果，检验结果显示：三个残差均不存在单位根，序列均为平稳的，这充分表明：从长期来看，贵州民族地区金融发展对经济增长、产业结构优化和城镇化水平提高具有明显的支持作用。

表8　　　　　　　　残差的单位根检验①

变量	ADF−Fisher Chi−square	是否平稳
E_{1it}	13.442 6**	是
E_{2it}	32.464 6***	是
E_{3it}	21.785 9***	是

（三）实证研究结果

实证研究表明，贵州民族地区的金融发展能有效支持其经济发展，不

① 残差单位根检验中＊＊＊、＊＊、＊分别表示统计检验在1%、5%、10%水平下显著，数据为t统计量。

仅可以支持经济总量提升，而且可以支持产业结构的优化，还可以促进城镇化水平的提高；此外，从长期看，贵州民族地区经济发展的金融支持作用也是明显的。但是，贵州民族地区经济发展的金融支持存在支持力度不够和低效率的问题。这充分说明了，贵州民族地区金融支持呈现的诸如：金融支持信贷投入量较小，金融发展总体落后；金融机构数量少且结构单一，缺乏多元化金融工具；资本市场发展滞后；金融支持领域和范围相对单一等状况，给金融支持力度和效率带来了困难，进而制约了贵州民族地区经济的跨越式发展。贵州民族地区有必要在结合金融支持现状的基础上，采取有效措施加大金融支持力度，提高金融支持效率，进而促进经济总量提升、产业结构优化以及城镇化水平提高，最终实现经济的跨越式发展。

五、加强贵州民族地区跨越发展金融支持的对策建议

从上述分析可以看出：贵州民族地区金融发展对其经济发展有明显支持作用，而且二者存在协整关系，但金融支持力度不够，效率较低。仅依靠政府财政支出、固定资产投资、人力资本投资等解决贵州民族地区落后经济赶超中的资金问题力度远远不够。政府应当制定能有效加强贵州民族地区金融支持的政策，促进贵州民族地区经济跨越式发展。结合贵州民族地区的金融支持现状，针对金融支持力度和效率"双低"问题，文章提出了如下加强贵州民族地区金融支持的对策建议。

（一）合理加大信贷资金投入力度

贵州民族地区作为欠发达地区，要保持经济以较快速度稳健发展，必须依赖于持续、稳定、充足的信贷资金投入。从贵州民族地区金融支持现状分析来看，一方面，贵州民族地区金融信贷资金投入量较小。《贵州统计年鉴》2014 年数据显示，贵州三地州金融机构存贷比为 68.9%，与贵州省 81.0%的存贷比相差近 12.1 个百分点。另一方面，贵州民族地区金融总体发展滞后。2014 年该数据比全省同期低 110.51 个百分点，比全国同期低 119.8 个百分点。因此，应该针对贵州民族地区制定相应的贷款优惠奖励制度，鼓励引导金融机构加大信贷资金的投入，将吸纳的存款以合理比例积极投入当地，提高贵州民族地区的信贷增量。进而促进金融总体发展，为贵州民族地区经济跨越发展提供信贷资金保障和优质金融环境。

（二）构建健全金融机构组织体系

完善的金融机构组织体系，是实现金融资本充足的基础；多元化的金融工具，是传统金融工具的重要补充。贵州民族地区金融机构结构单一，主要以四大国有商业银行为主，且网点分布较少，应该结合贵州民族地区实际，构建健全金融机构组织体系，发展多元化金融工具。建立健全以政策性银行为主体，农村信用社和地方金融机构为基础，国有商业银行和其他商业银行为补充的金融体系[17]。具体可以从如下几点努力：其一，增设政策性银行分支机构，充分发挥政策性银行，尤其是农业发展银行的政策性金融功能，加大对国家相关部门提供的中长期重点建设项目的投资资金以及扶贫开发资金的使用力度；其二，规范社会融资，鼓励发展民族特点的地方金融机构（村镇银行、社区银行、小额贷款公司等），使之成为支持贵州民族地区民营及中小企业的重要力量；其三，鼓励农村信用社、国有商业银行以及其他股份制商业银行在贵州民族地区增设网点，提高金融服务保障力。

（三）积极发展资本市场体系

资本市场作为一种直接融资方式，其重要性不容忽视。完善的资本市场，不仅有利于国有经济和国有企业的壮大，而且还有利于地区产业结构优化升级以及经济增长方式的转型，对地区的经济发展提供基础保障。

一是积极发展贵州民族地区债券市场，鼓励地方政府及具备条件的企业发行融资债券。通过借鉴发达国家债券融资的成功经验，创新债券融资工具，进而加快贵州民族地区债券市场的发展，为政府及企业融资债券的发行提供良好的环境。二是鼓励发展贵州民族地区股权融资。作为企业直接融资的有效途径，股权融资不仅提高了企业的关注度和资本支持，而且提供了企业发展壮大的有利平台。通过对贵州民族地区企业准入股权资本市场条件的放宽，对民族特色产业、资源型产业以及优势产业的优先扶持，以及对民族地区企业上市时间的缩短和程序的简化，早日实现贵州民族地区上市企业零的突破，甚至于上市规模的扩大，都只有积极推动作用。三是尝试发展贵州民族地区的投资基金。通过政策支持贵州民族地区的旅游发展投资基金、开发投资基金等，以吸收闲散资金，并准许各基金在全国的公开发行以及上市交易，给予贵州民族地区企业的大规模投资项目有利的融资条件，丰富贵州民族地区资本市场发展的金融产品。四是推进贵州民族地区市场建设，设立规范的区域性场外交易市场。五是加快发展货币市场步伐。通过降低贵州民族地区商业银行的再贴现率，加速当地票据市场的建立，提高其票据流动性。

（四）拓展金融支持领域和范围

贵州民族地区金融支持领域和范围相对单一，主要涉及城市建设、交通运输和能源等实体经济，而对社会保障和福利、医药卫生、科技教育等行业的支持力度较薄弱。为了促进贵州民族地区经济的良性发展，推进二、三产业发展，有必要拓展金融支持的领域及范围。

一是继续支持城市建设、交通运输和能源等实体经济发展。以增加信贷投入量为前提，加大中长期贷款比重，争取商业银行对重点项目的贷款支持。二是加大对社会保障和福利、医疗卫生、科技教育等行业的金融支持力度。可以通过优惠其贷款利率或者提供补贴政策，提供优质融资渠道。三是积极投入生态环境保护项目建设。贵州民族地区生态环境脆弱，其经济跨越式发展离不开良好生态环境的支撑。贵州民族地区金融业要以为生态环境保护提供支持与服务为前提，积极开展金融支持退耕还林（草）和植树造林活动，更要积极配合有关部门金融服务，做好水土治理等工作。四是积极支持新农村建设。贵州民族地区城乡二元经济结构明显，金融业要积极把农民增收致富与拓展信贷效益增长点相结合，通过借鉴发达地区成功农业经营方式，积极支持和发展订单农业、专业合作社等现代农业经营方式。积极推进贵州民族地区粗放农业经营方式向集约型现代农业经营方式发展。五是积极将优势产业转变为支柱产业，并给予金融支持。贵州民族地区矿产资源及旅游资源丰富，应该切合实际，对优势矿产资源的开发和民族文化旅游资源的发展提供丰富的资金支持。通过制定相关信贷补贴政策，新增信贷资金比率和补贴，支持优势矿产资源开发，扶持特色及优势旅游产业发展。

（五）强化政策性金融的指导作用

贵州民族地区主要从民贸民品和信贷扶贫两个方面提供了金融的政策支持。由于贵州民族地区金融支持力度不够、效率低，因此有必要对政策性金融的内容进行规范和完善。为此，可以从倾斜性金融政策的实施，完善金融优惠政策，进而强化政策性金融对经济跨越式发展的指导作用。

一是实施差别化的存款准备金政策。与发达地区相比，贵州民族地区的货币信用化水平明显较低，统一的法定存款准备金率使其货币乘数远低于发达地区。通过差别化的存款准备金政策，给予贵州民族地区一定程度的法定存款准备金率浮动权限和再贷款权限，从而提高当地银行的可用资金比例。二是针对贵州民族地区，改进其国有商业银行的信贷管理体制。国有商业银行应该适当改进贵州民族地区信贷授权授信方式，对当地企业流动资金的贷款权限、县级支行的信贷审批权限、当地贷款方的贷款额度以及商业银行的贷款呆坏账准备金提取比例等做出适当调整。三是适当放松贵州民族地区的金融机构准入条件。通过对贵州民族地区新办金融机构实收资本限额的降低和税收优惠，积极鼓励更多的金融机构进入贵州民族地区发展。四是对相关支持政策的政策性贷款和专项贷款给予更大贷款利率优惠和补贴,进而减少贷款人的利息支出。五是通过相关法规的制定,限额管理外流资金。六是设计贵州民族地区发展需要的金融产品。例如"以工哺农""以城带乡"的生产类信贷品种,以衣、食、住、行、教育、医疗等为代表的消费贷款品种,以农村养老保险、特种养殖保险、多风险农作物保险等为代表的农村保险类品种等。

参考文献

[1] 郭家骥. 云南民族地区生产力跨越式发展的理论与实践 [J]. 云南社会科学, 1993 (6): 23-31.

[2] 杨振之, 陈谨, 马治鸾. 民族地区、贫困地区实现"旅游业跨越式发展"的理论探讨 [J]. 四川大学学报, 2002 (4): 47-52.

[3] 田原. 加快农业结构调整步伐促进贵州民族地区经济跨越式发展 [J]. 贵州民族研究, 2003 (4): 119-121.

[4] 汪中华, 彭涌. 少数民族地区实现追赶型、跨越式发展的障碍与对策 [J]. 学术交流, 2005, 01 (1): 122-124.

[5] 张艳秋. 民族地区经济实现跨越式发展的思考 [J]. 黑龙江民族丛刊, 2009 (3): 72-75

[6] 刘尚希, 石英华. 我国民族地区发展面临新的战略选择——从追赶式发展转向跨越式发展 [J]. 西南民族大学学报, 2014 (10): 126-130

[7] Holden, Paul and Prokopenko. Vassili (2001), Financial Development and Poverty Alleviation´Issues and Policy Implications for Developing and Transition Countries [R]. IMF Working Papers, No. 160-01, pp. 1-39.

[8] Galindo, Arturo and Miller. Margaret (2001), Can Credit Registries Reduce Credit Constraints? Empirical Evidence on the Role of Credit Registries in Firm Investment Decisions [R]. Washington, DC; The Inter American Development Bank.

[9] 赵晓芳. 金融支持甘肃民族地区经济发展的对策建议 [J]. 西北民族大学学报, 2005 (5): 98-102.

[10] 中国人民银行湘西州中心支行课题组. 西部民族地区新农村建设的经济金融支持思考——来自湘西自治州的调查 [J]. 武汉金融, 2007 (10): 65-66

[11] 王毅. 金融支持吉林省民族地区经济发展探析 [J]. 黑龙江民族

丛刊，2008（6）：68-70.

　　[12] 李光. 少数民族地区金融支持政策探讨 [J]. 黑龙江民族丛刊，2011（2）：61-64.

　　[13] 周运兰. 民族地区企业融资的多层次金融支持体系构建 [J]. 商业时代，2012（5）：63-64

　　[14] 雷蒙德·戈德史密斯. 金融结构与金融发展 [M]. 周朔，译. 上海：上海人民出版社，1996：45.

　　[15] 谢丽霜. 西部开发中的金融支持与金融发展 [M]. 大连：东北财经大学出版社，2003：46-49.

　　[16] 中国人民银行贵阳中心支行. 紫云县小城镇建设获金融大力支持 [EB/OL]. [2015-11-96]. http：//guiyang. pbc. gov. cn/guiyang/113274/2979489/index. html.

　　[17] 人民银行成都分行课题组. 民族地区经济发展金融支持问题研究 [J]. 西南金融，2003（1）：4-9.

基于模糊层次分析法的西南区域
电子信息产业发展现状与评价

王开良[1]   秦慧[2]

【（重庆邮电大学经济管理学院，重庆 400065）】

[摘要] 电子信息产业是关系国家经济命脉和安全的战略性、基础性、先导性支柱产业，西南区域城市作为中西部发展的重要战略性城市，在相关政策支持下，电子信息产业迅速崛起，其发展也促进了西南区域的经济增长。为了反映西南五省市的电子信息产业发展状况，文中在构建了一套科学有效的评价体系的基础上，运用模糊层次分析法对其进行了综合评价，据此提出提升西南区域电子信息产业发展水平的一些建议。

[关键词] 电子信息产业　西南　模糊层次分析
[中图分类号] F49   文献标志码：A

引言

当今世界，信息产业已成为最具活力、规模最大的产业，信息化是促进世界各主要国家经济和社会发展的重要动力。我国的电子信息产业是关系国家经济命脉和安全的战略性、基础性、先导性支柱产业，对于促进社会就业、拉动经济增长、调整产业结构、转变发展方式和维护国家安全都具有十分重要的作用。西南区域城市作为中西部发展的重要战略性城市，在相关政策支持下，电子信息产业迅速崛起，其发展也促进了西南区域的经济增长。西南地区指四川省、云南省、贵州省、重庆市、西藏自治区。改革开放后，由于西部大开发战略的实施及西南出海大通道建设等诸多因素，广西也经常与川、渝、滇、黔、藏五地合称为"西南六省（区、市）"，基于数据的可获得性，本文仅收集了四川、重庆、贵州、云南、广西五个省市的数据，希望通过研究这 5 个西南省市的电子信息产业发展状况，可以提出有助于提升西南区域电子信息产业发展水平的建议及对策。

一、西南区域电子信息产业的发展现状与特点

电子信息产业是国民经济的先导性支柱产业，西部要成为我国经济增长的一极，就必须把电子信息产业放在优先发展的重要位置。西部城市中，四川省的电子信息产业一直处于领先地位，了解西南区域电子信息产业的发展现状与特点将有助于我们发现各省市产业发展中的优势及劣势，西部其他城市的电子信息产业也可以从中借鉴发展经验，对于实现我国西部地区经济的可持续健康发展具有非常重要的作用。

1. 西南区域电子信息产业发展现状

（1）软件和信息技术服务业

2014 年，四川省软件与信息服务业实现业务总收入 2 488.5 亿元，同比增长 18%。其中，成都市的软件产业占全省比重 96.3%，周边地市利用智慧城市建设等契机逐步发展软件与信息技术服务业。重庆市实现软件和信息技术服务业实现年营业收入 1 351 亿元，同比增长 26%，以猪八戒、新思维、金美通信等为代表的软件和信息服务重点企业经营良好，增速均超过 30%。贵州省软件与信息技术服务业实现营业收入 88.9 亿元，同比增长 25.2%。云南实现软件业务收入 46.98 亿元，同比下降 15%。广西软件与信息技术服务业完成主营业务收入 100.74 亿元，同比增长 11.7%。由以上数据可知，西南五省市的软件与信息服务业发展差距较大，四川省拥有多个软件产业基地集聚区，信息产业实力雄厚，重庆市的软件产业规模不断扩大，产业整体呈现出稳健的发展态势，贵州省的信息产业基地尚处于基础设施完善的阶段中，云南省的软件产业起步较晚，规模也较小。

（2）电子信息制造业

①发展规模方面

根据 2015 年电子信息产业统计公报，全国规模以上电子信息产业企业个数为 6.08 万家，全年完成销售收入总规模达到 15.4 万亿元，同比增长 10.4%。规模以上电子信息制造业增加值增长 10.5%，高于同期工业平均水平（6.1%）4.4 个百分点，在全国 41 个工业行业中增速居第 5 位。由于 2015 年数据缺乏，就电子信息制造业而言，2014 年西南五省市的工业销售产值达到 7 257.72 亿元，其中，四川省的工业销售产值为 4 048.1 亿元，约为西南五省市的工业销售产值总额的 56%，其次是重庆，工业销售

产值有 2 954.3 亿元，其他三个省市的工业销售产值汇总起来仅 255.32 亿元。固定资产投资方面，产业转移逐渐从中部向西部转移，西部地区投资明显增速，完成了投资 1 650 亿元，同比增长 29.2%。其中，西南五省市的固定资产投资总额达到 1 107.16 亿元，四川与重庆投资总额均达到 400多亿元，而云南投资额最少，仅 9.8 亿元。无论是从工业销售产值还是固定资产投资来看，在西南五省市中，四川省一直是遥遥领先。

②效益方面

由 2014 年的数据可知，西南五省市规模以上电子信息产业制造业完成主营业务收入 8 051.17 亿元，其中，四川省完成主营业务收入 3 807.97 亿元，同比增长 10%，实现利润 126.9 亿元，同比下降 9.7%，税金总额99.4 亿元，同比下降 14.8%。表明四川省电子信息产品制造业增长在减速换挡。与此同时，重庆市完成主营业务收入 2 943.21 亿元，同比增长28.4%。其次，广西完成主营业务收入 1 181.84 亿元，同比增长 39.6%。由于贵州与云南地区受地域、基础条件、经济发展及发展环境等多方面原因的制约，人力、资本等资源的前期投入不足严重影响了产业发展后劲，相较于上一年，主营业务收入出现了下降的波动势头。

③创新方面

电子信息产业属于典型的技术密集型产业，具有较高的技术复杂性，所以电子信息产业的发展，除了需要硬件基础设施建设，更需要一个有利于创新和创业的特殊环境，需要大量的技术和知识投入。西南五省市中，四川省的创新体系较为完善，截至 2014 年年底，四川省电子信息产业拥有国家级企业技术中心 7 家，省级企业技术中心 89 家。技术创新投入达50.3 亿元，同比增长 16.6%。截至 2014 年年底，全省电子企业申请专利共 64 390 件。重庆市的电子信息企业自主创新能力虽然在不断提升，但是持续发展能力有待提高，产业创新能力仍然不强，主要原因是企业对技术创新及新产品开发投入较少，行业 R&D 仅为 0.4%，处于一个较低的水平。贵州省现有企业生产产品大部分为代工，没有自主品牌和核心技术，对新产品和技术研发投入也比较低，创新能力不强。云南省全行业研发经费投入为 7.85 亿元，同比下降 2%，其中，电子信息制造业的研发资金投入为 3.86 亿元，同比增长 29.1%，而软件与信息技术服务业的研发经费为3.95 亿元，同比下降 21.3%。广西电子信息产业门类较多，但产业基础相对薄弱一些，电子信息企业偏少，产业层次低，自主创新能力整体偏弱，自主创新产品也较少。

2. 产业集群化发展特点

集群战略在国内外区域经济发展实践中，已经被证明是一种有效的战略模式，是提升产业竞争力的一项非常有效的制度选择。目前，四川省形成了以国家软件产业基地、国家集成电路设计成都产业化基地、国家信息安全成果产业化基地等多个软件产业发展集聚区。重庆市的产业集聚效益日益明显，经过几年的培育，已形成了以北部新区和西永微电子产业园为核心，辅以茶园新区、空港、港城、涪陵、万州等若干个特色产业园区的产业空间布局。贵州省的中关村贵阳科技园、贵安新区电子信息产业园、遵义湘江信息技术产业园等多个信息产业园区加快建设，基础设施逐渐完善。广西的电子信息产业已经初步形成以北海、南宁、桂林三个市为区域中心的电子信息产业聚集区，产业具备了快速发展和规模发展的基础。云南省于 2014 年开始规划布局与云计算大数据产业紧密相关的软件与信息服务业基地，鼓励支持龙头企业并引导相关企业实现集群发展。西南五省市中，四川省、重庆市的信息产业集群发展较早，且产业集群效应已经逐渐显现出来，其他三省市也已经开始布局产业集群战略规划发展。

二、西南区域城市电子信息产业发展水平评价指标体系的建立

电子信息产业发展水平评价指标体系是对电子信息产业进行客观评价的手段和工具，评价一个产业发展水平的指标较多，目前国内外并没有统一标准。本文以产业经济相关理论为基础，综合考虑了电子信息产业在规模、效益及创新这三方面的发展，并基于科学性、真实性、系统全面性及可操作性的指标设置原则，主要从规模、效益及创新这三个方面来构建指标体系。

（1）目标层

目标层主要反映一个产业的发展水平如何，通常电子信息产业评价指标体系的目标层为电子信息产业发展水平。众所周知，西南省市中，四川省与重庆市的电子信息产业发展较好，进行比较研究并没有什么意义。所以，本文立足于西南区域中的四川、重庆、云南、贵州及广西这五个省市，目标层即对各自的电子信息产业发展水平进行评价。

（2）准则层

准则层主要围绕着目标层展开，是对目标层的进一步细化。为了反映西南区域 5 个省市的电子信息产业发展水平，本文主要从规模、效益及创新这三个方面来构建电子信息产业发展水平评价的准则层。

（3）指标层

指标层是对准则层的进一步细化。为了反映西南五省市电子信息产业的发展水平，围绕准则层中的规模指标，选取了从业人数、固定资产投资、总资产及工业销售产值四个指标反映电子信息产业的规模发展水平；围绕准则层中的效益指标，选取了主营业务收入及利润总额两个指标反映电子信息产业的效益发展水平；围绕准则层中的创新指标，选取了 R&D 人员折合全时当量、R&D 经费内部支出及专利申请数量三个指标反映电子信息产业的自主创新发展水平。

三、基于模糊层次分析法的西南区域电子信息产业发展评价模型的构建

本文主要采用模糊层次分析法，对西南五省市的电子信息产业发展水平进行综合评价。模糊层次分析法主要是讲模糊数学理论引入到层次分析法中，它集模糊数学、层次分析法、权衡比较于一体，在决策科学中占有重要的位置。它对于层次分析法的优点在于判断矩阵的模糊性，简化了人们判断目标相对重要性的复杂程度，并借助模糊判断矩阵实现决策由定性向定量的转化，将优先判断矩阵转化成模糊一致矩阵，使其评价结果更加客观。

（1）模糊矩阵的构建

①数据的来源

对西南五省市的电子信息产业发展水平进行评价，指标数据的来源为2005—2014 年《中国信息产业发展年鉴》和《中国高技术产业年鉴》。

②指标的标准化处理

由于各个指标数据的量纲不同，不能直接进行评价，需要对指标数值进行标准化处理，而不同的标准化处理方法往往可能导致不一样的评价结果，应该根据解决实际问题的需要来选择标准化处理方法。标准化的方法有很多，比较常用的区间度量属性标准化有两种，范围标准化以及 Z-score 标准化。本文利用 SPSS.18 软件，用 Z-score 标准化法对各个指标数值进行无量纲化处理。

（2）权重的确定

评价指标权重是指各评价指标在评价指标体系中相对重要程度的数量表示，指标权重的设置是否合理正确，将对最终的评价结果起到至关重要的影响。本文采用 1-9 标度模糊层次分析法，具体步骤如下：

①建立判断矩阵：

判断矩阵表示针对上一层因素，本层次与之有关因素之间相对重要性

的比较。判断矩阵是进行相对重要程度计算的重要依据。实际上，较复杂的决策问题需要借助多位专家的知识和经验，将指标进行两两比较后的结果转化成决策所需的信息。本文通过咨询三十位专家，对指标体系中的指标重要程度进行了判断，采用 1-9 标度方法将判断结果进行定量化。为了保持各判断之间的一致性，还需要对构造的判断矩阵进行一致性检验，通常 *CI* 值越小，表明判断矩阵的一致性越好。

②将判断矩阵转化成模糊一致矩阵，具体计算公式如下：

$$P_i = \sum_{j=1}^{m} f_{ij} \quad i=1，2，\cdots，m$$

$$P_{ij} = \frac{P_i - P_j}{2m} + 0.5$$

③利用和行归一化得到各指标权重，具体计算公式如下：

$$I_i = \sum_{j=1}^{m} P_{ij} - 0.5 \quad i=1，2，\cdots，m$$

$$\sum_i I_l = \frac{m(m-1)}{2}$$

$$W_i = \frac{I_i}{\sum_i I_i} = \frac{2I_i}{m(m-1)}$$

根据以上步骤，最后得到评价指标体系中的各个指标权重，见表 1 所示：

表 1　　　　　　　　　　　评价指标权重分配表

目标层	准则层	权重	指标层	权重
	规模	0.259 9	总资产	0.058 1
			从业人数	0.032 9
西南区域			固定资产投资	0.042 2
电子信息			工业销售产值	0.126 7
产业发展	效益	0.327 5	主营业务收入	0.218 3
水平评价			利润总额	0.109 2
	创新	0.412 5	R&D 人员折合全时当量	0.203 5
			R&D 经费内部支出	0.080 6
			专利申请数量	0.128 2

（3）模糊层次综合评价模型

根据西南区域电子信息产业发展水平评价指标中的标准化数值乘以各

个指标的权重，计算出指标层次得分，然后再乘以准则层次规模、效益及
创新的指标权重，即可计算出西南区域电子信息产业发展水平综合得分。
由于数据较多，表 2 至表 6 仅展示五省市近几年的得分结果：

表 2　　　　　　　　　　　　　　　　四川省

得分	2008	2009	2010	2011	2012	2013	2014
规模	-0.166 3	-0.094 4	-0.040 9	0.137 9	0.251 5	0.352 7	0.355 1
效益	-0.163 0	-0.135 7	-0.084 4	0.153 0	0.360 1	0.499 7	0.375 8
创新	0.039 3	-0.114 8	-0.068 4	-0.340 2	0.220 8	0.365 9	0.509 3
综合得分	-0.082 3	-0.116 4	-0.066 5	-0.054 4	0.274 4	0.406 3	0.425 5

表 3　　　　　　　　　　　　　　　　重庆市

得分	2008	2009	2010	2011	2012	2013	2014
规模	-0.187 4	-0.157 1	-0.093 1	0.035 1	0.175 3	0.367 8	0.474 3
效益	-0.225 0	-0.125 7	-0.129 1	0.004 5	0.125 4	0.337 5	0.744 3
创新	-0.231 0	-0.151 9	-0.104 1	-0.083 8	0.261 8	0.414 2	0.879 3
综合得分	-0.217 7	-0.144 6	-0.109 4	-0.023 9	0.194 7	0.377 0	0.729 9

表 4　　　　　　　　　　　　　　　　云南省

得分	2008	2009	2010	2011	2012	2013	2014
规模	-0.161 3	-0.033 5	-0.115 9	0.003 1	0.153 1	0.460 5	0.325 3
效益	-0.068 4	-0.029 6	-0.044 5	0.293 4	-0.085 2	0.593 0	-0.225 2
创新	-0.052 5	-0.451 7	-0.219 2	0.232 1	0.445 6	0.311 7	0.295 7
综合得分	-0.086 0	-0.204 8	-0.135 1	0.192 6	0.195 7	0.442 5	0.132 8

表 5　　　　　　　　　　　　　　　　贵州省

得分	2008	2009	2010	2011	2012	2013	2014
规模	-0.157 8	0.018 8	0.095 6	0.066 8	-0.018 3	0.275 4	0.193 7
效益	-0.033 2	0.079 1	0.215 8	0.171 1	0.094 3	0.409 5	0.173 5
创新	-0.292 1	-0.020 1	-0.257 3	0.051 7	0.247 4	0.538 9	0.673 3
综合得分	-0.172 4	0.022 5	-0.010 6	0.094 8	0.128 2	0.428 0	0.384 9

表6　　　　　　　　　　　广西壮族自治区

得分	2008	2009	2010	2011	2012	2013	2014
规模	-0.178 4	-0.134 2	-0.038 5	0.074 9	0.210 1	0.295 3	0.476 7
效益	-0.236 3	-0.201 7	-0.098 8	0.031 9	0.323 5	0.469 1	0.534 2
创新	-0.234 2	-0.412 3	-0.086 9	0.193 8	0.394 2	0.249 5	0.612 4
综合得分	-0.220 4	-0.271 1	-0.078 3	0.109 9	0.323 2	0.333 3	0.551 5

（4）结论与分析

由以上表2至表6数据可以看出西南区域的电子信息产业发展趋势，五省市的综合得分均是表现为从负数到正数，这说明各省市的近年电子信息产业呈现一个由低到高的发展趋势。其中，四川与重庆是从2011年开始突破近十年的平均发展水平，云南与广西是从2010年开始突破近十年的平均发展水平，贵州从2009年突破了平均水平之后，2010年就跌出了平均水平以下，原因就是四川与重庆的电子信息产业发展，无论是规模还是效益与创新水平，均在其他三个省份之上，自然近十年的平均水平也较高，产业发展的突破必然需要更多的时间。除此之外，还可以看出重庆的综合得分是一个稳定上升的趋势，而其他四个省市的综合得分既有增也有减，其中，四川仅仅在2009年有一个下降的波动，贵州在2010年和2014年出现两次波动，而广西在2008年和2009年出现两次波动，云南的综合得分在2008年、2009年及2014年出现三次波动，说明重庆近年的电子信息产业发展较稳定，而云南近年的电子信息产业发展却是最不稳定的。电子信息产业的发展与区域的产业发展环境、政府政策及机遇是离不开的，就重庆市而言，从1998年提出建设"重庆信息港"计划开始，到2014年的全球每三台笔记本电脑就有一个"重庆造"，重庆市特殊的"一圈带动两翼"，核心园区和区县特色园区共同发展，引导整个重庆市信息产业的上下游形成完整的产业集群，最终转化为重庆的核心竞争力。

四、提高西南区域电子信息产业发展水平的建议

（1）政府积极引导，优化产业发展环境

政府主管部门的重要职能之一，就是引导电子信息产业的发展方向。电子信息产业是我国的战略性新兴产业之一，已经成了国际竞争的战略制高点，国家出台了《电子信息产业"十二五"发展规划》，通过给予政策支持来促进我国电子信息产业的发展。目前，西南五省市中，四川省的电子信息产业发展环境，无论是人才、科研还是投资，都较其他省市优越。

其次是重庆，重庆市政府先后出台了一系列规定，包括制定了《重庆市电子信息产业三年振兴规划（2013—2015）》《关于建设重庆市电子信息产业基地和产业园的指导意见》《关于支持重庆西永综合保税区建设的意见》等，目的就是为了进一步促进重庆市电子信息产业的发展，相关政策措施的制定实施能够为电子信息产业的跨越式发展创造一个良好的政策环境。目前，其他三省市的电子信息产业发展基础相对薄弱，而产业发展环境将直接和间接影响该产业的发展，政府需要积极引导，培养重点企业，鼓励支持重点领域，凸显政策效应，从人才、资金、设施等多方面提供一个良好的产业发展环境，为电子信息产业的重点发展领域创造机遇。

（2）完善创新体系，促进产业技术发展

电子信息产业属于技术密集型产业，具有较高的技术复杂性，而技术对于信息产业的可持续发展至关重要，需要一个有利于技术创新的环境。目前，从行业结构来看，新技术层出不穷，新兴领域蓬勃发展，逐渐成为引领产业发展的新动力。西部相对于东中部来说，高端人才缺乏，研发资源不足，自主创新能力不强，是制约西部电子信息产业技术创新能力的主要瓶颈。西南五省市要取得自主创新能力的突破，就需要整合现有的科技资源，加强科技创新服务与信息交流，集中行业技术力量，联合高校、科研机构、优势企业，形成产学研联盟，开展联合科技攻关。以提升整个省市的电子信息产业科技创新能力为目标，企业与企业之间建立合作创新机制，共享技术资源，实现合作共赢的局面。

（3）鼓励集群战略发展

"产业集群效应"在现有的文献中并没有一个很明确的定义，但是它的一些内在属性获得了学界的普遍共识：一定数量的相关企业和机构聚集于特定的地理区域，集群企业之间形成了一种特有的竞争合作关系，并与各类相关机构形成了网络状的关联关系，使得集群内的各种资源能够得到优化配置，间接提高了集群内成员企业的经营绩效。各成员企业也具有了更强的竞争优势，比如低成本、多样化、差异化、创新优势，等等，也正是因为这些竞争优势，产业集群战略也逐渐成为产业竞争的重要战略之一。电子信息产业作为西部地区的支柱产业，其发展完全有可能借助产业集群模式，通过政府的扶持，市场的培育和企业的创新，进一步增强区域经济的综合竞争力，实现跨越式发展。21世纪经济发展将是产业集群主导的经济时代，西南地区要实现经济的崛起，加速推进工业化的进程，必须加速产业集聚，为提升区域竞争力打下坚实的基础。

参考文献

［1］张德强. 成渝电子信息产业发展比较研究［D］. 重庆：重庆大学，2011：49-69.

［2］王立涛. 基于当前我国电子信息产业发展战略的探究［J］. 现代经济信息，2015（21）：354-355.

［3］张晓芳. 基于模糊层次分析法的甘肃省低碳经济发展评价研究［J］. 甘肃科技纵横，2014，43（4）：4-5.

［4］李承柳. 西部地区电子信息产业承接产业转移效应研究 ——以成都为例［D］. 成都：西南交通大学，2013：36-45.

［5］电子信息产业年鉴编委会. 2006—2015 年中国信息产业年鉴［M］. 北京：电子工业出版社，2006—2015.

［作者简介］：王开良（1957—），男，河南商丘人，重庆邮电大学经济管理学院教授，硕士生导师，研究方向为金融投资。秦慧（1990—），女，湖北宜昌人，重庆邮电大学经济管理学院硕士生，主要研究方向为信息经济学。

通信联系人：秦慧 15340533285

邮箱：1605620277@ qq. com

地址：重庆市南岸区崇文路 2 号重庆邮电大学

邮编：400065

新常态下革命老区
工业转型升级的路径
——以贵州省遵义市为例

郎贵飞　王佳森

【 贵州大学经济学院，贵州　贵阳　550025 】

[摘要] 革命老区在我党的发展历史上具有重要的作用，由于各种原因，革命老区的发展相对缓慢。本文在经济新常态背景下，分析了革命老区遵义市的发展基础和不足，并从优化生产力布局、提升传统产业、培育壮大新兴产业、质量提升和品牌建设、加快绿智园区建设、提升工业创新发展能力这六个方面分析了遵义市工业转型升级的路径。

[关键词] 新常态　工业　转型升级　路径

一、引言

工业转型升级是加快转变经济发展方式的关键所在，是走中国特色新型工业化道路的根本要求，其本质就是转变经济发展方式、提升效率和推进产业结构战略性调整。关于产业结构调整一直是工业转型升级研究的重点。Humphrey、Schmitz（2000）在从资源分配的角度，提出以企业为中心的四级转型升级过程。国内方面姚晓艳（2004）认为工业转型主要在于结构的调整，通过结构的改善提高效率。黄颖（2011）则认为产业结构的优化是经济增长的本质，实现产业结构的转型升级，从根本上改变经济发展方式，才能适应新情况。随着中国经济步入以经济增长由过去高速增长逐步转向为中高速增长为表征的新常态，迫切需要找到新的增长动力来促使经济增长的速度得以延续，从而避免掉入中等国家的收入陷阱，使经济发展步入一个新的台阶。经济发展，工业为先。工业作为国民经济的重要支柱，是重要的生产资料和消费资料部门，工业能否成功实现转型升级关系到一个地区经济发展的"质"和"量"。面对现在工业发展普遍存在的产能过剩、结构不合理、企业科创能力不足等问题，迫切需要我们找到一条促进工业转型升级的路径，使工业结构得到优化，民生得到改善，经济增长得到新的动力。

革命老区的发展一直是中央关注的重点，但是由于各种原因革命老区的发展一直相对缓慢，随着近些年中央加大了对革命老区发展和扶贫开发的支持力度，革命老区的发展步入快车道。在取得发展的同时也暴露出一些问题，尤其是在工业方面，例如工业发展粗放，资源利用效率低，新兴产业薄弱等。遵义市是我国著名的革命老区，在我党的发展历史上具有不可或缺的作用。遵义市地处贵州省北部，市域东西绵延247.5千米，南北相距232.5千米。全市国土面积30 762平方千米，现辖14个县（市、区）和新蒲新区管委会，2013年年末户籍人口778.46万人、常住人口614.25万人。深入探索遵义市工业发展转型升级的路径，使人民共享经济发展的红利，实现经济后发赶超，既体现了党和国家对革命老区人民的关怀，又体现了社会主义的本质。

二、遵义工业发展基础

（一）工业总量显著增长

2015年，500万元口径规模工业增加值实现1 010亿元，是2010年的3.22倍，年均增长26.4%；规模工业占全省比重26.2%，同比提高了5.7个百分点；工业企业利润达全省的60%，2 000万元口径929.7亿元，增长12.1%；工业总量继续保持全省第一，并进一步扩大了在全省的领先优势。

（二）工业结构逐步优化

白酒作为"第一产业"贡献突出，到2015年全市白酒产值达到610亿元，比重提高5.1个百分点。战略性新兴产业方兴未艾，大数据电子信息、新能源汽车等新兴产业从无到有，特别是大数据电子信息产业呈现"爆发式增长"，规模总量突破600亿元，信息制造业产值突破100亿元。形成了特色轻工、材料、装备制造、能源、化工、战略性新兴产业"六大支柱"产业，工业产业体系相对完整。

（三）工业发展方式实现突破

遵义市加大节能降耗和淘汰落后产能工作力度，全面实施清洁生产，进一步提高资源综合利用水平，工业发展方式开始逐步转变。强化目标责任，加强节能减排监管，单位工业增加值能耗年均下降 5.6%，积极组织企业开展资源综合利用产品工艺认证，推动企业开展自愿性清洁生产工作。集中整治小煤窑、小水泥、小化工、小冶炼、小玻璃等落后产业取得明显实效。

（四）科研创新能力不断增强

科技投入力度加大，科技创新能力不断增强，创新载体建设成效明显。2015 年，全市省级以上企业技术中心（研发中心）达到 47 家，比"十一五"末增加 28 家；拥有国家高新技术企业 93 户、国家级创新型企业 3 家。全市有中国驰名商标 19 件、贵州省著名商标 272 件、地理标志商标 25 件，在全省处于领先地位。

三、遵义工业发展存在的不足

（一）总体规模偏小、结构相对单一、效益普遍较低

工业企业产值超 100 亿元的只有 1 户，而且产值不超过 400 亿元；产值 10 亿-100 亿元的工业企业也仅 19 户，总量仅 480 亿元。产业园区产值超过 300 亿元的仅 1 个，而且产值不超过 470 亿元；产值 100 亿-300 亿元的园区只 3 个，总量仅 555 亿元；产值 100 亿元以下的园区 16 个，占比 80%。工业产业中只有特色轻工、材料、能源三个产业产值介于 290 亿-860 亿元之间，装备制造、化工两产业产值均不足 100 亿元。全员劳动生产率 65.34 万元/人，远远低于全国平均水平。

（二）工业发展动力、活力不足

工业投资拉动力不强、科技创新能力不足。企业拥有自主知识产权的高技术产品少，规模以上工业企业科技研发经费明显低于周边省份，研发投入较多的单位集中在国有大型企业，中小民营企业科技投入较少，特别是对关键共性技术投入严重不足，影响后续项目固定资产投入。企业产品研发转化能力不强，利润不高、市场不大，市场容量大的"通用制造"不多，"高端制造"很少，更难形成"智造创造"。以新一代信息技术等为代表的新兴产业整体规模小，龙头企业少，行业集中度低，主要产品差别化不足、档次不高、附加值低、技术含量不高，工业和信息化融合水平较低。民营工业发展滞后，总量偏少，对工业后续快速增长的支撑不足。

（三）企业人才队伍、管理水平等支撑保障力度有待加强

现有人才比例低，结构不合理，不能充分满足工业产业持续发展对人才的基本需求。由于企业法人治理结构不完善，企业家的整体素质不高，管理时往往以经验代替规律，决策时往往以直觉代替科学。部分企业发展

意识趋于保守，对企业成长发展缺乏长远打算，企业发展规划与培育计划衔接不够；部分企业目标体系不完善，对行业发展方向把握不准，缺少战略性举措，缺乏项目投入；不少企业虽有发展规划，但对科技创新、市场需求掌握不够，规划的战略性、前瞻性不够，缺乏创新性、超前性发展思路；有的企业家进取意识不强，不愿冒风险，发展招数不多。工业干部队伍力量薄弱，专业化不够，精准化不足，知识储备、应对协调、组织能力仍显不适应，破解工业发展难题的办法不多，工作作风有待进一步改进，适应新常态准备不足。

（四）产品层次低、产业链短

遵义市工业企业主要以原料初级加工为主，产品档次普遍偏低，缺少行业顶端的高科技含量产品，缺少高附加值的深加工产品，缺少叫响海内外的知名品牌。传统企业亟待转型升级、特色轻工业受政策及市场波动影响大、新兴产业整体规模小，行业集中度低，工业企业发展陷入瓶颈。产业链短集中体现在产值占将近 1/4 的材料产业主要生产电解铝、海绵钛、水泥、氯碱、电石等初级产品，深加工产品较少，产品就地深加工率不到30%。煤矿单体规模较小，资源整合程度低，煤炭资源深加工产品刚刚起步，资源深度利用率不高。

四、加快遵义工业转型升级的路径分析

（一）优化生产力布局

优化工业产业布局，发挥集聚效应，避免同质竞争，实现错位协调发展。重点规划打造特色轻工、新型材料、装备制造、综合能源"四大基地"，着力构建连接成渝、黔中经济区的工业经济走廊。加快调整优化区域产业、基础设施的合理空间布局，发展各区域自身优势。

（二）提升传统产业

大力实施传统优势产业提升工程，用信息化、服务化、绿色化改造提升传统优势产业。围绕茶酒、大健康与新医药、文化旅游与农业旅游、现代制造业与现代服务业"四个姊妹篇"，推进产业融合转型发展。集中力量打造烟、酒、茶、药、食品、健康水"六张名片"全产业链，促进产业与"互联网+""旅游+"深度融合，加快形成新业态、新模式、新技术、新产业。打造千亿级白酒产业、千亿级特色农副产品加工产业、百亿级烟草产业、百亿级新型化工产业。

（三）培育壮大新兴产业

大力实施战略性新兴产业培育工程，用智能化、绿色化、高新化培育发展战略性新兴产业。深入实施大数据战略行动计划，大力实施信息基础设施提升、大数据应用示范、电子信息制造业、软件与信息技术服务业培育等"四大工程"，努力建设国内一流、世界知名以大数据为引领的智能终端产业集聚区，着力打造千亿级大数据产业；大力实施大健康医药产业发展六项计划，打造千亿级大健康产业；建设遵义国家新材料高新技术产业化基地，着力打造百亿级新材料产业；着力打造千亿级新能源及节能环保产业；加快建设机电制造业基地和新能源汽车制造集聚区。

（四）质量提升和品牌建设

鼓励企业开展国际通行的管理体系认证和质量改进等自主品牌建设基础性工作，支持企业通过技术创新掌握核心技术，形成具有知识产权的名牌产品，不断提升品牌形象和价值。引导企业推进品牌的多元化、系列化、差异化，创建具有国际影响力的世界级品牌。着力通过自主创新、品牌经营、地理标志保护、商标注册、专利申请等手段，培育一批拥有自主知识产权、核心技术和较强市场竞争力的知名品牌。完善品牌的培育和推进模式，形成政府牵头、企业为主、相关部门各司其职、行业协会积极参与的工作机制。立足区域特色，打造区域品牌，壮大品牌集群。

（五）加快绿智园区建设

大力实施"绿智园区"建设工程。突出主导产业推动产业集聚，突出骨干企业增强综合实力，突出市场主体理顺运营机制，推动实施"美丽园区"建设、园区循环化改造、园区智能化改造、智能工厂应用示范、产业技术创新战略联盟建设。密切关注以大数据、信息安全为代表的新一代信息技术，将智能化手段引入园区的道路、水、气等基础设施建设，不断完善基础设施建设，实现基础设施智慧化；将大数据、信息安全等智能化方式融入园区服务和研究平台建设中，整体提升园区的服务水平，推动园区服务科学化，将遵义打造成为西部绿智产业发展高地、全国绿智示范园区。

（六）提升工业创新发展能力

完善创新体系，实施科技创新创业人才培养引进行动，加强人才创业和科技创新优选地建设，健全产学研合作机制。探索建立"企业出题、政府立题、协同解题"的产学研合作机制。鼓励市内企事业单位与省内外高校、科研院所联合建立工程研究中心、企业技术中心、院士工作站、博士后流动工作站和试验基地等研发平台，使科技人才与产业链创新、科技成果转化、重大科技专项等紧密结合；引导企业与高校、科研机构开展多形式的合作，带动产业结构调整，提升产业竞争力，促进科技与经济更加紧密结合；充分发挥企业主导作用，进一步释放高校和科研机构创新能量，加强科技成果和研发需求信息双向交流。实行严格的知识产权保护制度，鼓励企业对创新成果申报知识产权，支持企业专利技术的产业化，切实维护科研机构和科研人员的合法利益；实行以增加知识价值为导向的分配政策，提高科研人员成果转化分享比例，鼓励人才弘扬奉献精神；加大科学技术知识的宣传和普及，营造尊重知识、尊重人才、尊重创造的良好社会氛围。改善创新服务。为科技企业融资提供支持、资助，完善科技创新服务平台建设，为各类创新主体提供全方位、专业性的科技服务；促进科技成果转化和专利技术交易，支持中介机构开展创新服务。

五、结语

工业转型升级对经济发展的速度、质量的影响极为重要，调整工业结构，提升工业技术势在必行。在新常态的背景下，遵义市工业转型升级仍面临许多挑战。但是我们也应当看到转型发展的机遇。在这个调整过程中，我们可以从以上路径进行探索实践，寻找新道路、新方法，合理运用自身资源和条件，稳步推进遵义市工业转型升级，实现革命老区经济焕发生机。

参考文献

[1] John Humphrey, Hubert Schmitz. Governace and Upgrading: Linking Industrial Cluster and Global Value Chains Research [R]. IDS Working Paper, NO. 12. Institute of Development Studies. University of Sussex, 2000.

[2] 陈潮昇. 推进两化深度融合促进工业转型升级 [J]. 经济论坛, 2011 (6): 50-53

[3] 黄颖. 产业升级转型的方向、途径和思路 [J]. 中国贸易导刊, 2011 (22): 21-22

[4] 苗圩. 加快推进工业转型升级 [J]. 求是, 2012 (3): 13-15.

[5] 遵义市统计局. 遵义市统计年鉴 2014—2015 年 [DS]. 2015.

作者简介：郎贵飞（1966—），男，贵州大学经济学院教授，研究方向：产业经济学；王佳森（1991—），男，贵州大学经济学院 2015 级产业经济学专业研究生。联系电话：13608546158，邮箱：1057343622 @ qq. com.

地方政府投融资平台支持
产业发展模式问题的研究
——基于贵安新区的个案分析

李侠[1]　段翔宇[1]

【贵州大学，贵州 贵阳 550025】

[摘要] 地方政府投融资平台风险管理与风险度量的研究对中国整体的经济发展和运行具有重要的理论与现实意义。地方政府投融资平台建设在推动城市化基础设施建设、促进产业发展、扩大内需等方面都发挥着重要的作用。本论文以贵安新区为例，通过探讨该区地方投融资平台在推进产业发展中的风险问题，希望为政府投融资平台的发展提供政策建议。

[关键词] 地方政府　投融资平台　产业发展

[基金项目] 贵州省软科学黔科合体 R 字【2011】（2051）号

一、研究背景

目前关于我国地方政府投融资平台现有关于风险问题的探讨较为广泛，但对于地方政府投融资平台对经济贡献和价值创造的相关研究较为匮乏。关于地方政府投融资平台的具体界定，肖钢（2009）认为地方政府投融资平台是以地方政府为信用而成立的，通过政府财政和融资体系来投资于各政府管辖范围内的基础设施，其主要以政府信用、资金获得、投资领域、法人结构等为地方政府投融资平台的定义具体特征。葛乐夫（2001）指出政府投资对于经济增长与经济发展具有重要作用，自然资源、劳动力和资本是推动经济增长与经济发展的三大要素，政府投资是促进资本形成，实现经济增长，推动发展中国家经济高速发展的重要因素。刘洪涛（2013）针对地方政府投融资平台的价值创造能力进行了系统的研究，分析了投融资平台的价值创造机理，其指出针对存量资产，优化内部资源配置，合理进行结构调整升级，提高存量资产的质量和盈利能力；针对增量资产，做优做强增量，调整存量结构，加强存量资产的精细化管理，是地方政府投融资平台投融资价值最优增长路径。马海涛和秦强（2010）从我国经济发展阶段、财政体制、财政法律制度等方面阐述了在不同模式下地方投融资平台价值创造机理。并且从平台公司经营管理机制、地方政府投融资管理和监督制度、地方政府债务管理等视角阐述了平台公司价值创造的效率和放大作用。于海峰和崔迪（2010）认为，地方政府投融资平台是一个重要的工具，加强了公共和私营部门的合作伙伴关系，特别的，在政府、银行关于基础设施建设的方面，发挥了价值增值功能。

统计数据显示，截至 2014 年 12 月 31 日，贵州省政府性债务余额约万亿元，是审计署锁定 2013 年 6 月 30 日全省债务余额的约 1.6 倍，由此可以看出，贵州省的政府性债务量增长幅度之快。根据财政部债务率、偿债率、逾期率等经济指标，贵州省在 2015 年有 9 个市（州）本级、70 个县的债务率超过预警线，而这一指标在 2013 年仅为 5 个市（州）本级、40 个县，由此可知，贵州省政府投融资平台的债务规模在迅速扩大而债务风险也在迅速扩散中。

贵安新区位于贵州省贵阳市和安顺市结合区域，范围涉及贵阳和安顺两市所辖 4 县（市、区）20 个乡镇，规划控制面积 1 795 平方公里。规划定位为中国内陆开放型经济示范区、中国西部重要的经济增长极和生态文明示范区。为西部大开发的五大新区之一，中国第八个国家级新区，贵安新区投融资平台目前是贵州省最大的投融资平台之一。

本文将以贵州省的国家级新区贵安新区作为研究区域，并以贵安金融投资有限公司这一贵安新区的主导性地方政府投融资平台作为具体的研究目标，全面剖析贵安金融投资有限公司与整个贵安新区的发展历程中的相互作用相互联系，研究贵安金融投资有限公司投融资创新发展的路径和模式，希望对地方政府投融资平台支持产业发展模式提供对策建议。本论文将回答以下问题：第一，贵安新区的产投基金的现状如何？第二，产投基金如何促进贵安产业发展的？第三，产投基金支持贵安产业发展具有哪些成功的经验？第四，产投基金支持贵安产业发展的过程中存在什么问题？

二、贵安新区政府投融资平台基本情况介绍

"我们的经营宗旨就是按照市场化方式，进行资本运作，创造资本收

益，同时以金融为杠杆，撬动贵安新区开发建设，通过资本引导产业入驻，并为企业提供全方位、多层次金融服务。"

——贵州贵安金融投资有限公司

贵州贵安金融投资有限公司是贵安新区开发投资有限公司下属的全资一级子公司，是贵安新区目前唯一的综合性金融企业。公司注册资本 68 亿元，经营业务覆盖银行、保险、私募股权投资、融资租赁、担保、小贷、资产管理、保险经纪、金融服务等多个金融经济领域。

（一）贵安新区的产投基金的现状

1. 产业基金的投资规模

贵安金投公司目前已经形成了以产业基金为核心的投融资平台资金供给链。该产业基金是由贵安新区开发投资集团有限公司、贵州贵安金融投资有限公司联合社会投资机构共同发起设立，总规模为 300 亿元，分期发起设立，作为支持贵安新区三大一新产业发展的资本平台。在总体战略规划中，产业 FOF 基金规模占到 50 亿-60 亿元，主要涵盖了北上深杭国外子基金等外部资金来助推新区产业发展；而战略投资基金和创业投资基金占到 240 亿-250 亿元，旨在推动三大一新骨架项目落地贵安新区形成产业集聚效应以及支持落地创业项目落地贵安新区推动大众创业，万众创新、助推产业发展。目前产业基金已经成为贵安新区未来建设过程中主要的融资来源渠道，其创造的稳定高效的现金流也将为整个新区的经济发展提供强有力的支持。

2. 产业基金的治理结构

产业基金主要由贵安新区管委会、贵安新区开投集团、贵安新区金投公司联合管理与执行，三者各司其职、相互监督。贵安新区开投集团作为基金主管机构为其提供征信支持，贵安新区金融公司则为产业基金运营的管理与监督机构并充当劣后级出资人，贵安新区开投集团与贵安新区金投公司一同在整个投融资供给起决策作用，而贵安新区管委会则对产业基金行使行政监督权，而后律师事务所、会计师事务所辅助前三者的职能使用。

贵安新区的金融供给链条不同于传统金融供给，它以贵安新区管委会、贵安新区开投公司和贵安新区金融公司为链条基础，政府和企业联合运作各司其职使得产业基金得以高效的建立和运转，三者其下的各个部门和对应建立的多个子公司对各个专业领域进行有效的管理和监督，这样一种新形式的分管体系越发提高了资金的运作效率和项目建设的高效性，通过建立的各种下属的产业基金，让各领域专业化团队来进行基金资金的融入与投放，真正体现出资本市场化的运作优势，建立出良性的资金链和稳健的现金流循环模式，使得贵安新区政府投融资平台的债务问题得到有效的化解的同时大力推动了贵安新区的区域产业发展和壮大。

（二）贵安新区政府投融资平台投融资模式

新区平台依托于政府信用与土地出让收入融来的资金作为基础资金来进一步地建立了相应的产业基金，规范化市场化的产业基金又再次进行了社会资金的吸纳，解决了产业发展所需的资金需求，同时，产业基金的投资项目又全是"三大一新"产业，具有产值贡献大、就业拉动明显、税收贡献突出、产业集聚效应强的特点，因此使得整个投融资平台的资金是有效循环流动着的，资金的投入有着稳健的利润回报，使得投融资平台偿债能力比起一般的地方政府投融资平台有了质的飞跃。这种投资链循环流动是贵安新区政府投融资平台最重要的特点。

1. 贵安新区政府投融资平台的投资方式

贵安金投公司拥有着纯股权、股加债等多渠道的投资方式，而其管辖下的产业基金先分为三个大的子基金，分别是产业 FOF 基金、战略投资基金、创业投资基金。产业 FOF 基金，以纯股权、平层结构进行投资，对贵安产业发展有重大协同效应的 FOF 子基金可作为劣后级出资人，旨在作为出资人对优质产业提供资金服务和股权参与，承担相关义务与责任的同时享受资本投入产生的红利和回报，产业 FOF 基金的投资资金投向主要面对"三大一新"产业链项目。战略投资基金和创业投资基金则以股权形式和股债结合方式等多种方式进行投资，即满足项目的融资需求支持区域产业发展的同时，也不改变自身对于项目的实际控制权。战略投资基金主要以股债形式将资金投放到"三大一新"骨架项目，推动产业骨架项目落地贵安新区；而创业投资基金也以股债形式来支持落地贵安新区的创业项目。三个基金形成的整个投资链条科学、合理、规范，使得贵安新区的资金流动高速健康，也从横纵向科学推进了产业链条的发展和成熟。

2. 贵安新区政府投融资平台的投资导向

产业基金的资金主要是投向"三大一新"产业，主要是符合贵安新区产业发展政策，目前主要投向为大数据、大健康、大文旅、新能源新材料即"三大一新"产业。"目前大数据、新能源新材料产业各占产业基金总体规模的30%，大文旅、大健康各占产业基金总体规模的20%。"

随着优质高效的产业基金按照计划投入到低耗能、绿色环保、高附加值的产业，贵安"三大一新"产业已经成为贵安新区绿色发展高速发展的重点产业，也成为贵安新区健康高速可持续发展的重要支撑。产业基金对贵安新区的整体经济发展有着举足轻重的作用。

3. 贵安新区政府投融资平台的投资原则

贵安新区平台本着立足贵安、服务贵安的思想理念，通过建立合理的产业基金组合配置，明确产业基金的目标是搭建资源平台，从而引进优质项目和资源落地贵安；扶持推动落地贵安新区项目的发展；推动贵安新区"三大一新"产业体系的构建和产业集聚。因此，将产业基金组合分别定性为搭建资源平台、布局产业链上下游产业内容、引导项目落地贵安新区的产业 FOF 基金；搭建产业骨架、促进产业聚集的战略投资基金，专门投向贵安新区内项目产值贡献大、就业拉动明显、税收贡献突出、产业集聚力强、所需资金量大的战略性项目；侧重扶持创业发展落地新区的创业投资基金。可以综述贵安金融公司的投资原则为选取体量大、质量高的大型产业投资项目、能够促进贵安新区产业链发展的项目和对区域经济贡献突出的投资项目。

4. 贵安新区政府投融资平台的管理模式

贵安新区政府投融资平台作为省级优质高标准投融资平台，对于自身管理运营的各平台企业以及各种投资项目都有着科学规范的管理模式，该投融资平台对于自身在贵安新区经济发展中的定位明确，平台投资模式多元化，有着科学的战略规划，有着资源持续注入的机制以及良好的信用评级，有可经营并产生稳定现金流的业务、合理的资产负债结构、理性的投资决策机构和偿债机制、内部治理结构较为完善，市场化专业化管理运行效率高，风险规避能力强。正因为有了这样科学先进的管理模式，贵安新区的产业投资发展才能得以稳定高效的进行。

目前，新区平台对产业基金的管理在总规模和投资规模上有着严格规范的管控，力求基金规模和投资需要相匹配、投资规模和偿债盈利能力相匹配，在推动贵安新区产业发展的同时追求稳健的资本收益。在管控投资规模的同时，平台也执行差异化的产业基金的比重，对不同类别类型的产业基金，会考虑到不同类型产业基金在投资项目上的资金调度功能和基金管理人的投资管理能力。如，对 FOF 子基金，投资占比原则上不超过30%，不做单一第一大股东，而战略投资基金和创投基金在投资规模上的占比则显得较大，力求获取一定的控制权。产业基金的市场化运行则成了投资资金高效运作的关键，利用市场化专业化的管理团队和基金管理人的管理模式来提高资金的运作效率，旨在为"三大一新"产业提供最高效最优质的资金支持和发展服务。特别的，平台尤其注重产业基金投入规划，战略性投资基金主要针对产业骨架、大型项目进行投资，基金规模可根据项目所需资金来设置总规模，再根据项目建设进度分期出资，以满足基金对项目建设过程中资金的调度作用，从长远的战略角度做出每个阶段过程中最为稳健高效的产业投资规划，保证贵安新区产业发展的高速可持续发展。

三、贵安新区政府投融资平台出现的问题

虽然贵安新区政府投融资平台有着以上的阶段性优异成果与经验，但是在贵安新区政府投融资平台建立和运作的过程中也存在着一些问题。

（一）投资项目可能导致的资金链断裂风险

贵安新区政府信用贷款和贵安新区土地出让收入是贵安新区政府投融资平台的主要资金来源，而新区平台以这两大块资金作为基础资金成立了众多产业基金进行对基础资金的投放，可以说大部分资金都融入到了支持新区产业发展的过程中去，而新区平台则需要通过这些投资项目的盈利来持续支持新区产业的不断发展。显而易见，必须要有良好的项目收益水平和稳健的现金流才能保证新区的可持续发展。虽然我们知道新区产业基金的投资项目都是通过层层选拔的优质项目，但是我们也不得不考虑如果各个项目的投资收益出现了问题，那么后续的投资就将推迟甚至中断，从而导致整个新区投融资平台资金链断裂风险的发生。目前能够抵押的土地已经十分有限，产业基金投入项目的收益已经成为支撑新区投资链条的核心要素，如果项目上述风险出现，那么也将会使得贵安新区政府投融资平台面临无法偿债的风险，即便是拥有着科学规范的投资模式的新区平台，在这个可能发生的资金链断裂风险上也不能掉以轻心。

（二）新区投融资平台融资来源不足

贵安新区的建设规模大，在建区之初就利用土地资源和政府信用进行了大规模的融资和贷款，之后也建立了各种产业基金来进行再融资，所以目前的贵安新区也面临着融资来源过于单一、融资来源不足的风险，面对新区的整个投资需求仍然在不断扩张的状况，如何拓宽贵安新区的融资渠道、解决新区融资来源不足的问题将会成为新区今后发展必须面对的一个问题。

（三）新区政府投融资平台的法律约束和法人治理结构的问题

贵安新区作为贵州省唯一一个国家级新区，它的建立过程肯定会有很多地方具有摸着石头过河的特点，它的相关法律体系肯定是一个逐步完善健全的过程，所以在这个过程中就会体现出法律约束不到位和法人治理结构不够完善、不够规范的问题，政府对于投融资平台的控制过度或监管不

到位等问题在贵安新区建立发展的过程中或多或少都是实际存在的。

四、对策建议

（一）完善新区相关法律法规与法人治理结构

进一步完善贵安新区的地方政府融资的法律约束和法人治理结构。贵安新区政府或政府的特设机构作为出资人要代表行使所有者职能，按出资额享有资产收益、重大决策和选择经营管理者等权利，要明确对公司的债务承担有限责任，真正实现行政与资本分离，一定要坚持让专业化的投融资平台管理团队合理地利用资本进行高效运营，从根本上提升资本收益避免资本损益风险。

（二）优化新区投融资平台融资结构

持续推进贵安新区投融资平台的直接融资，减少金融集权，进一步大力推进更多的产业基金的建设和发展是非常有必要的。一方面，各种产业基金的建立促进了贵安新区政府融资方式多样化，有效吸纳社会闲余资本，改善了融资结构，缓解地方银行信贷投放压力。另一方面，中国目前的国情决定了我国财政风险与金融风险的高度相关性，财政风险的金融化和金融风险的财政化十分显著，保持货币信贷政策的相对独立性，以控制财政风险与金融风险的相互转化。

（三）持续助推新区产业发展

继续大力支持贵安新区的产业发展。要持续努力引进优异的产业和公司，切实增强贵安新区的经济增长能力来化解可能存在的风险。贵安新区政府投融资平台的存在和发展与贵安新区的区域经济发展是相辅相成的，区域经济发展得越好越稳固，那么新区政府投融资平台的收益和现金流也就越发稳定，各风险问题也就自然而然地被化解，贵安新区政府及投融资平台一定要重点支撑着力发展低能耗、高技术含量、高附加值的重点产业，在带动贵安新区经济发展的同时也扩大财政收入来源，提高贵安新区政府的偿债能力。

（四）加强新区政府投融资平台的内部管控

严格规划贵安新区的经济计划力求从根本上加强新区政府投融资平台的内部管控。全面加强预算管理，尽可能将投融资的项目规模、成本、期限、方式、还款计划和来源明晰书面化，预算的调整也要严格按程序进行开展。强化新区投融资平台对直接投资活动的审批管理，实现投资决策的程序化、规范化、科学化，降低投资风险，确保投资的规范和投资资金的运作安全，从根本上增强资金的营运能力和新区平台公司的可持续发展能力，从而有力支撑贵安新区经济和区域产业的稳定高速发展。

参考文献

［1］肖钢. 地方融资平台贷款应有保有压［N］. 人民日报，2009-11-02（18）.

［2］葛乐夫. 政府投融资问题研究［D］. 大连：东北财经大学，2001.

［3］刘洪涛. 中国地方政府投融资平台价值创造能力研究［D］. 大连：大连理工大学，2013.

［4］马海涛，秦强. 完善制度建设，加强政府投融资平台管理［J］. 经济与管理研究，2010（1）：45-49.

［5］于海峰，崔迪. 防范与化解地方政府债务风险问题研究［J］. 财政研究，2010（6）：56-59.